새로운 시대의 일의 의미와 가치

MILLENNIAL

워커십
WORKERSHIP

| 주충일 이미영 김유리 이진아 한유정 유미선 정수경 최지혜 지음 |

차례

프롤로그 9

 새로운 '워커십'이 '성장과 성과'를 이끈다

1. 새로운 시대, '워크 Work'와 '워커 Worker' 17
2. 밀레니얼 워커의 역량 23
3. 관계 속의 밀레니얼 워커 32
4. 조직 속의 밀레니얼 워커 40
5. 일에 대한 인식 전환 47

 밀레니얼 워커의 자기경영

1. 스스로를 이끄는 힘, 자기경영 55
2. 밀레니얼 워커의 의식경영 61
3. 밀레니얼 워커의 목표경영 70
4. 밀레니얼 워커의 변화경영 78
5. 밀레니얼 워커, 스스로를 경영하라 84

3장 밀레니얼 워커의 3가지 무기

1. 밀레니얼 워커십이 필요한 이유 91
2. 첫 번째 무기, 학습자 입장에서 시작하라 97
3. 두 번째 무기, 자신만의 강점을 찾아라 105
4. 세 번째 무기, 품성으로 관계를 구축하라 113
5. 3가지 무기로 완성된 밀레니얼 워커십 121

4장 성과를 만드는 관계의 힘, 파트너십

1. 상사를 관리하는 밀레니얼 워커 129
2. 인정받는 밀레니얼 워커의 'ACE 이성전략' 135
3. 신뢰받는 밀레니얼 워커의 'SOS 감성전략' 148
4. 성과를 견인하는 워커, 파트너십하라 162

5장 일 잘하는 워커는 관계를 통해 성장한다

1. 관계는 여전히 존재한다 169
2. 회사 안 릴레이션십 174
3. 회사 밖 릴레이션십 184
4. 일 잘하는 워커의 공통점 194

차례

6장 밀레니얼 워커의 성장을 위한 조직몰입

1. MZ세대 A씨는 왜 1년 이상 회사를 다니지 못할까? 201
2. 개인의 성장과 조직의 성과창출을 위한 '가치일치' 209
3. 진정한 워커십 변화관리를 위한 '업무몰입' 220
4. 워커의 성장을 위한 '경험관리' 230

7장 지속 가능한 성장을 위한 Right Worker

1. Right Worker의 시대 237
2. Right Worker에게 필요한 RIGHT 243
3. Right Worker의 팀 256
4. Right Worker는 조직의 산소 268

밀레니얼 워커의 나비효과

1. 홀로 성장보다 함께 상생 275
2. 함께 상생을 이끄는 '진정성' 285
3. 함께 상생을 이끄는 '상호존중 태도' 295
4. 더 나은 나를 위한 선택, 밀레니얼 워커십 305

에필로그 313

참고문헌 319

저자소개 328

MILLENNIAL 워커십

prologue
프롤로그

Prologue

일의 시작은 생존을 위한 투쟁

지금으로부터 약 6~7만 년 전 지구는 빙하기의 혹독한 시절을 보냈다. 그 무렵 아프리카는 몹시 춥고 가뭄이 심했으며 건조하기까지 했다. 그 때문에 목초지가 거의 사라졌고 자연스레 초식동물들은 그 땅을 떠났으며 육식동물들도 그 뒤를 따랐다. 아프리카 단일 기원설에 따르면 현생인류인 호모 사피엔스(Homo sapiens)도 그때 신대륙으로 대이동을 시작했다. 수렵과 채집에 의존해 살았기에 나름의 생존 방식을 찾은 것이다. 새로운 환경에 적응하며 생존해 온 그들은 급기야 한 지역에 정착해서 살 수 있는 먹거리 혁명을 일으키게 된다. 약 1만 년 전에 있었던 '농업혁명'이다.

700여만 년 전 작은 유인원에 불과했던 인간은 현재 생태계 상단에 위치하는 권력을 성취했다. 변화하는 환경에 적응하며 진화에 진화를 거듭한 까닭이다. 과거 인류에게 '일'이란 생존을 위한 몸부림이었다. 생존을 위한 투쟁이 인간사회의 발전을 일으킨 씨앗이 된 것이다. 인간은 농업혁명 이전에도 불의 사용, 직립 보행 등 다른 동물과 다르게 비약적인 진화를 경험했다. 그 덕분에 모든 동물들의 윗자리에 설 수 있었던 것이다.

우리가 머무는 섬 바라보기

'그 섬을 떠나야 그 섬이 보인다.'

한 걸음 떨어져 봐야 우리를 둘러싼 환경의 변화, 그 안의 어떻게든 적응하며 살아가는 사람들의 모습이 보인다. 이 책 〈밀레니얼 워커십〉이 태동하게 된 중요한 질문은 바로 이것이었다.

'지금을 살아가는 우리는 과연 어떤 시대를 관통하고 있는 걸까?'

산업 생태계의 각 계층을 살아가는 직장인, 직업인들은 어떤 모습으로 이 시대를 살아가고 있으며 또 어떻게 살아가야 하는 것일까? 이런 질문을 토대로 밀레니얼 워커십 연구회는 직장인의 '일'에 중점을 두어 현시대 일의 방식과 직장인의 변화를 분석하여 의미와 행동체계를 규정하고 미래를 조망할 수 있는 연구를 시작하기로 했다. 물론 우리가 머문 섬에서 겨우 한두 걸음 떨어져 본다고 100% 객관적인 답을 얻을 순 없다. 하지만 현재의 일과 일하는 사람들의 모습에 대한 방대한 자료를 엮어 정리해 보면 현시대의 바람직한 일하는 방식을 어느 정도 그려볼 순 있지 않을까?

일하는 사람들, 워커(Worker)

호모 사피엔스나 그전 선행인류는 단지 '생존'을 위해 일을 했다. 이후 문명 시대엔 일에 대한 개념이 조금 바뀌었다. 동서양을 막론하고 양반이나 시민은 일보다는 여가를 즐기는 생활을 미덕으로 여기며 살게 된 것이다. 다시 중세와 산업사회에 들어서 일을 생계를 위한 수단인 노동으로 여겼다. 18세기 지독한 경제난을 겪던 일본에선 일을 정신수양의 과정으로 인식하기도 했다. 하지만 일은 여전히 의식주를 해결하는 중요한 과제였다.

그러다 후기 산업사회 이후 사람들은 일을 다르게 바라보고 있다. 일이란 경제적 필요뿐 아니라 또 다른 의미와 가치가 있다고 여기기 시작한 것이다. 과거 기본욕구를 충족하기 위해서 일을 했던 사람들이 이젠 관계와 인정, 자아실현의 상위 욕구와 더 나은 개인과 사회를 만들기 위해 일을 하고 있다.

우리에게 '워커십'은 아직 생소한 단어다. 위키 낱말 사전(Wiktionary)에서 워커십(Workership)을 검색해 보면 '워커(노동자, 작업자)의 상태, 조건 또는 역할, 노동력' 정도의 간단한 설명만 찾을 수 있다(단순히 worker + ship의 합성어로 풀이). '워커십'을 사명으로 하는 회사도 있다. 아비 아디카리에 의해 설립된 '워커십'은 분석 프로그램을 통해 하버드 대학 근로자들의 계약 협상을 제공하는 일을 시작으로 지금은 무역협회와 노조를 위해 워커에게 필요한 데이터를 분석하고 통계결과를 제공하는 일을 하고 있다. 우리에게 필요한 '조직 내 개인이 갖춰야 할 업무적 태도'의 그것과는 거리가 있다. 국내 워킹 생태학자 류구희 대표는 워커십을 '자기효능감을 기반으로 일의 완성도를 극대화하고 전체 부분에서 목표와 고객 신뢰를 달성하기 위해 자발적 연결과 협력을 행사하는 총체적 활동'으로 정의했다. 접촉이 줄어들고 접속이 늘어난 디지털 시대에 예견되는 리더십의 부재를 보완하고 개인의 책임을 중요시하는 개념으로 풀이된다.

이 책 〈밀레니얼 워커십〉은 업무 환경 전반에서 직업인(Worker)의 일하는 방식, 내밀하게는 일을 통해 조직과 사회에 기여하며 살아가는 태도와 방법을 제시하며, 워커십(Workership)을 '일하는 사람이 갖추어야 할 마음과 역량으로 일을 통해 개인의 성장과 성과를 창출하는 바람직한 모습'으로 정의한다.

특히 밀레니얼 세대들이 환경 변화에 따라 새롭게 갖추어야 할 일에 대한 의미와 가치 그리고 역량으로 확장해서 조망했다. 책 제목이 〈밀레니얼 워커십〉인 이유도 현 시대의 일터에서 주역으로 활약하고 있는 밀레니얼 세대(1980 - 1990년 후반 출생)들이 일을 하면서 갖추어야 할 바람직한 마음과 역량을 담았기 때문이다.

새로운 변화 속에서 워커가 가져야 하는 인식과 새로운 역량, 그리고 조직 안팎의 인간관계에 대한 전략을 다루며, 워커 개인의 노력이 끼치는 영향력과 그로 인해 다져지는 사회적 변화에 대해 강조한다.

사회는 유기체다. 다양한 사회, 환경 변화는 필연적이고 그에 따라 먹고 사는 방식의 변화는 자연적이다. 이제 '일'과 '일하는 사람들'의 자연스러운 변화를 탐구해 볼 시간이다. 이 책을 읽는 여러분이 책의 흐름에 자연스럽게 녹아들어 현재를 진단하고 미래를 준비할 수 있길 바란다.

밀레니얼 워커십 연구회

MILLENNIAL 워커십

1장

새로운 '워커십'이 '성장과 성과'를 이끈다

'워커십(Workership)'은 일하는 사람이 갖추어야 할 마음과 역량으로 일을 통해 개인의 성장과 성과를 창출하는 바람직한 모습이다.

1

새로운 시대,
'워크 Work'와 '워커 Worker'

일과 일터 그리고 일하는 사람에 대한
새로운 인식이 필요한 시대가 왔다.

새로운 우주

1920년 러시아의 수학자 프리드만과 벨기에의 신부 르메트르는 아주 먼 과거의 우주는 우리가 아는 지금의 모습과 달랐다는 주장을 했다. 그들에 따르면 태초의 우주는 상상할 수 없을 만큼 작고 밝았으며 아주 뜨겁고 높은 밀도를 가지고 있었다. 그러다 특이점을 맞아 하나의 점에서 대폭발이 일어나 계속 팽창해 나가면서 식어버린 뒤 현재의 우주가 되었다는 것이다. 이것이 '빅뱅(Big Bang) 이론'이다. 거대한 폭발을 겪은 우주는 질량의 일부가 뭉쳐져 별들을 만들었고 별들의 집단인 은하계를 탄생시켜 지금에 이르고 있다.

우주의 빅뱅처럼 일터에도 '코로나19'라는 트리거가 촉발한 폭발이 일어났다. 일을 한다는 것에 대한 기존의 고정관념에 폭발이 일어난 것이다. 지금까지의 일은 조직의 구성원들이 한곳에 모여 일정한 시간에 생산적인 활동을 하는 것으로 여겨졌다. 그러나 코로나19로 인하여 일하는 환경과 도구의 변화로 시간과 공간에서 자유로운 재택근무가 이상하지 않게 되었다. 또한 조직이라는 틀에 얽매는 것에서 벗어나 내외부의 다양한 관계 속에서 일하는 것이 자연스러워지고 있다. 이러한 일하는 모습의 변화 트렌드를 '오피스 빅뱅(Office Big Bang)'이라 일컫는다[1].

일을 하는 데 필요한 인류의 도구가 돌, 청동기, 철기, 기계를 거쳐 컴퓨터와 인터넷 그리고 스마트폰으로 진화하면서 사람들이 일하는 모습을 바꾸었다. 도구의 진화와 더불어 사람들이 일하는 행위의 변화는 일과 일터에 대한 인식의 변화를 함께 가져왔다. 한국의 경우 기존의 평생직장과 주인의식이라는 개념은 이미 1997년 IMF를 거치면서 철저하게 무너졌다. M세대 이후 직장인들은 주인이 아닌데 무슨 주인의식이냐며 반감을 가지기도 한다. 일터인 직장은 시간의 자유를 구속하고 역량을 사용하는 대가로 보상을 해주는 계약관계라는 개념으로 변화한 것이다.

[표 1-1] 일과 일터의 모습에 대한 한국의 세대별 특성

구분	베이비붐 세대	X세대	M세대
출생 연도	1955 ~ 1963년	1964 ~ 1979년	1980 ~ 1990년 후반
사회 특성	산업사회	후기산업사회	정보화사회
일의 특성	육체노동	지식노동	전문성
워커 모습	노동자	구성원	프로(전문가)
주요 가치	성공과 경쟁	연봉	개인 역량과 협력
조직 구조	수직적 위계	수평적 팀제	일 중심 TFT, Agile

일과 일터의 모습을 한국의 세대별 특성을 고려하여 살펴보면 커다란 변화가 있음을 알 수 있다. 먼저, 베이비붐 세대(1955~1963년 출생)는 산업사회의 육체노동을 하는 노동자를 중심으로 성공과 경쟁을 최고의 가치로 여기며 수직적인 조직(과/부제)에서 위계를 중요하게 생각했다. X세대(1964년~1979년 출생)는 후기산업사회를 배경으로 지식노동과 연봉을 중시하는 물질주의와 수평조직(팀제)에서 조직의 구성원으로서 역할을 중시하였다. 2000년 이후 사회로 진출한 밀레니얼 세대(1980~1990년 후반 출생)는 정보화 사회 속에서 개인의 전문성을 바탕으로 각자가 프로로서 역량을 가지고 창의적인 일과 협력을 중요하게 생각한다. 조직의 모습도 일 중심의 TFT(Task Force Team), 프로젝트 팀 또는 민첩하게 대응해야 하는 애자일(Agile) 조직으로 변하고 있다[2]. 조직에서는 관리자와 부서원이라는 구분보다는 모두가 플레이어로서 일 중심의 역량이 중요하게 여겨지고 있다.

밀레니얼 세대는 조직에 대한 충성보다는 개인의 삶을 더욱 중요하게 여기기 때문에 급여보다는 복지, 구속과 관행보다는 자유와 절차적 공정성을 따진다. 따라서 직장에서의 해방을 주장하며 '조용한 사직' 현상이 일터에서의 새로운 우주를 창조하고 있다. '퇴사 브이로그'가 인기를 끌며 서점에서는 퇴사와 관련된 책이 키워드 조회만으로 500여 권 이상 발견된다. 이는 시장조사 전문기업 트렌드모니터의 직장 생활에 대한 인식 평가에서 '회사는 돈을 벌기 위한 곳이고, 여가생활이 없다면 지금 포기할 수도 있다'는 응답이 50% 이상을 차지하는 것에서도 그들의 일에 대한 인식을 알 수 있다[3].

인간에게 일은 생계와 생존을 넘어 개인의 자아실현과 사회의 발전을 위한 매우 중요한 활동이다. 과거에 자연의 리듬, 기계의 리듬, 고객의 리듬 속에서 일의 노예가 되어 스트레스를 받으며 힘겹게 살아왔다면, 이제는 자신의 리듬으로 일에서 재미와 의미를 찾아가는 것이 일의 노예가 아닌 주인이 되는 진정한 해방의 모습이라 하겠다[4]. 밀레니얼 세대의 일에 대한 모습을 보면서 우리는 일에 대한 의미를 다시 살펴볼 필요가 있다.

일과 일터를 다시 보자!

"여러분은 일하러 갈 때 어떤 마음이 드는가?"

대부분의 직장인들은 휴일 저녁이 되면 다음 날 일하러 갈 생각에 심장의 뛰는 리듬이 달라진다. 누군가는 설레는 경쾌한 리듬, 누군가는 한숨을 내쉬며 묵직하고 비장한 리듬을 갖는다. 묵직하고 비장한 리듬을 가진 사람들은 일과 일터 그리고 상사와 동료에 대해 부정적인 생각이 지배하기 때문이다. 왜 우리는 일이라면 나쁜 것, 일터는 가기 싫은 곳, 상사는 나쁜 놈이라는 고정관념을 갖게 되었을까? 과거의 힘들고 경직된 위계 문화가 지배하는 일하는 환경의 모습에서는 이해될 수 있다. 그러나 이제는 일과 일터를 다시 살펴볼 필요가 있다. 우리가 일하는 것을 피할 수 없고 상사와 동료를 언제나 만나야만 하는 현실 속에 있다면, 기왕이면 일이 즐겁고 그들이 보고 싶은 사람이면 좋을 것이다.

일의 목적이 생존과 생계, 성장과 성공을 넘어 이제는 성숙과 행복을 위한 활동으로 변화하고 있다. 사람을 만날 때 과거에는 '명함'이 그 사람을 평가하는 잣대처럼 여겨졌다. 전문가 또는 대기업의 명함이 그 사람을 높게 평가하는 중요한 기준이었던 것이다. 그러나 세상의 변화는 사람들의 의식 수준을 높였고, 그 사람의 일과 그가 속한 조직의 명함보다 그 사람 자체에 대해 더욱 높은 가치를 부여하게 했다. '무엇을(What)'을 하는가 보다 '왜(Why)' 그 일을 하고 '어떻게(How)' 하는가가 더욱 중요한 가치평가의 기준이 된다[5]. 이는 기업에 대한 평가에서도 사회공헌 활동이나 ESG(환경, 사회, 지배구조) 경영이 사회에서 중요하게 여겨지는 이유이기도 하다.

따라서 일을 바라보는 관점을 '시간의 지배'에서 '의미의 지배'로 다르게 생각해 볼 필요가 있다. 이 책을 쓰면서 밀레니얼 세대들을 인터뷰하였다. 다양한 의견이 있었지만 그들이 말하는 일에 대한 생각을 정리하면 다음과 같다.

"일은 재미와 의미를 통해 가치를 생산하는 자기 주도적 활동으로 관계와 조직 속에서 일을 통해 성장하고 성과를 내며 자신의 존재 가치(정체성)를 증명하는 것이다."

새로운 시대, 환경의 변화에 따라 달라진 '일'과 '일하는 사람'의 모습에 주목할 필요가 있다. 위의 글에서 '재미'가 자신을 위한 내적 가치라면, '의미'는 세상을 향한 외적 가치이다[2]. 현대 사회에서 일은 자신의 성장뿐 아니라 가족과 사회 그리고 인류에게 기여하는 어떤 사람의 존재 가치라고 할 수 있다.

인간은 '일'을 통해 배우고 성장하며 자아를 실현할 수 있다. 우리는 일을 하면서 익숙해지고 자연스럽게 주어진 일에 대한 두려움에서 벗어난다. 작고 쉬운 일을 했던 경험은 좀 더 크고 어려운 일에 도전할 수 있는 자원이 된다. 또한 어렵고 힘든 일을 처리한다는 것은 남들과는 차별화된 성과를 가져오며 경험을 통한 성장의 밑거름이 된다. 결국, 일을 처리하는 차별화를 통해 사회로부터 인정받을 때 우리는 자아를 실현할 수 있다.

일의 관계는 환경 변화와 함께 수직적 상하관계에서 수평적 파트너십으로 변해왔고, 조직의 모습도 위계보다는 일 중심으로 변화하고 있다. 조직으로서 '직장'은 일을 하는 장소일 뿐이고, 일과 일하는 사람의 개인적인 역량이 매우 중요해지고 있다. 따라서 일과 일하는 사람에게 정말 필요한 것이 무엇인지 고민해 볼 필요가 있다. 우리는 이를 '워커십(Workership)'이라고 하며, 이 책에서는 다음과 같이 정의한다.

"'워커십(Workership)'은 일하는 사람이 갖추어야 할 마음과 역량으로 일을 통해 개인의 성장과 성과를 창출하는 바람직한 모습이다."

2

밀레니얼 워커의
역량

역량(Competency)이란
'어떤 실제의 일을 해내는 능력의 합'이다.

역량이란 일을 해내는 능력

"살며 사랑하며 배우며 삶의 유산을 남기며"라는 말은 컨설턴트이자 작가인 스티븐 코비가 인간의 네 가지 욕구를 이야기한 것이다. 이 말을 일을 중심으로 바꿔보면 '일하며 상호작용 속에서 관계를 맺고 역량을 향상해 성과를 남기며'라고 표현할 수 있다. 일은 삶에서 분리될 수 없고 혼자가 아닌 관계 속에서 하는 인간의 행위로서, 일을 통해 배우고 성장하며 성과를 낸다. 즉, 일을 하는 과정을 통해 역량이 늘어나게 된다.

역량(Competency)이란 '어떤 실제의 일을 해내는 능력의 합'이다[6]. 역량이라는 단어는 일과 관련하여 기업의 HR(인사) 부서에서 평가와 교육을 위해 주로 사용한다. 인천대학교 박용호 교수는 "역량은 긍정적 행동 결과에 영향을 미치는 개인의 여러 내적 요인의 결정체"라고 하면서 과업을 수행하면서 역량을 발휘한다고 하였다. 특히, 우수한 성과를 내는 사람들의 특성으로 이야기한다. 기업에서는 그러한 특성을 분석하고 역량모

델링을 하며 교육훈련 프로그램을 통해 구성원의 역량 향상을 위해 노력한다.

역량의 구조는 스펜서와 스펜서가 제시한 빙산모델이 많이 알려져 있다. 주요 내용은 지식과 기술처럼 드러난 부분은 개발 가능성이 높지만, 자기 개념, 태도와 가치, 특질과 동기 등 빙산의 수면 아래 감춰진 부분은 개발이 어렵다는 것이다[7]. 개인의 태도와 가치 등은 개발의 어려움으로 인해 대부분의 기업에서는 채용의 문제로 놔두고 교육에서 소외시키는 경우가 많았다. 그러나 사회적인 환경이 복잡해지고 개인의 삶과 가치가 중요하게 여겨지면서 변하고 있다. 눈에 보이는 지식과 기술은 정보의 공유와 교육이 발전하면서 개인마다 큰 차이가 없게 되었기 때문이다. 따라서 이제는 가치와 태도 등 해석역량이 개인 간 역량과 성과의 차이를 만들어내므로 중요해지고 있다[8].

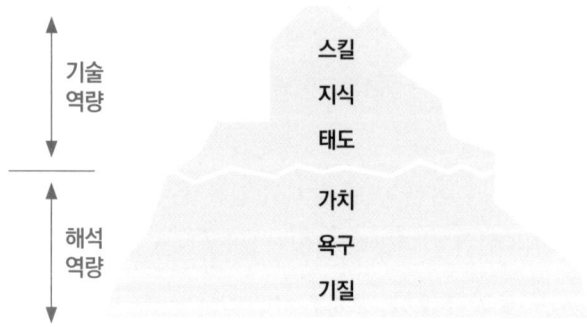

[그림 1-1] 역량의 빙산모델: 스펜서와 스펜서 모델 수정
* 출처: 박정열(2020). 휴탈리티. 서울: 한국경제신문.

한국성과코칭협회 류량도 대표는 역량은 '전략실행력'이고 능력(Capability)은 '직무지식력'이라고 구분한다[9]. 능력이 일을 하기 위한 기본적인 필요조건이라면 역량은 '해낼 수 있는 힘'으로 충분조건이다. 일을 해결할 능력이 배양된 상태가 역량이다. 이는 지식과 기술을 갖춘 사람이더라도 일머리는 부족할 수 있다는 것이다. 역량은 반복적인 습관을 통해 익숙해지는 것이다. 즉, 학습(學習)의 한자어에서 '習(익힐 습)'의 의미처럼 새가 날갯짓을 백 번 이상 반복해서 머리가 아닌 근육과 세포 하나하나에 할 수 있는 역량이 스며들게 하는 것이다. 같은 경험을 해도 사람마다 얼마나 성찰하는가에 따라 역량의 차이는 생길 수 있다. 따라서 스스로 자신이 한 일을 평가 및 피드백하고 할 일에 피드포워드를 통해 깨달은 것을 적용하며 나아가는 것이 필요하다. 피드백이 과거의 일을 평가하고 조언하는 것이라면 피드포워드는 미래의 일에 대한 방법과 조언을 하는 것이다.

새로운 시대의 필요 역량 '찰찰찰'

새로운 시대. 개인화가 뚜렷해지고 전문성이 필요한 일의 분야가 늘고 있다. 따라서 개인이 갖추어야 할 역량이 더욱 많고 중요해지고 있다. 이 책에서는 기존의 역량에 대한 전통적인 구분인 지식, 기술, 태도보다는 자기경영에 초점을 맞추어 필요한 역량을 제안하고자 한다. 1장에서 '찰찰찰'이라고 이름 붙인 자기경영의 역량인 '관찰, 성찰, 통찰'을 간단히 소개하고 2장에서 구체적인 내용과 개발을 위한 방법을 제시하겠다.

우리는 세상의 다양한 자극에 반응하며 살아간다. 사람들은 각자가 가진 경험, 학습, 욕구 등에 따라 자극에 다르게 반응한다. 예로, IT 기술의 발달에 따른 세대 간의 반응차이를 들 수 있다. MZ세대들은 디지털 원주민으로서 신기술이 적용된 도구들(스마트폰, 키오스크, 챗GPT 등)을 당연한 일상으로 받아들이지만, 60대 이상의 선배 세대들은 디지털 문맹자가 많아 이러한 도구들을 사용하는 데 어려움을 겪는다. 이는 세상의 수많은 변화에 따른 자극들에 대해 사람마다 어떻게 반응하고 활용하느냐의 차이가 만들어지는 모습이다.

자극은 보거나 듣거나 경험하는 등의 객관적인 관찰을 통해 전달된다. 우리는 관찰한 것을 주관적으로 해석하고 의미를 부여하는 성찰을 함으로써 역량 개발을 위한 자원을 갖게 된다. 개인마다 오랜 시간에 걸쳐 여러 사건을 통해 쌓인 관찰과 성찰은 통합되어 근본적인 지혜인 통찰력을 통해 세상의 변화에 능동적으로 반응하게 한다[10]. 세상의 급격한 변화 속에서 자극에 반응하는 관찰, 성찰, 통찰을 통한 역량이 더욱 중요해지고 있다. 이를 세 가지 자기경영 관점인 의식경영, 목표경영, 변화경영을 통해 의도적으로 개발해야 한다.

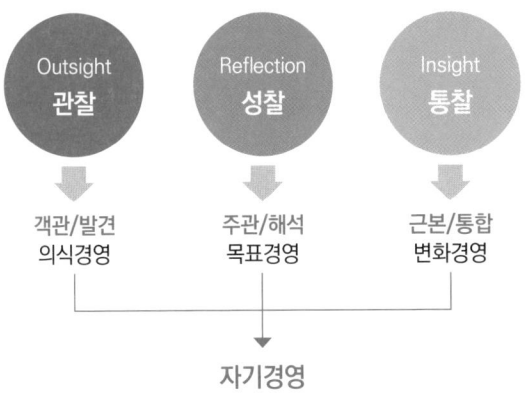

[그림 1-2] 자기경영 역량 '찰찰찰'
* 출처: 민현기, 주충일 외(2021). 인간수업. 서울: 북인사이트. 저자 재구성

    역량을 개발하는 이유는 개인의 성장을 통한 성과를 창출하기 위해서다. 역량 개발의 결과인 성과란 무엇인가? 이 책에서는 성과를 '결과 + 행동'으로 정의한다. 결과는 아무런 노력과 의도가 없어도 나오는 상태이다[10]. 성과는 노력과 의도를 가지고 역량을 발휘하는 행동을 할 때 나오는 결과물이다. 또 다른 비슷한 단어인 실적을 성과와 구분해 보면, 실적은 실행하는 사람의 관점에서 자신이 노력한 결과물이다. 그러나 성과의 수요자는 내/외부 고객이다. 개인과 조직의 입장에서 일을 통한 결과도 중요하지만, 과정 속의 의도와 노력을 품고 있는 성과가 지속적인 성장과 발전에 더욱 긍정적인 영향을 준다. 지속적인 성장과 발전을 위한 개발을 위해 무엇이 필요할까? 이를 위한 밀레니얼 워커의 역량 개발에 대해 살펴보자!

일의 수준과 성과를 높이는 역량 개발

앞에서 우리는 밀레니얼 워커의 필요역량에 대해 자기경영 관점에서 '찰찰찰(관찰, 성찰, 통찰)'을 제안했다. '찰찰찰'은 세상의 자극을 관찰하고 내 안에서 성찰하여 통찰력을 얻어 반응하는 세상과의 소통 방식이다. 위에서 성과에 대해서 결과뿐 아니라 과정이 중요함을 이야기했다. 개인의 역량 개발을 위한 과정으로서 이 책에서는 세 가지 무기를 제안한다. 세 가지 무기는 학습, 강점, 품성이다. 학습은 개인의 성장을, 강점은 성공을, 품성은 성숙이라는 열매를 맺게 할 것이다. 1장에서는 세 가지 무기 중 학습에 대한 내용을 주로 살펴보고 강점과 품성은 3장에서 학습민첩성과 더불어 상세한 내용을 더하고자 한다.

빠른 세상의 변화에 맞게 기업의 경영도 기민하게 바뀌고 있기 때문에 우리가 하는 일도 민첩하게 변화해야 한다. 따라서 개인의 역량도 민첩하게 학습을 통해 바뀌어야 성장할 수 있고 성과를 낼 수 있다. 이것이 '학습민첩성(Learning Agility)'이 필요한 이유이다. 민첩성은 쉽게 말해서 빠르게 실패하고 배우며 개선하여 빠르게 다시 시도하는 것이다. 불확실하지만 안주하지 않고 새로운 일을 하고 두려움의 영역에 도전하고 배우며 성장하는 것이다. 그래야 자신의 역량이 확장되는 성장을 경험할 수 있고 성과가 커질 수 있다.

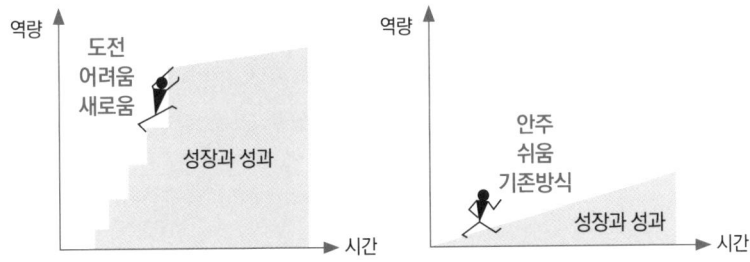

[그림 1-3] 역량 개발 방식
* 출처: 제현주(2018). 일하는 마음. 서울: 어크로스. 저자 재구성.[11]

하면 느는 것은 맞는 말이지만 무엇을 하느냐가 중요하다. 어렵고 새로운 것을 끊임없이 도전하면 빨리 는다. 반면, 기존의 것에 안주하고 관행대로 일을 처리하며 쉬운 것을 찾는다면 늘기는 하지만 시간도 오래 걸리고 성과도 크게 향상되지 않는다. 따라서 우리가 빠르게 역량을 개발하고 성과를 내기 위해서는 안주지대에서 탈주하여 두려움을 감수하고 경계를 넘어 어려운 문제를 해결하는 도전을 해야 한다. 세상의 빠른 변화로 인하여 더 이상 안전지대가 고정되어 있지 않기 때문이다. 안전지대에 머물기 위해서는 변화하는 환경에 따라 끊임없이 이동하는 안전지대와 함께 움직여야 한다.

자기계발 전문가 팀 페리스의 〈타이탄의 도구들〉이라는 책에는 "의문은 '삶의 수준'을 결정하고, 질문은 '삶 자체'를 바꾼다."라는 말이 있다. 이 말을 일에 적용해 보면, "의문은 '일의 수준'을 결정하고, 질문은 '성과 자체'를 바꾼다."라고 바꿔볼 수 있다. 의문은 호기심을 가지고 관찰하는 것이며, 질문은 성찰을 통해 기존의 것이 아닌 새로운 방법을 찾는 것이다. 이에 대한 결과로 통찰력을 품은 지혜를 갖게 된다. 이렇게 일에 대해 의문과 질문을 갖고 관찰하고 성찰하고 통찰한 것을 실천하는 반복된 습관이 쌓여 역량이 되고 성과로 연결된다[12].

인간은 인정받고 싶은 욕구를 가지고 있다. 그래서 우리는 약점이 드러나는 것이 두려워 자신의 약점을 숨기거나 남들 모르게 보완한다. 하지만 너무나 바쁜 현실 속, 강점을 강화하기에도 부족한 시간에 약점을 보완하려면 더 많은 시간과 노력이 필요하다. 역량을 개발하여 탁월함을 갖추기 위해서는 전략적 사고가 중요하다. 즉, 한정된 자원으로 최대한의 성과를 내야 한다. 그것은 강점을 더욱 강화하는 것이다. 강점은 타인과 차별화할 수 있는 탁월함의 씨앗이기 때문이다[13]. 그렇다고 약점을 무시할 수는 없다. 나의 약점 중에서 일을 하는 데 치명적인 것은 보완할 필요가 있겠지만, 파트너(상사)나 동료의 도움으로 해결할 수 있는 것은 정직하게 이야기하고 도움을 받는 것이 좋다. 이는 자신뿐 아니라 파트너와 동료 그리고 조직에도 피해를 주지 않고 빠른 시간에 문제를 해결할 수 있는 올바른 방법이다.

품성은 역량과 더불어 상대에게 신뢰감을 줄 수 있는 중요한 요인이다. 또한 개인이 가지는 변하지 않는 고유한 영향력의 원천이다. 일을 하는 데 역량이 떨어지거나 거짓말을 밥 먹듯이 하는 사람을 신뢰할 수 있는가? 우리가 일할 때 신뢰하는 사람은 역량도 있고 정직하고 성실한 품성을 갖춘 사람이다. 권력과 영향력의 원천은 '합법적 자격, 재력, 강압적인 힘, 역량, 품성' 다섯 가지로 나누어 볼 수 있다[14]. '합법적 자격, 재력, 강압적인 힘' 세 가지는 포지션 파워로 자리가 바뀌거나 돈이나 힘이 떨어지면 그 효력을 상실한다. 그러나 개인이 내면에 가진 역량과 품성은 자리가 바뀌어도 여전히 효력을 발휘하는 자신만의 것이다.

밀레니얼 워커가 일하는 현재의 환경 속에서는 개인이 내면에 가진 역량과 품성이 더욱 중요하다. 자리가 아닌 일 중심의 조직에서 함께 일하는 사람을 선택하는 것에 역량과 품성은 중요한 기준이 되기 때문이다. 따라서 학습민첩성을 가지고 끊임없이 성장하여 역량을 키우고, 강점을 강화하여 탁월성과 좋은 품성을 갖추는 것이 밀레니얼 워커에게 중요하다. 다음은 관계 속에서 어떠한 모습이 밀레니얼 워커에게 필요한 것인지 살펴보도록 하겠다.

3

관계 속의 밀레니얼 워커

관계는 사이(Inter)에서
의미와 가치를 생산하는 것이다.

다차원적 관계 속에 있는 워커

　우리는 일터에서 다양한 관계의 모습을 갖는다. 나와 나의 관계로부터 동료, 상사와 부하 그리고 고객 등 이해관계자가 존재한다. 일반적으로 나와 나의 관계가 긍정적이고 주도적인 모습을 갖는 것을 '셀프 리더십'이라고 한다. 일터에서 나와 동료의 관계는 '관계 리더십', '펠로우십', 상사와 부하 직원과의 관계는 '팀장/임원 리더십', '팔로워십'이라 부른다. 이렇게 나로부터 확장된 관계가 조직 차원으로 확장되면 'CEO 리더십'이 된다. 조직을 넘어 다차원적 관계로 더욱 확장해 보면 가족, 공동체, 사회, 국가, 지구와 우주 속에서 우리는 관계하고 있다. 관계 안에서 주도적이고 긍정적인 모습으로 영향력을 가진 사람을 리더십이 있다고 한다.

　이 책은 일터를 배경으로 일하는 행위 속 관계에 주목한다. 1장에서는 일하는 장면 속 바람직한 관계를 간단히 이야기하고자 한다. 구체적인 관계의 모습에 대해서는 이후 내용에서 다룰 것이다. 자신과의 관계는 2장과 3장에서는 자기경영과 역량 향상을 위해 3가지 무기를 갖추기를 제안한다. 일터에서 중요한 상대인 상사와 부하직원의 관계는 4장에서 바람직한 모습으로서의 '파트너십'으로 다룰 것이다. 또한 함께 일하는 동료와의 관계인 '펠로우십'은 5장에서 이야기하고, 밀레니얼 시대의 환경에서 관계의 확장을 위한 네트워킹을 구체적으로 살펴볼 것이다.

일터에서의 관계는 스트레스와 사직의 가장 큰 원인 중 하나다. 앞에서도 언급했지만 대중매체에서는 일터의 모습을 너무 부정적으로 과장한다. 상사는 대부분 악역으로 여겨지고 부하직원은 희생양이다. 그러나 모두가 부하를 경험하고 상사가 된다. 과연 나는 상사와 부하직원에게 스트레스와 사직의 원인 제공자가 아닌지 살펴봐야 한다. 이를 위해 관계를 위한 주요한 행위인 소통 역량을 향상하기 위해 노력해야 한다. 훌륭한 소통은 관계 속에서 자기 자신을 이해하고 타인을 공감하는 것이다. 상대에 대한 진정성 있는 이해로 상대를 변화시키기보다는 자신이 먼저 변화해야 한다[15].

일터에서의 관계는 일이라는 행위를 통해 성과를 달성하기 위한 점과 점의 연결이다. 점과 점의 연결은 다양한 선들로 연결된다. 길거나 짧고 두껍거나 얇은 선일 수도 있다. 조직이라는 단어의 한자어 뜻을 살펴보면 '組(끈 조)'와 '織(짤 직)'이다. 즉, 조직은 개인과 개인의 관계라는 선들의 날줄과 씨줄이 교차하며 천을 짜듯 형성되는 것이다. 단단한 조직은 잘 짜진 비단과 같을 것이다. 그러나 선들이 엉키면 '갈등'이 된다. 갈등은 둘 이상의 사람이나 집단이 서로 원하는 목표가 달라 발생하는 충돌을 의미한다[16].

조직갈등은 관계갈등과 업무갈등의 두 가지 형태로 구분할 수 있다. 복잡하고 다양성이 많아진 현대사회의 일터에는 갈등도 그만큼 많아지고 있다. 부정적인 의미로서의 갈등을 건강한 갈등으로 전환하는 것이 밀레니얼 워커에게는 중요한 역량이다. 엉켜있는 관계 속에서의 갈등을 풀어내면서 조직 구성원 서로 간의 상처를 치유하는 과정에서 개인과 조직이 성장할 수 있도록 해야 한다. 이것이 건강한 관계와 갈등관리로 개인과 조직을 살리는 길이다.

일터 속 관계의 모습

일터에서 가장 어려운 관계가 상사와 부하의 관계이다. 상사와 부하는 성과를 창출하기 위해 함께 일하는 파트너이다. 일을 효율적이고 효과적으로 하기 위해서는 관계 속에서 이성과 감성을 적절히 조화시켜야 한다. 일의 목표에 대한 방향과 업무 방식이 정렬되고 각자의 역할과 기대를 충족시켜 줄 때 좋은 파트너십이 형성된다. 파트너는 상호 간의 입장을 공감하기 위해 노력해야 한다. 좋은 파트너십의 핵심은 수시로 업무의 내용과 의견을 함께 공유하는 것이다[9]. 이때 가장 좋은 기술이 질문이다. 앞에서 이야기한 것처럼 질문은 생각을 통해 방법을 찾아 성과를 향상하기 때문이다. 상세한 내용과 상황별 사례는 이후 4장에서 자세하게 제시할 것이다.

대화는 상대와의 관계를 설정하는 데 중요한 영향을 미치기 때문에 주의가 필요하다. 상사와 부하의 대화에서 직언은 상대의 이익을 섞어서 하면 좋다. 듣기에 불편한 말이지만 꿀을 발라서 먹기 좋게 하는 것이다. 일의 주인이 파트너임을 느낄 수 있도록 상사는 피드백과 피드포워드를 '능동형 질문'으로 함으로써 파트너가 상처받지 않게 해야 한다[17]. 어떤 문제에 대해서 스스로 답을 찾아갈 수 있도록 코칭에서 사용하는 개방형의 열린 질문 방식이 좋다. 예를 들어 다음과 같은 질문들이다. "이 문제를 해결하는 대안에는 어떤 것들이 있을까요?", "당신이 이 문제를 해결한다면 당신과 조직에게 무엇이 좋을까요?" 등이다. 자세한 내용은 뒷 장에서 살펴볼 것이다. "사람들은 당신이 한 말이나 행동은 잊어버리지만 당신이 어떤 기분을 느끼게 했는지는 절대 잊지 않을 것이다."라는 미국의 시인 마야 안젤루(Maya Angelou)의 말처럼 대화에서 상대를 대하는 태도는 매우 중요하다.

직장이라는 조직에서 동료는 함께 일하며 생사고락을 같이하는 전우이자 경쟁자이다. 그래서 동료와의 관계는 친구이자 경쟁 관계로서 적의 합성어인 '프레너미(Friend+Enemy)'라고 한다[18]. 아무래도 비즈니스 현장에서 동료와는 이해관계가 얽히는 것을 피할 수 없다. 인사고과는 상대평가이고 승진할 수 있는 자리는 한정되어 있어 서로가 경쟁할 수밖에 없기 때문이다. 단기적으로는 이기적인 행동이 경쟁에서 앞서가는 듯 보여도, 장기적으로는 주는 사람이 성공한다[19]. 일터의 관계에서 무언가 준다는 것은 상대의 숨겨진 욕구와 결핍을 해소해 주는 것이다. 내가 가진 강점으로 도움을 줌으로써 관계의 통장에 자산을 쌓고, 나의 약점에 대해서는 상대로부터 도움받아야 한다. 이는 협업의 개념으로 조직의 전체 최적화를 통한 시너지를 창출할 수 있게 한다.

주는 사람으로서 기버(Giver)는 이기적인 이타주의자이다. 왜냐하면 인간에게는 성취의 욕구도 크지만 나눔을 통해 행복을 느끼는 본능적 욕구도 가지고 있기 때문이다. 타인을 돕고 사회공헌을 통해 자신은 충만함과 희열을 느낄 수 있다. 또한 시간이 지나면 조직과 관계 속에서 그 사람의 기버로서의 평판은 결정적인 선택에서 중요한 영향을 미친다. 평판은 그 사람의 '사회적 자본(Social Capital)'으로서 신뢰도와 퍼스널브랜드이다. 과업보다는 진정성을 갖고 동료를 위하는 마음으로 대할 때 지속적인 펠로우십이 형성될 수 있다.

일터에서 상사와 동료들은 나에겐 배움의 대상으로 소중한 존재라는 관점의 전환이 필요하다. 또한 조직이라는 틀 안에만 갇히지 말고 외부의 커뮤니티와 플랫폼을 통한 관계형성과 학습으로 관계와 역량을 확장해야 한다. '약한 연결의 힘'이라는 스탠퍼드대학교 교수 마크 그라노베터의 이론처럼 작고 깊은 관계 속에서는 한계가 있고, 약하지만 폭넓고 다양한 연결을 통해 가치를 확장할 수 있다[19]. 수동적인 연결의 대상으로 혜택을 얻을 수도 있지만, 혜택을 주는 커넥터(Connector)로서의 역할은 밀레니얼 시대의 강력한 네트워킹 역량이다.

관계 속 나의 의미와 가치

자기계발 전문가이자 작가인 짐 론이 말하기를 "우리는 대부분의 시간을 같이 보내는 다섯 사람의 평균이다."라고 하였다[20]. 여러분도 주위를 둘러보고 누구와 함께 보내는 시간이 많은지 5명의 얼굴을 떠올려 보면, 내가 지금 어떤 모습으로 삶을 살아가고 일을 하고 있는지 파악이 될 것이다. 직장이나 직업을 바꾸거나 취미 생활이 바뀐 적이 있는 사람은 과거의 내 모습과 현재의 내 모습이 현저하게 달라졌음을 알 수 있다. 만나는 사람의 직업이 달라졌고 관심 있는 분야와 돈과 시간을 쓰는 곳이 바뀌었기 때문이다.

직장인 주영교 프로는 회사에서 영업을 하고 운동을 좋아했지만, 현재는 교육 담당자로서 업무를 하고 공부하러 다닌다. 과거에 그의 주변에는 영업하는 동료들과 거래처 사장님들이 대부분이었다. 현재는 함께 배우는 동료들과 강사 그리고 교수들을 주로 만나고 관계를 맺는다. 한때에 그는 역동적인 영업사원이었지만, 지금 그는 학자와 같이 학습하고 연구하는 모습으로 바뀌었다. 그 과정에서 교육과 관련된 휴먼 네트워킹이 확장되었고, 영업현장과 교육이라는 다른 분야의 경험은 경계를 넘나드는 맥락적(Contextual) 역량을 갖추게 하였다. 이처럼 하는 일과 만나는 사람들에 의해 그 사람의 말과 행동은 물론 정체성이 변한다.

관계는 '사이(Inter)'에 있는 '무엇(What?)'이다. '나'라는 자아와 '타인'이라는 사회의 사이에 관계가 존재한다[21]. 사이라는 단어는 영어단어 'Interest'의 뜻처럼 매우 흥미롭고 이득이 된다. 우리는 시간과 공간이라는 사이에 존재하는 인간이다. 어떤 때와 때 사이, 공간과 공간 사이 그리고 사람과 사람 사이에서 의미를 채우기 때문에 흥미롭고 이익이 되는 것이다. 점으로서의 시(時)와 공(空)과 인(人) 자체는 큰 의미가 없지만, 그들의 사이에서 스토리가 쓰이고 의미가 생성된다. 우리가 배우고 성장하는 것도 자극과 관찰을 통한 물음표와 느낌표 사이에서 통찰력 있는 지혜를 생산하기 때문이다.

미국의 사회개혁가이자 정치가인 노먼 토머스는 행복한 삶의 비밀은 "올바른 관계를 형성하고 그것에 올바른 가치를 매기는 것이다."라고 하였다. 일터에서 관계를 통해 성과를 향상하고 인정받는 것은 중요하다. 삶의 대부분은 일하는 시간과 관계 속에서 보낸다. 특히, 이 시대의 변화 속에서 배움과 관계를 통한 네트워킹은 중요한 자산 중 하나다. 일을 하면서 만나는 상사, 동료 그리고 고객 등 모든 관계에서, 나는 그들에게 그들은 나에게 악연이 아닌 인연이 되어야 할 것이다. 다시 말해서 내 일과 삶에서 걸림돌이 아닌 디딤돌로서 상호 간 도움이 되는 관계여야 하겠다.

작가이자 기업인인 세스 고딘은 일터의 관계 속에서 존재하는 모습을 '린치핀(Linchpin)'에 비유하였다. 린치핀은 톱니바퀴를 연결하는 중심에 있는 핀이다[22]. 관계 속에서 바람직한 모습의 린치핀은 자신의 생산수단을 가지고 있고, 남과는 다른 차이와 가치를 만들어내는 사람이다. 또한 사람들을 이끌고 관계를 맺어주는 역할을 하는 커넥터이자 매개자이다. 일하는 새로운 방식, 새로운 인간관계, 새로운 길을 찾아내는 사람이다. 밀레니얼 워커는 다양한 관계 속에서 대체할 수 없는 강력한 린치핀으로서 존재할 때 조직의 톱니바퀴들을 단단히 연결하고 더 많은 성과를 창출함으로써 조직과 사회에 기여할 수 있다.

4

조직 속의 밀레니얼 워커

조직은 점과 점이 연결되고
날줄과 씨줄이 짜여 생명력을 가진다.

수많은 점과 선의 연결

인간은 태어나면서부터 조직 속에 존재한다. 처음에 진입한 조직은 세상에 태어나도록 점지해 주신 삼신할머니가 정해 준 가족이라는 운명공동체이다. 가족은 부모와 형제자매 그리고 친척들이 혈연 등으로 맺은 조직이다. 또한 한 가족은 마을, 지역사회, 국가, 지구라는 더 큰 공동체의 일부 조직이다. 우리가 이 세상에 존재한다는 것은 조직원의 일부가 된다는 것이다. 우리는 전인격적인 접촉 방식을 따르는 1차 사회집단 외에 성장하면서 형식적인 2차 사회집단인 학교와 직장 등에 소속된다. 우리는 통상적으로 약 20여 년의 성장기를 거쳐 학교를 졸업한 후에 일이라는 행위를 통해 조직이라는 2차 사회집단에 소속되고 기여하게 된다. 이후 일을 통한 사회집단에서 많은 시간을 보내며 40~50년 이상을 관계와 조직 속에서 일을 한다. 우리의 삶에서 일터라는 조직이 차지하는 비중은 매우 크다.

일터라는 조직은 작게는 혼자일 수도 있고 수만 명, 수십만 명의 구성원들이 함께하는 조직일 수도 있다. 혼자라는 것도 나와 나의 관계가 존재한다는 전제하에 하나의 조직이라고 볼 수 있다. 조직에서 중요한 것은 개체와 조직의 정렬이다. 내가 나답지 않은 것은 매우 불편하고 내가 속한 조직의 구성원 답지 않은 것도 좋은 모습이 아니다. '답다'라는 단어는 진짜 그의 모습인 정체성을 나타낸다. 그러나 '스럽다'라는 말은 유사성을 가졌을 뿐 진짜는 아니다[23]. 나와 조직의 정렬은 유사성을 넘어서 진짜일 때 영혼이 섞이고 진정성을 통한 최대의 성과를 창출할 수 있다.

전문가 '다움'이 진짜라면, 전문가 '스러움'은 모방 수준의 유사성을 갖는 것이다. '다움'은 충분함이고 타인들로부터 '정체성'에 대한 인정의 표현이다. 조직도 그 조직만의 정체성이 있다. 따라서 우리가 조직의 구성원으로서 그 조직의 정체성다운 모습을 갖추는 것은 자연스러울 뿐 아니라 성과창출에 도움이 된다. 〈그래서, 인터널브랜딩〉의 저자 최지훈은 이전의 브랜딩이 제품/서비스와 고객의 관계였다면, '인터널브랜딩'은 구성원과 조직/제품/서비스 그리고 고객의 관계로 확장한 개념이라고 소개하였다. 고객과의 관계에서 구성원을 포함한 모든 제품과 서비스에 브랜딩이 이야기하는 것이 스며있지 않으면 의식 수준이 높아진 고객은 이를 가짜라는 사실을 눈치채고 비판하는 시대인 것이다.

앞에서 조직은 점과 점이 연결되어 선이 되고 날줄과 씨줄이 교차하며 면이 된다고 비유하였다. 조직은 구성원과 조직, 제품, 서비스라는 점과 선들이 고객과의 관계와 잘 짜여 좋은 관계를 형성할 때 지속 가능하게 된다. 어떻게 해야 지속 가능한 좋은 조직이 될 것인가? 눈에 보이는 것만 갖추는 것은 유사성인 '스러움'에서 그칠 수 있다. 눈에 보이는 것보다 보이지 않는 것이 진짜라고 믿고, 화려한 방법보다 철학과 가치에 집중하는 것이 중요하다. 이는 조직에서 미션과 비전 그리고 조직가치로 표현되고 행동방침으로 요구된다. 또한 이렇게 표현되고 행동하는 모습은 조직의 풍토가 되고 문화가 된다. 조직풍토는 표면적 수준의 문화이고 조직문화는 그 조직의 심층적이며 암묵적인 신념으로 구분할 수 있다[24].

진짜는 '스럽지' 않고 '답다'

조직은 대부분 미션과 비전을 가지고 있다. 그러나 액자 속의 명시적 미션과 비전은 모방 수준의 '스러움'일 뿐이다. 구성원들의 무의식적이고 암묵적인 생각과 행동을 통해 나타나는 것이 진짜 정체성인 '다움'이다. 조직은 진짜 정체성을 가진 '다움'을 위해 'Why'를 공유하고 반복적이고 일관된 모습으로 조직의 제도와 시스템 그리고 의사결정을 위한 근거로 그 가치와 신념을 반영해야 한다[24]. 조직에 속한 개인의 입장에서도 자신의 일이 중요하고 조직에 기여할 수 있다는 확신이 필요하다. 이를 위해 살아있는 미션과 비전이 있는 조직이 필요하다. 이를 단순히 '일개 구성원인 내가 뭘 할 수 있겠어'가 아니라, 자신이 속한 조직을 변화시킬 수 있는 노력을 해야 한다. 조직의 미션과 비전이 살아나는 것은 쉽지 않고 시간도 많이 걸리겠지만, 나뿐만이 아니라 동료들 모두가 함께 노력한다면 가능할 것이다.

미션은 조직의 궁극적인 존재의 이유이자 목적이다. 비전은 미션을 향하는 경로에서 눈에 보이는 목표로, 성장의 과정을 책임지게 하고 구성원들에게 열정을 일으키도록 해야 한다. 가치는 행동과 의사결정의 가이드라인으로서 약속의 범주에 해당한다. 조직의 전략은 미션과 비전 기반하에서 큰 그림을 그린다. 실행부서에서는 조직의 전략과 가치를 판단기준으로 실천과제를 수행한다. 실천과제를 효율적, 효과적으로 수행하는 것이 전술이며, 수행 수준을 평가하기 위한 기준이 바로 핵심성과지표(KPI, Key Performance Indicator)이다. 구성원들은 KPI 달성을 위해 노력하며 이에 대한 역량이 부족하면 필요한 역량을 학습해야 한다. 기업에서는 이를 기반으로 교육프로그램을 설계하고 개발하여 실시하여야 한다.

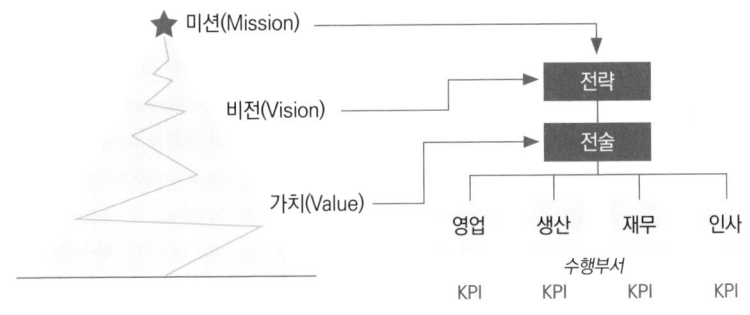

[그림 1-4] 조직의 미션과 비전, 가치
* 출처: 윤정구(2015). 진성리더십. 서울: 라온북스. P115.[25]

조직의 미션과 비전이 가치를 기반으로 구성원의 행동과 언어로 표현될 때 이는 조직문화가 된다. 문화(Culture)의 어원이 라틴어 'Cultura(경작하다)'에서 온 것처럼, 조직문화는 정원을 가꾸고 경작하는 것이다. 즉, 조직문화는 의도적으로 창조해야 하는 것이다[26]. 정원을 가꾸고 열매를 맺는 것은 성과라는 결과물로 나타나는데, 구성원들이 핵심가치를 실천하는 표현과 행동이 정원을 가꾸는 행위이다. 더욱 중요한 것은 정원이 잘 가꾸어지도록 환경을 조성하는 것인데, 이는 경영진이 직접 통제가 가능한 방침, 제도, 의식, 시스템 등이라고 할 수 있다.

조직문화를 연구한 다양한 정의들에서 공통점을 뽑아 핵심어를 살펴보면 '공유된, 지각, 가치, 가정'이다. 즉, 조직 구성원 모두가 그렇게 생각하고 느끼며, 중요한 가치로 여기고 당연하게 생각하는 것이라고 할 수 있다. 일과 문제를 대하는 과정에서 같은 마음으로 지각하고 가치로 여기며 전제와 가정 속에서 소통할 때 그 조직의 정체성 '답게' 해결안을 찾아 실천할 수 있다.

숨겨진 힘과 히든 커넥션

조직도 변화를 한다. 조직의 변화를 이해하기 위해 그것을 구성하는 사람의 본연의 속성인 생명계의 변화과정으로부터 출발할 필요가 있다. 생명계는 자기생성과정을 반복하는 변화를 한다. 우리는 조직을 생명체로 이해하고 생각할 수 있으며, 지식을 기반으로 한 생성과정과 학습과정을 통해 조직의 구조를 변화시킨다고 볼 수 있다. 이러한 것들이 '지식경영', '지적자본', '조직학습' 등의 용어로 국가와 기업 등 사회적 조직 차원에서 설명되고 있다[27] [28].

대표적인 사회 조직이라 할 수 있는 기업의 경우 가레스 모건에 따르면 기계에 비유한 경우와 생명계로 바라보는 관점으로 극명하게 대조된다. 기계에 대한 비유는 300년간 서구의 패러다임으로 깊게 자리매김하여 익숙해짐으로써 오늘날 조직변화의 장애물로 작용을 하고 있다. 반면에 생명계의 관점에서는 자기생성과정을 반복하는 변화하는 생명체로 조직을 인식하는 것이다. 이 두 비유의 차이점을 피터 센게의 말로 구분하면 '돈을 벌기 위한 기계'와 '살아있는 존재'로 표현할 수 있다. 조직을 '살아있는 존재'로 바라볼 때는 생명체로서의 소유권 문제, 자율적 행동, 스스로 변해서 진화하는 등의 보다 함축된 의미와 문제들을 생각할 수밖에 없다. 변화관리의 관점에서 이러한 생명계 관점의 특성은 기업이 위기를 극복하고 살아남기 위해서는 자본을 최적화시키는 것이 아니라 사람을 최적화시킴으로써 기업을 탈바꿈해야 한다는 것이다.

살아있는 사회 시스템은 자기생성적인 커뮤니케이션 네트워크로서 움직이는 공동체 역할을 하기에 목표가 있고 이를 공유하며 연대감을 형성하게 된다. 이는 관습과 암묵적 행위 그리고 법칙과 지식의 '문화적 역동성'의 특징을 통해 정체성을 결정하게 되며 이는 소속감에 근거한다. 문화적 역동성이란 살아있는 조직으로서 자발적으로 생성된 비공식적 커뮤니케이션을 통한 네트워크 형성으로 조직에 생동감과 활력을 주게 된다는 것이다. 이는 통제와 조절이 안 되는 생명체에게 의미 있는 혼돈을 통해 조직의 관심을 끌면서 구조변화를 유도할 수 있다. 즉, 생명체로서 감성적인 의미의 충격은 기계적인 지시보다 변화의 동기를 부여하는 데 훨씬 효과적으로 작용한다고 할 것이다. 조직은 기존의 전략체계와는 다르게 지적, 감성적 자본을 자극하는 가치를 먼저 명확하게 결정하고 구성해야 한다. 이에 따라 경영방식을 결정하여 직원들에게 정신과 마음속에 잠재력을 발휘할 수 있는 소속감과 공동체 의식을 심어줌으로써 상호 신뢰와 존중의 가치를 발현시키는 것이 좋다. 특히, 리더가 솔선수범하여 먼저 행동으로 옮기는 모습에서 구성원들은 가장 크게 자극을 받을 것이다. 2018년 베트남 전 축구 국가대표 박항서 감독이 비행기를 탑승할 때 비즈니스석을 부상당한 선수에게 양보하고 이코노미석을 탄 경우가 좋은 사례이다.

생명체로서의 조직의 성장은 결국 학습을 통해 조직이라는 정원의 영양분을 공급받으며 성장과 발전에 차이를 가져올 수 있다. 조직에서의 학습을 통한 지식의 생성은 결국 개인이 만들어내고 이를 사회화 과정을 통해 조직적으로 확대, 구체화함으로써 창조된다. 다시 말해서 개개인이 가진 암묵적 지식으로서의 노하우가 언어와 글자로 형식화되어 공유됨으로써 조직의 성장에 밑거름이 될 수 있다. 이는 개인 혼자만의 작업이 아닌 원활한 네트워크의 관계 속에서 훨씬 더 강력한 집단지성의 시너지 효과를 거둘 수 있을 것이다. 따라서 조직학습은 개인적인 면과 사회적인 면을 동시에 갖는 것으로 우리의 삶을 더욱 가치 있고 윤택하게 하기 위한 기여의 욕구를 자극하고 구성원들은 더욱 동기부여 된다.

5

일에 대한
인식 전환

일은 재미와 의미를 통해
자신의 존재가치(정체성)를 증명하는 것이다.

일은 나의 존재가치를 표현하는 것

일하는 우리 모두가 행복했으면 좋겠다. 아침에 눈을 뜨면 일터에 가고 싶고, 선/후배들을 만나고 싶고, 설레는 마음으로 일을 하며 보람을 느꼈으면 좋겠다. 생각만 해도 기분 좋고 미소가 지어지는 이러한 모습은 우리가 그토록 원하고 찾고 있던 '행복'한 모습이다. 네 잎 클로버의 꽃말이 '행운'이라면, 지천에 깔린 세 잎 클로버는 '행복'이라고 한다. 물속에 있는 물고기가 물이 뭔지를 모르는 것처럼, 어쩌면 우리는 공기처럼 항상 접하고 있는 해야 하는 일의 의미와 가치를 모르는 건 아닐까?

행복하기 위해 먼저 중요한 것은 자기인식이다. 자기인식은 내 모습을 내/외부에서 관찰하는 것이며 이는 자기경영의 출발이다. 밀레니얼 워커가 살아가는 환경은 너무나 빨리 변하기 때문에 자기인식은 세상을 주도적이며 자율적으로 선택하는 데 있어서 매우 중요하다. 자기인식을 통해 실존적 주체로서 세상에 가치 있는 기여를 하기 위한 역량을 갖추기 위해 무엇이 필요한지 깨달아야 한다. 이는 성찰을 통해 목표를 세워, 자신이 배워야 할 것과 강화해야 할 강점 그리고 관계 속에서 어떠한 품성으로 변화할 것인지 방향을 잡는 것이다.

내면의 충분한 성찰은 자신의 가치관을 형성하는 통찰력을 가지고 온다. 수많은 통찰력은 나의 정체성과 신념이 된다. 자신의 가치관과 신념에 위배되지 않으면서 일을 할 수 있고 조직의 가치관에 정렬될 때 인정받고 행복해진다. 그럴 때 우리는 세상 속에서 자신의 위치를 발견하게 되고 일을 통해 자아를 즐겁게 표현하게 된다. 진정한 의미에서 일이 눈에 보이게 만든 사랑이 될 수 있다[26]. 일이 사랑이 되면 비로소 일의 의미가 빛나고 숭고해지고 나의 가치를 세상에 표현할 수 있게 된다.

새로운 시대의 인재 '인적자산'

서울대학교 이찬 교수는 어떤 강의에서 '인재'라는 단어를 한자어로 다르게 써보면 인재의 유형을 다음과 같이 나누어볼 수 있다고 하였다. 먼저, 재앙이 되는 사람으로서의 인재(人災)다. 이들은 문제만 일으켜 함께 일하는 사람들을 불안하게 만든다. 두 번째는 그저 거기에 존재하고 있는 인재(人在)이다. 이들은 사고도 치지 않고 근태도 아주 좋다. 그렇지만 있는지, 없는지, 무엇을 하는지 아무도 모른다. 세 번째는 자질을 갖춘 재목으로서 인재(人材)이다. 이들은 능력은 있으나 자신이 가지고 있는 만큼 역량을 발휘하지 않는다. 능력의 감가상각기간이 빨라지는 환경의 변화 속에서 시간이 조금 지나면 이들이 가진 능력은 쓰지 않아 퇴화되고 무용

(無用)하게 된다.

　네 번째 인재는 주특기를 가진 전문가로서 재주를 가진 인재(人才)다. 세상과 조직의 환경이 바뀜으로써 과거의 지식과 스킬은 일반화되어 차별화되지 않는다. 단기성 프로젝트와 같은 일이 많아지면서 일 중심으로 필요한 인재를 임시로 조직하기도 하는데 신속하게 성과를 창출하기 위해서는 '+α'의 차별화된 전문성이 요구된다. 마지막으로 최고의 인재는 써서 없어지는 자원이 아닌, 쓰면 쓸수록 가치가 높아지는 자산으로서의 인재(人財)다. 최고의 인재는 단순히 일만 잘하는 것이 아니라 조직에 실질적인 이익을 가져오는 성과를 낸다. 인재(人財)는 일머리가 있고 결과를 내는 인재라고 할 수 있다. 주특기를 가진 인재(人才), 자산으로서 가치를 가진 인재(人財)가 개인과 조직 그리고 사회에 큰 도움이 될 것이다.

　새로운 시대, 개인과 조직 입장에서 어떤 인재가 바람직할까? 위에서 기술한 것처럼 가치가 높아지고 재산이 되는 인재(人財)가 되어야 할 것이다. 이들은 이미 네 번째 인재(人才)가 가진 전문성과 재주를 갖추고 있을 확률이 높다. 조직에서는 구성원을 써서 없어지는 자원으로 바라보는 '인적자원개발'보다는 '인적자산개발' 관점을 가지고 한 인간으로서 존중하면서 가치를 기반으로 구성원들을 바라보아야 할 것이다.

　조직은 한 개인이 아닌 다양한 관계 속에서 일하고 성과를 창출한다. 따라서 구성원들 각자의 자기계발도 중요하지만, 배달의 민족 창업자 김봉진대표의 말처럼 더욱 효과적인 협동과 협업을 위해서는 '우리계발'에도 주목할 필요가 있다. 우리계발은 분리된 자기계발을 넘어 동료들과 함께 성장하는 것이다. 또한 시너지를 통해 개인들의 합 이상의 더 큰 성과를 낼 수 있도록 협동하고 협업하는 것이다. 그렇다면 현실적인 면에서 일을 잘하기 위해서는 어떻게 해야 할까?

일잘러의 특징은 다음과 같다.

첫째, 현상과 문제, 일 잘하는 사람들의 공통점을 발견하는 관찰(의식경영)
둘째, 일하는 방식과 업무 프로세스를 돌아보고 정리하는 성찰(목표경영)
셋째, 일의 맥락과 중요성, 우선순위 그리고 경우의 수를 파악하는 통찰(변화경영)

밀레니얼 시대의 워커는 기존의 기술역량을 넘어 다른 사람들에게는 보이지 않는 것을 볼 수 있는 무엇인가가 필요하다. 이러한 해석역량은 일하는 관계 속 상호작용 하는 네트워킹에서 많은 것을 배울 수 있다. 일을 통해 자신의 존재 가치를 높이고 조직에 정렬된 모습으로 성과를 창출하여 사회에 기여하는 모습이 바람직한 밀레니얼 워커의 모습이다. 이들은 일을 부정적으로 바라보며 피곤만을 가져오는 '노동'의 노예가 아닌 일에 대해서 '재미와 의미'를 느끼는 주도적인 워커이다[29].

"별은 홀로 빛나지 않는다. 서로 다른 별을 비춰줄 때 더욱 빛이 난다." 일터의 빅뱅을 통한 새로운 우주에서 더욱 빛나는 밀레니얼 워커의 모습이 되기 위해서는 동료들과의 상호작용 속에서 서로를 비춰주는 별이 되어야 할 것이다. 일터에서 일하는 시간이 단순히 기계적으로 힘겹게 흘러가는 크로노스의 양적 시간이 아닌, 의미와 가치 그리고 보람을 품은 카이로스의 질적인 시간으로서 삶의 중요한 일부가 되기를 바란다[29]. 더욱 상세한 내용은 이후 2~8장에서 이야기하겠다.

MILLENNIAL 워커십

2장
밀레니얼 워커의 자기경영

급변하는 예측 불가능성으로 인해 목표 자체가 없어지기도 하고, 의미를 상실해 버리는 등 예상 외의 변화가 일어나는 초뷰카시대. 밀레니얼 워커는 자신과 조직의 더 나은 미래를 위해 변화에 유연하게 대처하고 능동적으로 주도하여 성과를 만들어낸다.

1

스스로를 이끄는 힘,
자기경영

목표 상실의 시대, 개인과 조직의 동반성장을 위해
워커의 자기경영이 필요하다.

목표 상실의 시대

　탁월한 기획과 운영 능력으로 인정받고 있는 교육팀 김나라 프로, 오늘도 내일 진행될 신입사원 교육 운영 준비로 바쁘게 움직이고 있다. 그러던 중 갑자기 긴급 지시가 내려졌다. 운영의 효율성을 고려하여 신입사원 교육을 온라인으로 진행하라는 내용이었다. 긴급 지시를 확인한 김 프로는 온라인 시스템 확보와 강사의 강의안 변경 요청, 신입사원의 온라인 참석을 위한 환경 조성 등 갑작스러운 변화에 대처하느라 더욱 바빠졌다. 이런 일이 한두 번이 아니니 앞으로가 더욱 걱정스럽다.

　한 기업 교육 담당자의 상황이다.

　〈뷰카(VUCA)시대의 커리어 디자인〉에서는 뷰카시대의 커리어 측면의 특징을 다음과 같이 주장했다. '급변하는 예측 불가능성으로 인해 목표 그 자체가 없어지기도 하고, 의미를 상실해 버리는 등 예상 외의 변화가 일어나는 과도기적 현상들이 나타난다'는 것이다[1]. 이런 과도기적 현상 안에서 기업 및 조직 구성원들이 생존하기 위해서는 무엇이 필요할까? 뷰카의 예측 불가능성에 대비하는 것으로 그치지 않고 갑자기 사라질 수 있는 목표를 스스로 찾아 계획을 세울 수 있어야 한다. 더불어 실행에 옮겨 성과를 만들어내는 주도성이 필요하다. 조직 측면에서는 새로운 제품, 기술을 빠르게 좇아가는 전략인 패스트 팔로워(Fast Follower)가 아닌 산업의 변화를 주도하고 시장을 선도하는 퍼스트 무버(First Mover) 전략을 취해야 한다. 개인도 마찬가지다. 시대를 주도하는 사람을 빠르게 좇기보다 새로운 사고, 남다른 실행력으로 앞서가야 한다.

특히, 이화여대 윤정구 교수의 발표에 따르면 뷰카시대에서 한 발 더 나아가 현실, 가상, 메타플랫폼이 서로 영향을 주며 초융합, 초연결, 초지능으로 진화하는 '초뷰카 시대'가 도래한다고 한다. 더불어 이러한 초뷰카 시대의 불확실성을 극복해 가기 위해 미래의 표준을 세우고 변화를 완성하는 것이 필요하다고 말한다[2]. 그렇다면 그 필요성을 채우기 위해 우리가 해야 할 것은 무엇일지 살펴보자.

위기를 기회로

2020년, 코로나19의 등장은 고요하던 세계 질서에 큰 파장을 일으켰다. 사람과의 접촉 자체가 위협이 되던 그때 변화한 시장 환경에서 급부상한 기업들이 있다.

바로 에릭 위안의 화상회의 소프트웨어 업체인 줌(Zoom)이다. 시스코의 웹엑스, MS의 스카이프, 구글의 행아웃 등 글로벌 대기업들이 각축을 벌여 레드오션이었던 온라인 화상 시장에서 사용하기 쉽고 모바일 친화적인 시스템을 적용했고, 코로나19가 바꾼 시장 환경에서 줌(Zoom)은 최고의 승자로 떠올랐다.

패션계의 올드 브랜드 이미지를 가지고 있던 에스콰이아는 2015년 패션그룹 형지가 인수하고 나서도 매출은 한동안 저조했다. 2016년 영업손실 31억 원을 기록하기도 하며 패션 시장에서 외면받았다. 그랬던 회사가 2022년 영업이익 20억 원대로 뛰어올라 올드 브랜드의 역주행이라는 말을 만들어냈다.

에스콰이아의 흑자전환 이유를 회사 관계자는 '유통의 다각화, 아이템 다양화, 발 빠른 시장 대응'이라고 설명했다. 백화점이나 대형마트의 구두, 잡화 코너가 축소되는 분위기에 코로나19 장기화로 가격이 중고가인 핸드백, 액세서리 브랜드가 많이 사라지는 위기를 기회로 삼아 종전 경영 방식을 바꿨다는 것이다. 트렌디한 디자인, 넉넉한 수납공간, 관리하기 쉬운 소재가 더해진 합리적인 가격의 핸드백을 만들어 홈쇼핑을 공략했고 완판 행진을 이어나갔다. 더불어 ESG경영 등 최신 트렌드에 부합하기 위해 한지, 가죽 등 비건 소재 발굴에서부터 연령대별 친환경 맞춤 상품을 재빠르게 내놓고 있다[3]. 이는 환경 변화에 민감하게 반응하고 발 빠르게 대처함으로써 위기를 기회로 만들어냈다고 볼 수 있다.

개인도 마찬가지로 변화하는 환경에 적응하기 위해 스스로 노력하고 있다. 서울대 소비트렌드 분석 센터가 매년 발간하는 〈트렌드 코리아〉의 키워드의 변화가 눈에 띈다. 〈트렌드 코리아 2020〉에선 성공보다 성장을 추구하는 새로운 자기개발 형태를 뜻하는 '업글인간'이, 2022년엔 규칙적인 생활로 건강한 자기관리를 하는 '바른생활 루틴이'로 한 단계 나아갔다. 그리고 2023년에는 자신의 취향과 맞는 한 분야에 깊이 파고드는 '디깅모멘텀'으로 발전했다[4].

이러한 트렌드의 변화는 과거와 다르게 조직 중심에서 개인 중심으로 전환되었음을 의미한다. 본인이 속한 조직의 변화에 순응하기보다 자기 스스로 돌파구를 찾고 집중하기 시작했다는 것이다.

대학내일 20대 연구소의 밀레니얼과 Z세대가 원하는 커리어라이프 조사에 따르면 MZ세대에게서 공통으로 업의 현장을 통해 성장하려는 욕구가 보인다고 보고한다. 밀레니얼 세대의 성장은 회사보다 자신의 미래에 초점이 맞춰져 업무를 경제활동수단(28.5%)으로 여기면서도 업무를 통해 자아실현(21.4%)을 추구한다고 나타났다. Z세대는 회사 안에서의 성장을 중요하게 생각해 업무를 통한 자아실현(27.1%)을 1순위로 여겼고 뒤를 이어 지적 성장(18.6%)을 추구하고 있었다. 즉, 미래 조직 성장의 주축인 MZ세대들은 조직 내 구성원으로 일을 함에 있어 조직의 성장보다는 개인의 성장 및 자아실현을 중요하게 여긴다[5].

이들은 변화하는 환경을 이용한다. 온라인 시스템의 발전으로 학습의 기회를 쉽게 얻을 수 있고 다양한 플랫폼과 매체를 활용하여 지식과 기술을 습득한다. 더불어 본인이 원하는 일, 관심 분야에 대해서는 투자와 실행에 주저함이 없다. 그리고 자기만의 차별화를 앞세워 성과를 만들어 낸다.

이러한 개인들이 일터에 진입하면서 밀레니얼 워커로서의 특성을 보이는 것이다.

밀레니얼 워커의 자기경영 '찰찰찰'

자기경영의 사전적 의미는 '자신의 더 나은 미래를 위하여 기초를 닦고 계획을 세워 어떤 일을 해나감'이다. 그렇다면 밀레니얼 시대 워커의 자기경영은 어떤 의미일까?

일반적인 개인과 조직 내 워커는 차이가 있다. 일반적인 개인이 자신의 생각과 목표 의식을 중심으로 본인 성과를 위해 움직인다면, 조직 내 워커는 조직의 목표와 연결되어 개인의 성장과 더불어 조직 성과 창출을 위한 방향성을 가지고 간다. 즉, 워커의 성장이 조직의 성장, 성과와 연결되어 있다.

이런 이유로 이 책에선 밀레니얼 워커의 자기경영을 다음과 같이 정의한다.

'자신과 조직의 더 나은 미래를 위해 변화에 유연하게 대처하고 능동적으로 주도하여 성과 내는 과정을 관리하는 것'이다.

그 과정에는 현상을 관찰하고 깨달은 바를 실천하며 변화에 주도적으로 대응하는 세 가지 역량이 필요하다.

1) 현상을 보는 '관찰': 의식경영
2) 자신을 보는 '성찰': 목표경영
3) 전체를 보는 '통찰': 변화경영

워커로서 나의 성장과 함께 조직의 성과로 연결하여 Win-Win하고 싶다면 관찰, 성찰, 통찰로 이어지는 밀레니얼 워커의 자기경영을 적용해 보자.

2

밀레니얼 워커의
의식경영

밀레니얼 워커는 객관적 관찰을 통해 문제를 인식하고
그에 따른 해결책을 찾아간다.

문제가 문제가 되지 않도록

1969년 스탠퍼드 대학 심리학 교수였던 필립 짐바르도는 유리창이 깨지고 번호판도 없는 자동차를 브롱크스 거리에 방치하고 사람들의 행동을 관찰했다. 사람들은 배터리나 타이어 같은 부품을 빼돌리고 더 이상 훔쳐갈 것이 없자 자동차를 마구 파괴해 버렸다. 깨진 유리창 하나를 방치하자 그 지점을 중심으로 점차 범죄가 확산되어 간 것이다. 1982년 미국의 범죄학자 조지켈링과 정치학자 제임스 윌슨은 이 실험에 착안하여 '깨진 유리창 이론'을 발표했다. 사소한 위기관리의 부재에서 총체적 위기가 올 수 있다는 것이다.

조직에도 깨진 유리창 이론은 존재한다. 이면지에 적혀있던 고객의 개인정보가 유출되어 회사의 큰 손실을 가져온다거나 직원 한 명의 미숙한 응대가 기업의 전체적인 이미지를 훼손하는 등의 경우처럼 말이다. 작고 사소한 문제를 의식하지 못해 결국 큰 손실을 가져오는 경우가 심심찮게 발견된다. 이렇게 문제가 될 수 있는 상황을 방치하여 큰 사건이 발생될 수 있는 상황은 여러 이론으로 설명되고 있다.

대형사고가 발생하기 전에 그와 관련된 수많은 경미한 사고와 징후들이 반드시 존재한다는 것을 밝힌 1:29:300의 '하인리히의 법칙'에서도 작고 사소하게 여겨지는 문제의 중요성을 강조하고 있다. 이 법칙은 큰 재해가 발생했다면 그전에 같은 원인으로 29번의 작은 사고가 발생했고, 또 운좋게 사고는 피했지만, 같은 원인으로 부상을 당할 뻔한 사건이 300번 있었으리라는 것이다. 만약 그 300번 중 단 한 번만 그 상황을 문제로 인식하고 해결책을 찾고자 한다면 그 후 발생할 수 있는 큰 재해를 막을 수 있다는 말이기도 하다.

이러한 문제의식의 중요성은 직장인들 사이에서도 언급되고 있다. 구인구직 매칭플랫폼 사람인이 직장인을 대상으로 '일잘러 vs 일못러 동료 특징'에 대해 조사한 결과 일잘러 동료가 주로 가지는 특징으로 '상황을 빠르고 정확하게 판단한다'(61.6%, 복수응답)를 첫 번째로 꼽았다[6].

밀레니얼 워커는 일의 완성도를 높이기 위해 현재 상황을 면밀히 관찰한다. 여기서 말하는 관찰이란 '눈에 보이는 것을 그냥 바라보는 것'이 아니라 '각별하게 관심을 두고 살펴보는 것'을 말한다. 그 관찰을 통해 문제를 인식하고 그에 맞는 올바른 해결책을 찾아가는 것이다. 같은 상황을 보더라도 문제가 될 수 있는 상황을 놓치지 않고 위험요소를 줄여나간다.

워커십을 발휘하기 위해서는 문제인식 안테나를 세워 객관적인 관찰을 할 수 있어야 한다. 문제가 될 만한 요소가 있는지 그 문제를 방치했을 때 어떤 일이 발생할 수 있을지 스스로 미리 생각하는 미래지향적 피드백, 피드포워드(Feedforword)가 필요하다. 이러한 문제의식을 통해 효율적으로 성과를 만들어나간다. 이것이 밀레니얼 워커의 의식경영이다.

문제란 무엇인가?

지금 이 책을 읽는 동안 집중이 잘되고 있는가?
집중이 안 된다면 어떤 문제가 있는가?

책을 읽고 있는 시간, 장소 그리고 읽고 있는 사람의 컨디션 등 매우 다양한 문제 요소들이 있다. 같은 장소에서 책을 보더라도 사람에 따라 문제가 달라진다. 가령 카페에 있다면 누군가는 옆 테이블의 대화 소리가 집중을 방해하는 문제가 될 수 있고, 누군가는 에어컨이 가동되어 너무 추운 실내온도가 문제가 될 수도 있다. 심지어 카페의 환경과 상관없이 배가 고픈 자신의 상황이 집중을 방해하는 문제가 되기도 한다.

이런 차이가 나타나는 이유와 원인을 알아차리는 것이 바로 문제인식이다. '상황을 문제로 인식하느냐' 또는 '인식하지 못하느냐'에 따라 그 상황을 문제로 받아들이거나 그러지 않을 수도 있다. 문제가 무엇이든 문제를 인식한 사람은 그 문제를 해결하여 책에 집중할 수 있는 환경을 만들 수 있다. 반면 그렇지 못한 사람은 오랜 시간 같은 페이지만 계속 읽다가

'역시 나는 책과 안 맞아'라고 말하며 책 읽기를 중단할지도 모른다.

문제인식이란 어떤 상황에서 해결의 필요성을 느끼는 것이다. 이러한 문제인식이 부족할 경우 해결이 필요한 문제를 놓치게 되고 문제해결의 시작도 못 하게 된다[7].

업무 상황에서도 마찬가지다. 2016년 공무원 시험 응시자가 정부 청사에 잠입해서 자기 시험 성적을 고치는 사건이 발생했다. 범인은 두 번의 보안을 뚫었는데 먼저 탈의실에서 보안신분증을 훔쳐 정부청사를 침입했다. 그다음 도어록이 설치되어 있는 인사혁신처로 이동해 비밀번호를 입력하고 들어가 시험 성적을 조작했다. 범인은 어떻게 도어록 비밀번호를 알아냈을까? 어처구니없게도 문 옆에 비밀번호로 보이는 숫자가 떡하니 쓰여 있어 이를 보고 눌러봤더니 진짜로 문이 열렸다고 한다. 왜 비밀번호가 문 옆에 적혀 있었을까? 바로 청소부나 요구르트 배달 아주머니들이 편하게 들어올 수 있도록 하기 위해서였다. 보안이 철저해야 하는 정부기관에서 벌어진 일이기에 더욱 충격적인 사건이었다.

이처럼 사소하게 여기고 방치한 작은 문제가 아주 큰 사건을 만들 수 있다. 프로젝트 진행, 고객사와의 미팅, 타 부서와의 협업 등 주어진 업무를 수행하면서 문제가 있는 상황임에도 문제를 인식하지 못하고 그대로 진행하게 된다면 어떻게 되겠는가? 인식하지 못한 문제로 인해 더 큰 사건과 사고로 이어질 수 있다. 업무의 효율성을 추구하는 밀레니얼 워커는 업무 진행과정에서 상황을 예민하고 까다롭게 관찰한다. 이를 통해 발견된 문제를 해결함으로써 업무의 완성도를 높인다.

그렇다면 문제를 어떻게 인식할 것인가? 문제인식을 위해서는 먼저 문제가 무엇인가에 대한 이해가 필요하다. 문제는 현재의 상황(As-is)과 원하는 상황(To-be)의 차이를 말한다. 이때 현 상황과 원하는 상황의 차이를 인지하는 것은 문제를 발견하는 것이며 이 차이를 제거하기 위한 과정을 문제해결이라고 한다.

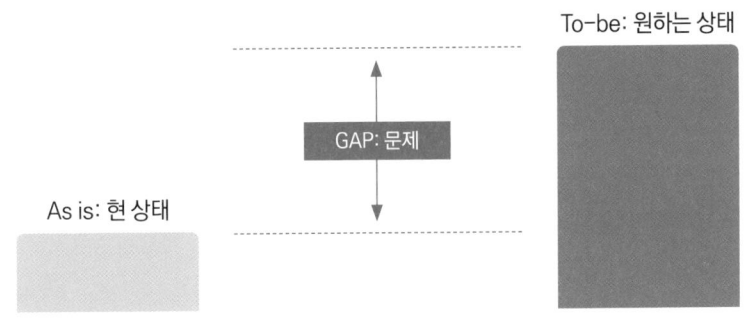

[그림 2-1] 문제의 정의

*출처: 홍종윤(2020). 일 잘하는 사람의 업무 교과서. 서울: 씽크스마트. 저자 재구성

문제에는 다양한 유형이 있다.

국가직무능력표준 NCS 문제해결능력에 따르면 문제 유형은 기능에 따른 문제 유형, 해결 방법에 따른 문제 유형, 시간에 따른 문제 유형 등 그 기준에 따라 구분될 수 있다. 본 책에서는 업무 수행에서 해결해야 하는 문제의 유형에 대하여 다루고자 한다. 오늘날 기업 종사자들에게는 당면

하여 보이는 문제뿐만 아니라 숨어있는 문제까지 해결하는 것이 요구된다. 이러한 관점에서 봤을 때 업무 수행 과정에서 문제는 아래 세 가지 유형으로 분류할 수 있다.

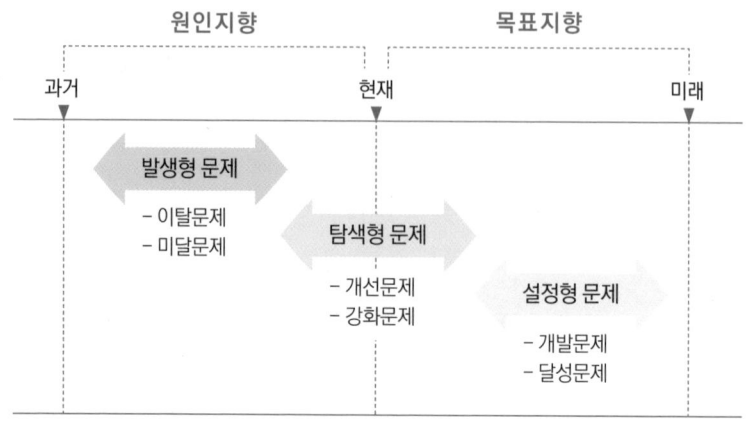

[그림 2-2] 문제의 유형
*출처: NCS 직업기초능력파일 문제해결능력

① **발생형 문제(보이는 문제)**

- 우리 눈앞에 발생되어 당장 걱정하고 해결하기 위해 고민하는 문제를 의미한다. 발생형 문제는 눈에 보이는 이미 일어난 문제로, 어떤 기준을 일탈함으로써 생기는 일탈문제와 기준에 미달하여 생기는 미달문제로 구분되며 원상복귀가 필요하다.

② 탐색형 문제(찾는 문제)
- 더 잘해야 하는 문제로, 현재의 상황을 개선하거나 효율을 높이기 위한 문제를 의미한다. 탐색형 문제는 눈에 보이지 않는 문제로, 문제를 방치하면 뒤에 큰 손실이 따르거나 결국 해결할 수 없는 문제로 나타나게 된다.

③ 설정형 문제(미래 문제)
- 미래 상황에 대응하는 장래의 경영전략의 문제로 앞으로 어떻게 할 것인가 하는 문제를 의미한다. 설정형 문제는 지금까지 해오던 것과 전혀 관계없이 미래 지향적으로 새로운 과제 또는 목표를 설정함에 따라 일어나는 문제로서, 목표 지향적 문제라고 할 수 있다.

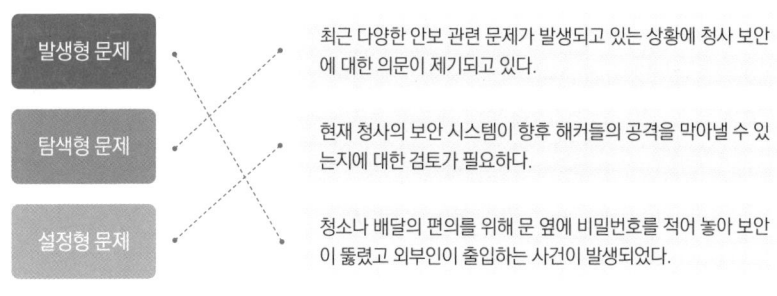

[그림 2-3] 문제 유형 예시

앞서 언급한 정부청사 공시생 성적조작 사건의 경우 [그림 2-3]과 같이 사건이 발생된 상황에서는 당장 해결해야 하는 보이는 문제가 되었지만 성적조작 사건의 발생 전 청소부나 요구르트 배달원을 위해 문 옆에 비밀번호를 적어놓았던 그 당시의 상황에서는 탐색형 문제로 볼 수 있다.

문제와 문제의 유형에 대해 이해가 되었다면 문제를 인식하기 위해 어떤 시각을 가져야 하는지에 대해 이야기해 보자.

비판적 사고로 의식경영 하라

일을 잘하기 위해서는 무엇보다 문제들을 빠르게 인식하고 그에 맞게 대처해야 한다. 특히, 탐색형 문제와 설정형 문제는 좀 더 예민하게 관찰할 필요가 있다. 발생형 문제는 이미 문제가 발생했고 보이는 문제이기 때문에 바로 해결해야 한다. 그러나 탐색형 문제와 설정형 문제는 다르다. 두 유형의 문제는 아직 눈에 보이지 않기 때문에 문제로 인식하기가 쉽지 않다. 그렇기에 더욱 중요한 문제들이다. 이 유형의 문제를 문제로 인식하느냐 그러지 않느냐가 향후 발생될 수 있는 큰 문제를 막느냐, 아니면 큰 문제에 끌려가느냐로 연결되기 때문이다.

- 보안이 필요한 사무실 문 옆에 적힌 비밀번호
- 먼지가 쌓여 있는 콘센트와 문어발식으로 연결된 전원선
- 결재 후 정리가 안 되어 있는 서류 뭉치

위와 같은 상황에서 '지금은 아니지만 앞으로 문제가 될 수도 있지 않을까?' 하는 비판적 사고가 필요하다. 문제인식은 상황을 예민하고 까다롭게 바라보는 비판적 사고에서 비롯된다.

비판적 사고란 어떤 사태에 처했을 때 감정 또는 편견에 사로잡히거나

권위에 순응하지 않고 합리적이고 논리적으로 분석·평가·분류하는 사고과정이다[7]. 워커십을 발휘하기 위해서는 이러한 비판적 사고를 바탕으로 작고 사소하지만 거슬리는 무엇인가를 의식해야 한다. 이것이 문제가 될 수 있지는 않은지, 그 상황이 앞으로 어떤 결과로 이어질지 민감성을 가지고 사고하고 행동할 수 있어야 한다.

밀레니얼 워커는 물음표와 친숙하다.

'이 일을 왜 해야 하는가?'
'이 일을 하지 않았을 때 발생하는 문제는 무엇인가?'
'이 상황은 프로젝트에 어떤 영향을 주는가?'

꾸준한 객관적 관찰을 통해 스스로에게 질문하며 해결책을 찾아가는 문제의식 경영이야말로 모든 성과의 시작점임을 기억해야 한다.

| 3

밀레니얼 워커의 목표경영

성과로 연결되는 목표는 일을 대하는
관점과 태도에서 결정된다.

당신이 일을 하는 이유

프로젝트 진행을 위해 고객사 참석 인원을 파악해야 한다. 인원파악을 위해 고객사 담당자에게 메일을 보내는 김신속 프로, 빠른 업무처리를 위해 메일을 신속하게 보내고 다른 보고서에 시선을 돌린다. 같은 팀에서 비용을 담당하는 박꼼꼼 프로. 예산 집행을 위해 거래처의 필요 품목에 대한 비용확인이 필요하다. 거래처 담당자에게 비용확인 메일을 보낸 후 담당자에게 전화하여 메일 내용에 대해 확인을 요청하고 회신을 부탁한다.

김신속 프로와 박꼼꼼 프로 두 사람 모두 프로젝트를 위해 열심히 일을 하고 있다. 그러나 둘 중 누가 더 일을 잘하는 것으로 보이는가? 메일을 보내는 일에 집중해 보자. 메일을 보내는 목적은 어디에 있는가? '보내는 것'에서 끝나는 것이 아니라 '받게 하는 것', 즉 상대가 메일 내용을 확인하게 하는 데에 최종 목적이 있다. 메일만 보내고 당연히 확인할 것이라는 생각에 후속 조치가 없는 김 프로보다 메일을 잘 받았는지, 내용에 대해 전달하고 회신 요청을 진행한 박 프로의 업무처리가 마무리까지 잘 진행되었다고 말할 수 있다. 같은 일을 하는데도 일의 목적을 명확히 알고 하는 것과 하라고 하니 그냥 하는 일은 결과가 달라질 수밖에 없는 것이다. 일에는 분명한 목적이 있다. 그리고 일을 했다면 목적과 목표에 부합하는 성과를 내야 한다.

밀레니얼 워커는 자신이 지금 하는 일이 어떤 목적을 가지고 있는지 알고 그 목적을 달성하기 위한 방향성을 유지한다. 방향을 잃지 않기 위해 꾸준히 자신을 돌아보며 성찰하고 균형감을 유지한다. 더불어 앞으로 나아가기 위한 낙관적 관점과 태도를 보여준다. 이런 자아성찰의 과정을 통해 좋은 성과를 내거나 오히려 남들은 칭찬하지만 본인은 만족하지 못하는 그 결과에 다시 목표를 세우고 더욱 몰입하는 모습을 보여준다.

앞서 관찰을 통해 문제를 인식하는 의식경영이 일의 출발점을 모색하는 과정이었다면 자아성찰을 통한 목표경영은 그 일의 의미를 스스로 부여하여 목적에 맞게 방향을 유지하는 과정이라고 볼 수 있다.

메타인지로 자신을 조절하라

요즘 TV에서는 다양한 관찰 예능을 만날 수 있다. 그중 '전지적 참견 시점', '나 혼자 산다', '사장님 귀는 당나귀 귀'와 같이 자신과 주변 사람들의 상황을 직접 보며 이야기 나누는 프로그램이 부쩍 늘어나고 있다. 출연한 방송인들은 자신의 모습을 보며 평소 몰랐던 부분을 발견하기도 하고 사장으로서 직원을 대하는 본인의 말투나 모습에 놀라기도 하는 등 다양한 반응을 보인다. 특히 '요즘 육아 금쪽같은 내 새끼', '오은영 리포트-결혼 지옥' 등 문제해결이 필요한 프로그램에서 부모가 본인들과 아이의 실제 생활 모습을 제삼자의 관점으로 보고 전문가와 함께 솔루션을 찾아간다.

이 책을 읽고 있는 당신은 지금 어떤 모습인가? 제삼자의 관점으로 내 모습을 바라본다면 어떻게 보이겠는가? 앞서 말한 프로그램들에서 자신의 모습을 직접 관찰하며 문제해결을 해나가는 이유는 자신의 모습을 자신이 직접 인식하고 문제를 의식해야 스스로를 납득하고 문제해결에 적극적일 수 있기 때문이다.

일을 잘하는 워커들은 이런 자기 관찰능력이 뛰어나다. 이것을 상담학에서는 '자기성찰지능이 높다'고 말한다. 자기성찰지능은 자신의 감정을 잘 알고 다스리는 사람, 신체적 컨디션과 행동을 잘 조절하는 사람에게서 발견되는 능력이다. 자기성찰지능이 높은 사람은 다음과 같은 특징이 있다.

- 자신의 성격, 감정상태와 변화, 행동의 목적과 의도에 대하여 명료한 평가를 내릴 수 있다.
- 자아에 대한 애착이 강하고 확신감도 높다.
- 독립적으로 문제를 해결하고 일하고자 하는 경향을 보인다.
- 자신을 위해 진지한 삶의 목표를 세우고 자아존중감, 자기향상욕구가 강하다.
- 자신의 몸과 정신상태를 누구보다 잘 알고 스스로를 적절하게 제어할 수 있다.

이러한 자기성찰지능은 심리학에서 말하는 메타인지와 연결된다. 메타인지는 1970년대에 발달심리학자인 존 플라벨이 창안한 용어로, '자신의 생각에 대해 판단하는 능력'을 말한다. 간단히 말해 자신의 생각이나 지식에 대해 곧이곧대로 받아들이지 않고 자체적으로 검증을 거치는 것이다.

일을 잘하는 워커는 이런 자기성찰지능, 메타인지능력이 뛰어나다. 앞서 강조한 목표 상실의 시대를 기억하는가? 예측 불가능성이 커지며 하고 있는 일에 대한 변수가 많아지고 갑자기 진행되던 일이 중단되기도 하는 등 예상 외의 변화가 일어나는 과도기적 현상들이 나타나고 있다. 이런 상황에 조직에서 일을 잘하고 성과를 내기 위해서는 조직의 명령을 기다리기보다 스스로 생각하는 생각머리가 작동해야 한다.

실제 앞서 언급한 직장인이 꼽은 '일잘러 동료 vs 일못러 동료' 유형 중 '일못러' 동료의 특징으로 시켜야만 일을 하고 상황판단이 느리다는 부분을 꼽았다. 반대로 '일잘러' 동료의 특징에는 빠르고 정확한 판단능력 외에도 주도적으로 업무를 진행하고 실수를 빠르게 인정하고 고친다 등의 내용이 있었다[6]. 일을 함에 있어 스스로 목표를 세우고 자신의 생각이나 상황에 대해 올바른 판단을 통해 조절하는 자기성찰지능과 메타인지능력이 중요하다는 것을 알 수 있다.

그렇다면 이러한 능력은 어떻게 키울 수 있을까?

첫째, 타인을 보듯 나를 관찰하라.

주변의 변화하는 상황을 세심하게 관찰하고 그 안의 문제를 의식하듯 나의 모습을 스스로 관찰하라. 지금 하고 있는 일에 내가 어떻게 반응하고 있는지 수시로 탐색하라. 나의 몸과 정신, 감정상태까지 들여다볼 수 있어야 한다.

둘째, 아는 것과 모르는 것을 자각하라.

메타인지는 자신의 인지적 활동에 대한 지식과 조절을 의미하는 것이다. 내가 무엇을 알고 모르는지에 대해 아는 것에서부터 자신이 모르는 부분을 보완하기 위한 계획과 그 계획의 실행과정을 평가하는 것에 이르는 전반적인 과정을 의미한다. 일 잘하는 밀레니얼 워커는 스스로 잘하고 뛰어난 부분과 반대로 약하고 부족한 부분을 알고 있다. 그 양면을 인정함으로써 잘하는 부분을 무기로 사용하고 부족한 부분에 대한 대비책을 만든다.

셋째, 워크 브레이크로 균형감 있게 조절하라.

행동경제학의 창시자 대니얼 카너먼은 자신의 저서 〈생각에 관한 생각〉에서 자기 통제에는 집중력과 정신력이 필요하다고 말한다. 그런데 무언가를 억지로 해야 한다면 다음 작업에서 자기 통제력을 발휘할 의지나 능력이 줄어드는데 이런 현상을 '자아 고갈(Ego Depletion)'이라고 표현했다. 자아가 고갈되었을 때 아래와 같은 행동들이 나타난다고 한다[8].

- 평소 식습관에서 벗어남
- 충동구매에 따른 과소비

- 심기를 건드리는 행위에 대한 과도한 반응
- 인지 작업 결과와 논리적 결정이 신통치 않음

혹시 당신도 어느 순간 위의 행동을 하고 있지 않은가? 이러한 자아고갈 상태를 예방하기 위해 워커들은 워크 브레이크(Walk Break)를 활용한다. 워크 브레이크는 마라톤 선수들에게 유행했던 달리기 방식으로 달리다가(Run) 걸으면서(Walk) 쉬어주는(Break) 것이다. 우리 몸이 오랫동안 계속 달릴 수 있도록 만들어지지 않았기 때문에 잠깐씩 쉬어주면서 근육에 더 큰 활력을 주기 위한 방법이라 한다. 일 잘하는 워커들은 이런 법칙을 알고 일에 집중력을 발휘하면서도 적절히 나만의 브레이크를 작동시킨다. 여행, 골프, 요가, 명상 등 심신 밸런스 유지를 위한 자신만의 도구를 가지고 있다. 일잘러의 대명사 스티브 잡스 또한 명상을 통한 뇌 휴식법, '마인드풀니스(Mindfullness)'를 통해 피로를 해소했다. 일을 잘하고 싶다면 잘할 수 있는 심신의 상태를 유지할 수 있어야 한다.

당신의 브레이크는 무엇인가? 막상 떠오르는 것이 없다면 잠시 눈을 감고 생각 버리기부터 시작해 보자.

밀레니얼 워커는 낙관적으로 해석한다

사행습인운(思行習人運)
생각을 바꾸면, 행동이 바뀌고,
행동을 바꾸면, 습관이 바뀌고,

습관을 바꾸면, 인격이 바뀌고,
인격을 바꾸면, 운명이 바뀐다.

생각을 바꾸면 많은 것들이 달라질 수 있다. 같은 일을 하면서도 그 일에 대해 어떻게 생각하느냐에 따라 행동이 달라지고, 반복을 통해 습관이 바뀌면 운명이 바뀐다. 이것을 자기규정효과(Self-Definition Effect)라고 한다. '나는 이런 사람이다'라고 스스로를 규정하게 되면 정말 그런 사람처럼 행동하게 된다는 것이다[9].

같은 일을 하지만 이름이 다른 두 사람이 있다.

- **직장인(職場人)**: 규칙적으로 직장을 다니면서 급료를 받아 생활하는 사람
- **직업인(職業人)**: 어떠한 직업에 종사하고 있는 사람

이 둘의 목적과 관점은 다르다. 직장인은 일하는 공간인 장(場)을 필요로 하는 사람들이고, 직업인은 업(業)을 추구하는 사람들이다[10]. 직업인은 일에 대한 소명의식을 가지고 일하는 사람이다. 단순히 직장이라는 공간에서 시간을 채우고 보상을 받는 것으로 일을 대하지 않는다. 당신은 직장인으로 일을 하는가, 직업인으로 일을 하는가. 일에 대해 어떤 관점을 부여하고 일을 하는 과정을 어떻게 해석하느냐에 따라 결과가 달라진다. 인지심리학 박사 김경일 교수는 인생을 이끌어가는 리더는 낙관적 관점을 가지고 있다고 말한다. 단순히 낙천적인 성격으로 모든 현상을 긍정적으로 바라보는 것이 아니라 좋지 않은 상황에서도 좋은 상황이 올 것이라는

생각을 놓지 않는 것을 낙관적 관점이라고 설명하고 있다. 이런 낙관적 관점을 가진 사람이 수명이 더 길고 훌륭한 리더가 될 수 있다는 것이다.

이처럼 일을 잘하는 워커들은 일을 바라보는 관점이 다르다. 그들은 일을 통해 성장한다. 〈일 잘하는 사람은 단순하게 합니다〉의 박소연 저자는 그의 세 번째 책 〈일하면서 성장하고 있습니다〉에서 '연차가 쌓이는 것은 필연이지만, 성장하는 것은 나의 선택이다!'라는 메시지와 함께 일잘러의 업을 통한 성장을 강조하고 있다.

이런 직업인의 워커는 업의 현장에서 나의 위치와 역할을 인지하고 스스로를 일류로 만들기 위해 새로운 판을 짠다. 너무 거창해 보이는가? 좀 더 쉽게 말해 스스로의 성장을 위해 나만의 목표를 만들고 그 목표를 달성하기 위해 움직인다는 것이다. 직장에 출근해 상사가 시키는 일만 시간 안에 마무리하고 퇴근하는 사람과는 다른 결과가 펼쳐진다.

밀레니얼 워커가 되고 싶다면 직업인의 의식을 가져라.
나의 위치와 역할을 인지하고 나만의 목표를 설정하라.
좋지 않은 상황에서도 좋은 상황이 올 것이라 낙관적 관점을 유지하라.
업의 현장을 통해 성장하고 있다고 생각하고 행동하라.

지금 이 순간 나에 대해 가장 잘 알고 스스로 조절할 수 있는 사람은 바로 자기 자신임을 잊지 말자.

4

밀레니얼 워커의 변화경영

주어진 일을 할 것인가, 일을 주도하여 성과를 낼 것인가?
선택이 필요한 때이다.

지속적인 통찰의 힘 '변화경영'

일을 하면서 어려운 문제를 만나 오리무중인 상태로 헤매고 있을 때 명쾌하게 상황을 정리하고 시원하게 해결 방안을 제시하는 사람이 있다. 이러한 사람에게 통찰력이 있다고 한다.

- **통찰력**: 사물이나 현상을 환히 꿰뚫어 보는 능력

통찰은 문제가 있을 때 가장 이상적인 형태로 해결하는 것을 말하며 문제를 해결하는 단서를 발견하게 해주는 주체를 의미하기도 한다[11]. 지금까지 우리는 관찰과 성찰의 과정을 통해 문제를 인식하고 낙관적 관점을 통해 직업인의 목표의식을 갖기 위한 방법을 살펴봤다. 통찰력은 이 과정을 통합하는 힘이다. 일 잘하는 사람은 시야가 넓다. 전체를 보고 자신의 위치를 명확히 하며 무엇을 어떻게 해야 하는지 주도적으로 찾아 실행에 옮긴다. 이러한 모습을 변화경영이라고 한다. 워커는 변화경영 한다. 변화

를 관찰하고 변화에 능동적으로 반응한다.

　초뷰카시대, 아주 빠르게 변화하고 목표 또한 불완전한 요즘의 일터에서 아주 중요한 역량이 바로 통찰력을 발휘하는 변화경영이다. 이러한 역량은 저절로 생기진 않는다. 의식적으로 통찰력을 발휘하고자 노력해야 한다. 그리고 그런 노력이 쌓이고 쌓일 때 습관이 되고 더불어 더 넓은 시야와 더 빠른 판단력을 갖출 수 있게 된다.

'주어진' 것인가, '주도한' 것인가

숙제를 하기 위해 책상을 정리하고 자리에 앉아 책을 폈다.
그 순간 문밖에서 들리는 어머니의 목소리,

"숙제는 했니? 어서 숙제해라!"

　한 번쯤은 위와 같은 상황을 경험했을 것이다. 어머니의 한마디를 듣고 난 후 숙제를 하기 위한 내 마음은 강해졌는가? 아마도 어머니를 향해 '나도 하려고 했다고요!'라고 외치고 싶은 속마음과 함께 숙제를 하고자 했던 마음은 어디론가 사라졌을 것이다.

　업무 상황에서도 마찬가지다. 내가 직접 선택한 일과 누군가가 시켜서 하는 일을 대하는 마음은 다르다. 어떤 일에 더 몰입하고 좋은 성과를 내고자 노력하겠는가? 당연히 직접 선택한 일이다. 앞서 언급한 직장인이 꼽은 '일잘러 동료 vs 일못러 동료'의 일잘러 순위에서도 61.6%의 사람들이 주도적으로 업무를 진행하는 사람을 일잘러 동료로 꼽았다. 주도적으로 업무를 진행하는 사람은 그 일에 대한 책임감이 커지고 실행 속도도 빠르게 나타난다.

20세기 가장 영향력 있는 경영경제 도서 Top10으로 선정된 〈성공하는 사람들의 7가지 습관〉에서도 능동적 행동에 대해 강조한다. 어떤 일을 솔선해서 적극적으로 하는 사람과 수동적인 사람 간의 차이는 매우 크며, 성공적인 삶을 위해 균형을 유지하려면 반드시 자기 자신이 주체가 되어야 한다는 것이다. 그러한 이유로 성공하는 사람들의 제1습관을 '자신의 삶을 주도하라'로 언급했다. 그 뒤에 이어지는 여섯 가지 습관 각각이 주도적인 능력 개발에 그 기반을 두고 있다는 것이다[12]. 그만큼 변화경영의 주도성은 중요한 포인트다.

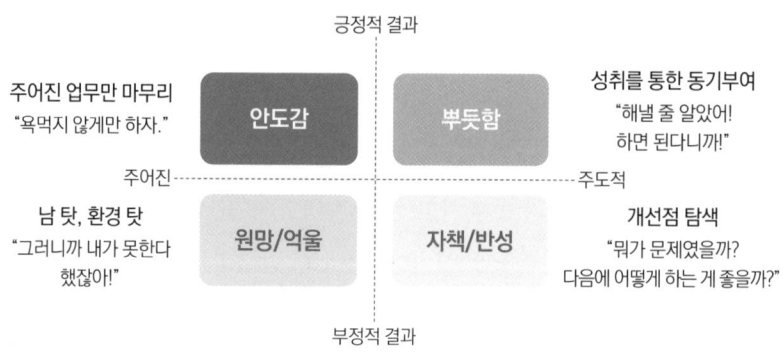

[그림 2-4] 일에 대한 의지와 결과에 따른 감정변화
*출처: QAS리더십연구소 권병희 소장 강의 내용 중 저자 재구성

일에 대한 의지, 즉 내가 선택해서 하는 일과 주어졌기 때문에 하는 일의 결과에 따른 감정을 살펴보자. 주도적으로 일을 한 경우에는 결과가 긍정적일 때 성취를 통한 동기부여가 된다. 혹여 결과가 부정적이더라도 나의 선택으로 시작된 일이기에 반성을 통해 개선점을 탐색하고 미래를 위한 성장자원으로 활용할 수 있다. 그러나 주어진 일만 하는 경우 부정적 결과일 때 남 탓, 환경 탓은 기본이고 결과가 긍정적일 때에도 최선의 결과보다는 면피를 위한 결과가 남을 가능성이 높다.

우리의 일은 대부분 주어진 일이다. 하지만 워커십을 갖춘 밀레니얼 워커는 주어진 일을 주도적으로 바꿔간다. 그리고 그 결과가 긍정적이든 부정적이든 책임감을 가지고 꾸준히 긍정적 변화를 위해 노력한다.

지금 하고 있는 그 일은 '주어진 것인가? 주도한 것인가?'

밀레니얼 워커는 실행 속도가 다르다

일본의 경영 컨설턴트 혼다 켄은 부자들의 생활습관을 연구하기 위해 일본 국세청 고액납세자 명단을 확보하고 그중 백만장자 1만 2천 명을 대상으로 인터뷰와 설문조사를 실시했다. 그의 조사에서 밝혀진 부자들의 재미있는 특성 중 하나는 고액의 소득자일수록 설문조사에 대한 응답시간이 빨랐다는 것이다. 어차피 할 일이라면 빨리 처리하는 것이 여러모로 좋다는 사실을 알고 있기 때문이다. 부자들은 비즈니스뿐 아니라 개인적인 편지나 이메일의 답신이 빠르고, 누군가로부터 작은 도움이라도 받으면 감사 편지도 신속하게 보내는 것으로 조사됐다고 한다[9].

1% 행동심리학자로 불리는 이민규 박사는 자신의 도서 〈실행이 답이다〉를 통해 변화의 가장 큰 걸림돌은 '나중에, 다른 데서'이며, 성공의 가장 확실한 디딤돌은 '지금, 여기서'라고 말한다. 다른 사람들보다 많은 성과를 내고 빠른 시간에 승진하고, 더 많은 소득을 올리는 사람들의 핵심자질은 결심을 곧바로 행동에 옮기는 행동지향성에 있다는 것이다.

"해야 할 일이 산더미처럼 쌓여 있는가?"
"무엇을 해야 할지 고민스러운가?"

지금 그 생각을 할 시간에 당장 목표와 관련된 뭔가를 행동으로 옮겨라. 일 잘하는 워커는 목표경영을 통해 명확한 목표를 가지고 있기에 고민이 길지 않다. 심플하게 생각하고 빠르게 행동으로 옮긴다. 너무도 많은 과제가 몰려 있다면 우선순위를 정하기 위해 머릿속 생각을 시각화하는 것도 방법일 것이다. 실행하지 않는 생각은 쓰레기일 뿐이다. 통찰에 오르는 계단은 실행이다. 스스로 해야 할 일을 선택했다면 망설이지 말고 실행하라. 그 결과가 어떻든 실행해야 다음으로 이어질 수 있다.

통찰은 나선형 순환고리다

통찰을 통한 변화경영의 포인트로 주도성과 실행을 이야기했다. 스스로 일을 선택하고 실행에 옮긴다고 늘 성과가 좋을까? 당연히 그렇지 않은 경우가 더 많다. 그렇기 때문에 밀레니얼 워커의 변화경영 마지막 단계는 '반복'이다.

인생은 선택의 연속이고 우리는 업의 현장에서 끊임없는 선택을 하게 된다. 그 선택에 주도권을 가지고 능동적으로 실행하라. 그리고 결과를 통찰하고 다시 그다음을 선택하라. 일 잘하는 워커는 실험정신이 뛰어나다. 결과가 좋지 않다고 해서 그 결과에 얽매어 좌절하기보다 더 나은 결과를 위한 방법을 모색한다.

좋은 결과를 얻고 싶은가? 성장하고 싶은가? 그렇다면 통찰의 나선형 순환고리를 기억하자. 꾸준한 반복을 통해 더 나은 결과를 만들어가는 것, 변화경영의 마지막 포인트이자 성장을 위한 시작점이다.

5

밀레니얼 워커,
스스로를 경영하라

**조직 성장의 시작은 자기경영을 통한
조직 내 개인의 성장이다.**

이유 있는 변화

지금 이 책을 읽고 있는 이유가 무엇인가? 각자 이유가 다를 수 있겠지만 적어도 지금보다 더 나은 다음을 위한 것임은 틀림없을 것이다. 개인적으로 긍정적 성장을 위해, 조직에서는 더 나은 성과를 위해 부단히 노력하고 있는 우리다. 꼭 성장이 아니더라도 복잡한 생각이나 마음을 정리하기 위해 책을 들었을 수도 있다. 역시나 책을 읽고 있다는 것은 지금보다 나은 다음을 위해 노력하고 있음을 증명한다. 이 순간의 노력이 당신을, 더불어 당신이 속해 있는 조직을 성장시킬 것이다.

인정받고 성공하는 사람은 이유가 있다.
2023년 제5회 월드베이스볼클래식(WBC)에서 일본의 전승 우승을 이끌며 대회 MVP로 선정된 오타니 쇼헤이는 모국인 일본뿐만 아니라 전 세계적으로 야구를 즐기는 사람들 사이에서 인정받는 야구 선수다. 그가 고등학교 1학년 때 세워놓은 만다라트 계획표가 화제다.

몸관리	영양제 먹기	FSQ 90kg	인스텝 개선	몸통 강화	축 흔들지않기	각도를 만든다	위에서부터 공을 던진다	손목 강화
유연성	몸 만들기	RSQ 130kg	릴리즈 포인트 안정	제구	불안정 없애기	힘 모으기	구위	하반신 주도
스테미너	가동역	식사 저녁7숟갈 아침3숟갈	하체 강화	몸을 열지 않기	멘탈을 컨트롤	볼을 앞에서 릴리즈	회전수 증가	가동력
뚜렷한 목표·목적	일희일비 하지않기	머리는차갑게 심장은뜨겁게	몸 만들기	제구	구위	축을 돌리기	하체 강화	체중 증가
핀치에 강하게	멘탈	분위기에 휩쓸리지 않기	멘탈	8구단 드래프트 1순위	스피드 160km/h	몸통 강화	스피드 160km/h	어깨주변 강화
마음의 파도를 안만들기	승리에 대한 집념	동료를 배려하는 마음	인간성	운	변화구	가동력	라이너 캐치볼	피칭 늘리기
감성	사랑받는 사람	계획성	인사하기	쓰레기 줍기	부실 청소	카운트볼 늘리기	포크볼 완성	슬라이더 구위
배려	인간성	감사	물건을 소중히 쓰자	운	심판을 대하는 태도	늦게 낙차있는 커브	변화구	좌타자 결정구
예의	신뢰받는 사람	지속력	긍정적 사고	응원받는 사람	책읽기	직구와 같은폼으로 던지기	스트라이크 볼을 던질때제구	거리를 상상하기

[그림 2-5] 오타니 쇼헤이 만다라트 계획표

*출처: 나무위키

    오타니 쇼헤이는 고등학교 1학년 때부터 '8구단 드래프트 1순위가 되겠다'는 목표를 세웠다. 꿈을 이루기 위해 필요한 구체적인 목표 8개를 설정했다. 중요한 것은 실제적이고 세밀한 계획을 세워 실천으로 옮겼는데 그 모든 과정이 그의 주도적인 행동으로 이루어졌다는 것이다. 역량을 키우는 계획 외에도 멘탈, 인간성, 운을 이루기 위한 뚜렷한 목표와 목적, 긍정적 사고, 지속력 등의 실행 계획을 발견할 수 있다. 단순히 실력만 가지고 성공할 수 없다는 것을 잘 알고 있었기 때문이다. 그는 목표에 도달하기 위해 72개의 세부적인 목표를 세웠고 이를 실천했다. 이것이 밀레니얼 워커가 추구해야 할 태도이다.

지금 이 순간도 우리는 변화하고 있다. 그 변화를 내가 원하는 방향으로 만들어가는 것은 오직 워커 당신의 손에 달려있다.

'찰찰찰' 자기경영이 조직을 찰지게 한다

어느 조직이나 성장을 중요하게 생각한다. 조직을 성장시키는 것은 그 조직을 이루고 있는 개인이다. 최근 많은 조직에서 성장의 주체를 개인으로 보고 그 개인을 위해 조직문화를 개편하고 있다. 조직을 구성하는 세대에 관심을 갖고 기성세대와 MZ세대의 차이를 극복하기 위한 방법을 모색하는 등 다양한 방법을 적용 중이다. 그만큼 조직 성장에 있어 개인을 중요하게 여기는 것이다. 조직의 성장은 개인의 성장에 대한 후행지표다. 개인이 성장하면 회사는 반드시 성장한다. 그러니 이제 개인은 업의 현장에서 진정한 워커로 성장하여 성과를 이끄는 워커십을 발휘할 때다. 세심한 관찰을 통해 문제를 의식하고, 자기 성찰을 통해 목표를 향한 균형감을 유지한다. 그리고 관찰과 성찰을 통합하는 근본적 지혜, 통찰력을 통해 세상의 변화에 능동적으로 반응하고 실행한다.

2장에서는 밀레니얼 워커로서 필요한 자기경영 방법을 이야기했다. 모든 것은 태도에서 결정된다. 기업의 최고 경쟁력은 바로 구성원의 태도이다. 이러한 밀레니얼 워커의 '찰찰찰' 자기경영이 모이고 모이면 조직의 성과가 찰지게 만들어지지 않을까? 다음 장에서는 '찰찰찰' 자기경영을 위해 장착해야 할 밀레니얼 워커의 3가지 무기를 소개한다.

3장
밀레니얼 워커의 3가지 무기

지나치게 빠른 변화의 시대를 살아가고 있는 우리는 새로운 것을 받아들이며 진취적으로 행동해야 한다. 이를 위한 3가지 무기를 완성해 감으로써 퍼스널 파워를 갖춘 밀레니얼 워커가 될 수 있다.

1
밀레니얼 워커십이
필요한 이유

도태되지 않고 경쟁력을 갖추길 원한다면,
필요한 것은 밀레니얼 워커십이다.

비웠으면 채워야 한다

'내 친구의 수는 최대 150명? 던바의 수는 깨졌다.'

인류학자 로빈 던바가 주장한 던바의 법칙은 인간이 사회적 관계를 맺을 수 있는 최대치가 150명이라고 주장하였다. 그러나 던바의 숫자는 통계적으로 유효하지 않다는 반박과 함께 SNS, 연락처 등 사회적 관계의 수는 고정된 제한이 없다는 의견들이 나오며 던바의 수는 깨졌다.

이처럼 지식은 음식처럼 유통기한을 가지고 있다. 미국의 경제학자 프리츠 매클럽은 한 분야에서 지식의 절반이 쓸모없는 것으로 바뀌는 데 걸리는 시간을 '지식의 반감기'라고 불렀다. 내가 알고 있던 귀한 지식의 절반이 필요 없어진다면 어떤가? 아마 대다수의 사람들이 매우 아깝고 안타깝다 생각할 것이다. 그 지식을 채우기 위해 노력한 과정이 무의미해지고 그 지식으로 적용할 것들을 이제는 포기해야 하니 말이다.

그러나 이것은 우리가 받아들이고 적응해야 할 현실이다. 새뮤얼 아브스만 박사에 따르면 물리학은 13.07년, 경제학은 9.38년, 역사학은 7.13년의 반감기를 가진다고 한다[1]. 이러한 오랜 전통을 가진 학문 영역의 지식마저 반감기를 가지는데 우리의 일터, 즉 기업뿐만 아니라 현장에서 쌓고 발휘되는 지식들은 오죽할까? 변화 속도가 빠르고 변수가 많은 만큼 더욱 빠른 반감기를 겪게 된다. 그러기에 점차적으로 조직과 개인 모두에게 새로운 지식을 학습하는 능력이 중요하다.

'옵솔리지'라는 단어가 있다. 옵솔리트(Obsolete-구식의, 한물간)와 지식(Knowledge)의 합성어이다. 즉 옵솔리지는 지식에도 유통기한이 있음을 뜻한다. 마트 진열대에도 유통기한이 다가오면 신선한 상품으로 대체하듯 유통기한이 지나가기 전에 새로운 정보와 지식을 지속적으로 습득해야 한다. 비웠으면 채워넣어야 하는 것이다.

게다가 지금 우리는 AI와 공존하고 있다. 과학기술의 발전 속도는 점차 빨라지고 우리의 삶 곳곳에 영향을 주고 있다. 그것은 일터에서 역시 마찬가지다. AI의 발전으로 수많은 기업들이 상당히 긴장한다는 것을 주변에서, 뉴스에서 자연스럽게 확인할 수 있다. 그렇다면 이렇게 트렌드의 변화 속도 역시 지나치게 빠른 시대를 살아가는 우리에게 결국 필요한 것은 무엇일까? 바로 '학습민첩성'이다.

"배움을 멈추지 말라.
날마다 한 가지씩 새로운 것을 배우면 경쟁자의 99%를 극복하게 된다."
- 조 카를로 조

선택이 아닌 필수

학습민첩성에 대한 중요성을 강조하는 연구는 지속적으로 진행되고 있다. 그 이유는 현시대에 개인에게 꼭 필요한 역량이기 때문이다. 연구에 따르면 학습민첩성은 '처음 직면한 상황에서 경험으로부터 배운 능력과 학습 의지로 유연한 변화를 가능하게 하며 빠르게 다음 해결 방안을 터득하는 능력'이라고 정의한다[2].

리더십 분야 전문기관인 CCL의 연구를 주도한 롬바도와 아이칭거 역시 2000년에 발표한 〈High potentials as high learners〉라는 논문에서 미래 핵심 리더의 가장 중요한 특징으로 학습민첩성을 지목하였다. 그 이유는 학습민첩성을 통해 새롭게 도전하고 성장하고 학습하는 것을 즐기며 결국 실용적인 결과물을 만들어낼 수 있기 때문이다.

앞으로의 조직은 더욱 학습 능력을 중요하게 생각할 것이다. 또한 핵심 인재의 판단 근거로 학습민첩성을 갖추고 있느냐에 집중할 것이다. 미래의 경영 환경은 지금보다 더 역동적이며 복잡하고 불확실하기 때문이다. 4차 산업 전문가인 볼프강 예거 교수 역시 미래의 직장인은 다양한 직무를 경험하며 직무의 수가 과거보다 크게 증가할 것이라고 하였다. 이를 위해 리스킬링(Reskilling-재숙련화) 또는 업스킬링(Upskilling-고도숙련화)의 과정이 지속적으로 필요하다.

그렇다면 학습민첩성은 직원 개인만 갖추면 되는 것일까? 그렇지 않다. 조직 차원에서도 중요한 과제다. 그렇기에 학습민첩성을 개인에게만 맡겨 두지 않고 기업 차원에서 그 역량을 끌어올리기 위해 노력하고 있는 것이다. 대표적으로 금융 및 결제 글로벌 기업인 VISA가 그렇다. VISA는 직원들의 지속적인 학습상태를 만들기 위해 VISA대학교 프로그램을 운영 중이다. 8만 개 이상의 큐레이팅 콘텐츠를 보유하며 직원 개개인의 관심사를 반영한 콘텐츠를 제공하고 있다[3].

VISA뿐 아니라 직원들의 새로운 학습을 위한 교육 시스템을 체계적으로 운영하고 있는 기업의 사례는 쉽게 발견할 수 있다. 특히 기업이 직접 프로그램을 운영할 여건이 되지 않을 경우 외부 콘텐츠 기관과 연계하여 학습을 제공하는 경우도 많다. 대표적으로 Udemy 등의 온라인 학습 플랫폼을 이용하는 경우가 그러하다. 기업이 본인들에게 필요한 콘텐츠를 선택하고 정해진 기간 동안 전 사원들이 학습할 수 있도록 계정을 대량 구매하는 것이다.

국내 기업들 역시 기업의 경쟁력 강화를 위한 노력으로 무엇을 해야 하고 필요한지 묻는다면 학습에 대한 이야기를 빼놓을 수 없다. 학습민첩성은 인재 관리의 기본이자 반드시 필요한 생존전략이다. 따라서 우리 모두에게 반드시 갖춰야 할 필수적인 자세라는 것을 기억하자.

결국 무기를 갖춰야 한다

박영진 프로는 지금 혼란스럽다. 같은 직장 내 동료들과 함께 만든 커뮤니티에서 새로운 변화와 분위기가 형성되고 있기 때문이다. AI의 등장, 직무의 변화 등을 맞이하며 그의 동료들에게 새롭게 무언가를 배워야 한다는 분위기가 형성된 것이다. '나도 가만히 있으면 안 되겠구나.' 박영진 프로는 현실적으로 느끼고 수용하고 있다.

학습민첩성은 선택이 아닌 필수다. 학습민첩성의 필요성을 쉽게 정리하면 '내 일을 잘하기 위해서'다. AI와 경쟁하고 급변하는 시대를 살아가는 우리는 일에 있어 도태되지 않도록 노력해야 한다. 그렇다면 당연히 그만한 경쟁력과 힘이 필요하다. 그 경쟁력을 갖추려면 자신의 일과 관련한 학습이 반드시 필요하다. 그것이 바로 학습민첩성을 갖춘 자세이다.

그렇다면 '학습민첩성을 갖추면 우수한 밀레니얼 워커가 되는 것인가?' 결론을 먼저 말하자면 학습민첩성은 밀레니얼 워커의 필요조건이지 충분조건은 아니다. 즉, 학습민첩성을 기본자세로 하되 거기에 구체적인 방식을 함께 적용함으로써 경쟁력 있는 밀레니얼 워커가 되어갈 수 있는 것이다.

누군가는 일머리는 타고나는 것이라 말한다. 물론 기본적인 업무센스는 선천적으로 타고날 수도 있다. 그러나 자신의 일에 대한 능력과 경쟁력을 높이는 밀레니얼 워커가 되는 것을 목표로 한다면 이야기가 달라진다. 이러한 밀레니얼 워커가 되는 방식을 이해하고 노력한다면 우리 모두가

능력 있고 경쟁력 있는 모습을 갖춰갈 수 있다. 즉 타고나지 않아도 노력을 통해 개발해 나갈 수 있다는 것이다.

이번 장에서는 강력한 퍼스널 파워를 갖춘 밀레니얼 워커가 되기 위해 필요한 3가지 무기를 다음과 같이 제시한다.

> 1. 학습자 입장에서 시작하는 것
> 2. 자신만의 강점을 찾는 것
> 3. 품성으로 관계를 구축하는 것

이 세 가지로 인해 개인의 성장이 조직에도 함께 기여하는 파트너십이 완성될 수 있다.

이제 우리는 '밀레니얼 워커십'을 장착해야 변화하는 환경에서 살아남을 수 있다. 누구나 자신이 맡은 일에서 좋은 성과를 거두고 싶어 하고, 그 과정을 통해 지속적으로 발전하고픈 욕구를 꿈꾼다. 그러기에 지금 이 책을 읽고 있는 것이 아닐까? 그렇다면 우리는 3가지 무기를 갖춰나가려는 노력을 해야 한다. 이 책에서 제시하는 밀레니얼 워커가 되기 위한 3가지 무기를 하나씩 살펴보며 퍼스널 파워를 갖춘 밀레니얼 워커로서 성장해 보자.

2

첫 번째 무기,
학습자 입장에서 시작하라

민첩하게 배우는 자세와 환경은
조직과 개인 모두의 성장을 위한 첫걸음이 된다.

"격변의 시기에서 가장 위험한 것은 격변 자체가 아닌
지난 사고방식을 버리지 못하는 것이다."

- 피터 드러커

출발점은 '똑똑하게 일하기'부터

지금 우리가 살아가고 있는 시대는 많은 변화가 빠르게 일어나고 있다. 그만큼 새로운 것을 받아들이고 적응하는 능력이 필요하다. HR 인사관리 전문지인 〈HR Insight, 2023년 1월 호〉에서는 최신 HR 트렌드 중 한 가지로 '러닝 어빌리티 시대'를 강조하였다. 러닝 어빌리티란 후천적으로 일정한 지식, 기술, 인식, 행동 등을 배워서 익히는 능력을 의미한다. 즉 이것은 업무의 효율성과 생산성으로 직결되므로 조직에서도 강조할 수밖에 없다.

개인 역시 마찬가지다. 학습을 통해 능력을 확보해 나가며 '일잘러'가 되기를 희망하고 있다. 한 인터뷰에서 취업준비생 김 씨는 "능력이 뛰어난 일잘러가 되어야 주체적으로 일할 수 있다. 몇십 년 동안 일을 하며 살 텐데 능력 부족으로 끌려다니고 싶지 않다."라고 답하였다[4]. 자신의 커리어 성장을 위해 일잘러가 되고 갓생(신을 뜻하는 영어 God과 인생의 합성어, 타의 모범이 되는 삶)을 살고자 욕심내는 사람들이 많다는 것을 확인할 수 있다.

자신이 오래 해온 일 안에서도 작든 크든 계속해서 배울 부분이 생겨난다. 그렇다면 우리가 갖춰야 할 기본자세이자 자신의 일에서 성장하기 위한 출발점은 어디일까? 바로 '학습자' 입장에서의 시작이다.

새로운 회사로 이직한 지 얼마 안 된 이주희 프로는 답답함을 느낀다. 주어진 업무량에 비해 시간이 턱없이 부족하기 때문이다. '내가 지금 제대로 일하고 있는 것이 맞나?' 끊임없이 자신에게 질문하게 된다. 어떻게 하면 일의 효율성을 높이고 시간을 단축할 것인가, 그녀는 워크 스마트를 위한 고민을 이어나간다. 이후 꾸준한 시도 끝에 결국 똑같은 업무량 속에서 시간이 훨씬 단축된 것을 확인하였다.

우리는 학습자 입장에서 시작해야 한다. 이후 워크 스마트 마인드를 지속적으로 만들어감으로써 성과를 내는 모습을 그려보자. 워크 스마트는 쉽게 말해 똑똑하게 일하는 방식이다. 기존의 업무 관행에서 벗어나 창조적으로 일해야 한다는 의미를 담고 있다. 워크 스마트 마인드 구축은 결국 조직의 생산성과 개인의 성과로 이어질 수 있다. 즉 밀레니얼 워커십을 통해 워크 스마트를 만들어야 한다.

워크 스마트 마인드는 자신의 업무 범위와 역할이 어디까지인지 명확히 정리하는 것으로 시작할 수 있다. 공통된 업무, 차이점이 있는 역할, 단순하고 반복적인 업무와 창의적인 아이디어가 필요한 것, 빠른 처리가 가능한 것과 많은 시간이 소요되는 것 등 다양한 방식으로 구분할 수 있다.

특히 많은 시간이 소요되는 업무는 그 이유가 있다. 자신의 일을 방해하는 요소는 없는지, 나의 일 처리 방식에 있어 다른 방식으로 접근해 볼 것은 없는지도 고민해야 한다. 때로는 비판적인 시각이 필요하고 때로는 좀 더 주도적으로 움직여야 한다. 필요한 것이 있다면 배우고 개발하는 자세도 워크 스마트 마인드에 해당한다. 업무에 있어 우선순위가 제대로 정해져 있는지, 그에 맞게 시간이 분배되어 있는지, 혹 병행할 수 있거나 선택과 집중을 해야 할 것은 없는지도 점검해 보자.

우리가 워크 스마트 마인드를 만들어가야 하는 이유는 무엇인가? 이로 인해 나타날 수 있는 효과를 생각해 보자. 똑똑하게 일함으로써 업무의 효율과 성과를 낸다면 우리는 경쟁력 있는 밀레니얼 워커에 한 걸음 가까워질 수 있다.

동기는 부여하는 것이다

'리스킬링을 지원할 경우 지금 다니고 있는 회사에서 커리어를 이어가겠다.'

미국 피닉스대가 발표한 커리어 낙관지수에서 65%가 응답한 내용이다. 바꿔 말하면 학습과 개발을 위한 지지가 없는 환경일 경우 인재는 떠나려고 한다는 것이다.[5] 리스킬링은 지금까지와는 다른 직무와 역할을 수행하고자 새로운 기술을 배우는 것을 의미한다. 기술의 발전으로 새로운 변화에 적응해야 하는 우리는 끊임없이 배워야 한다. 기술의 급격한 발전은 업무 능력의 격차를 벌릴 수 있기 때문이다. 그러기에 많은 조직과 개인은 리스킬링의 필요성을 체감해 가고 있다.

우선 대표적인 리스킬링의 성공 사례를 살펴보자. 미국의 대형 할인매장인 월마트는 기존 직원 중 우수한 직원을 대상으로 리스킬링을 통해 직무를 전환하거나 직원들의 전문성을 위해 각종 자격증과 학위에 대한 지원을 한 것으로 유명하다. 또한 IT 업계의 거대 글로벌 기업 IBM은 조직이 제시한 기술과 지식 습득에 초점을 맞춘 학습 모듈화를 통해 임직원의 리스킬링에 초점을 맞추고 있다. 그뿐만 아니라 리스킬링 플랫폼을 이용하여 성장 기회를 얻기 위한 지원을 아낌없이 하고 있다.

해외뿐 아니라 국내 많은 기업들도 리스킬링의 중요성을 강조하며 실현해 가고 있다. 과거에는 리스킬링이 특별한 전략이었다면 이제는 필수 전략이 되었기 때문이다. 자신의 역할 범위를 넓혀나가고 커리어의 역량 강화를 위해 리스킬링함으로써 밀레니얼 워커로서의 자세를 갖춰가야 한다. 무엇이 필요한지, 어떻게 해나가야 할지 고민해 보고 필요한 활동과 학습을 통해 스킬업(Skill-up)해 보자.

'아무리 의지가 강하더라도 환경이 갖춰지지 않는다면?'
 학습자 입장에서 중요한 또 하나의 포인트는 환경조성이다. 개인의 의지, 구체적인 목표와 계획 모두 중요하나 그것을 실현시켜 나갈 수 있는 환경이 마련되어 있지 않으면 어려워진다. 즉 개인과 조직 입장에서 모두 자기계발을 위한 환경조성이 필요하다. 직원의 자기계발을 적극적으로 지원함으로써 그것의 성과가 조직에서 발휘될 수 있는 구조를 만들어갈 수 있기 때문이다.

 동기의 의미는 쉽게 말해 어떠한 행동을 일으키는 요소이다. 현재 커리어 성장을 위해 자격증을 취득해야 하는 상황이라고 가정해 보자. 그 자격증을 취득하기 위해 이론을 공부하고 실기 연습을 해야 할 것이다. 특히 업무와 병행한다면 피곤하거나 시간이 부족할 수도 있다. 절대 쉽지 않은 과정이다. 그러나 '해야 하기 때문'에 힘들어도 할 것이다. 그렇다면 스스로에게 행동을 일으키기 위한 동기를 부여해야 한다. 즉 적극적인 자기동기부여를 통해 해야 할 이유를 자발적으로 만들어가는 것이다.

 학습을 위한 동기부여 방법은 조직과 개인, 2가지 입장에서 정리할 수 있다. 조직 입장에서는 직원들의 동기부여를 위해 비전을 공유해야 한다. 직원들은 내가 하고 있는 이 업무가 왜 필요하고, 어떤 결과를 내기 위해서인지 알 권리가 있다. 또한 이를 달성함으로써 얻게 되는 구체적인 혜택을 제시하는 것도 도움이 된다. 성장해 가는 과정에서 격려와 지지의 분위기를 조성하고 조직 내부에서 경험해 볼 수 있는 체계적인 시스템을 구축해 간다면 훨씬 사기가 증진될 것이다.

개인 입장에서는 자신의 목표달성 이유를 명확히 하고, 학습해 가는 과정에서 겪게 되는 어려움을 극복하기 위해 멘탈관리도 필요하다. 때로는 내가 원하는 것을 달성해 낸 모습을 상상해 봄으로써 나와 내 주변에 일어날 변화를 생각해 보자. 생각보다 좋은 동기부여가 되어준다. 이처럼 조직과 개인 모두에게 필요한 환경조성과 동기부여 방법을 통해 학습하는 데 좋은 영향을 줄 수 있다.

이미 워커들은 알고 있다

이른 아침에 일어나 자신만의 생활습관을 토대로 자기계발 하는 것을 '미라클 모닝'이라고 한다. 하루 일과를 방해받지 않는 선에서 짬을 내 자신을 성장시켜 가기 위한 노력들을 이미 많은 워커들이 하고 있다. 즉, 자기를 개선해 나가기 위한 과정인 자기계발의 필요성을 잘 알고 있다.

자기계발에는 다양한 유형이 있다. 그중 무엇을 선택하고 실행해야 하는지는 개인차가 있기 마련이다. 최대한 자신에게 맞는 자기계발을 파악하고 선택하기 위한 방법은 무엇이 있을까? 제일 중요한 것은 명확한 목표와 목적을 점검하는 것이다. 같은 학위를 취득하더라도 각자 이유는 다르다. 자신이 어떤 목표를 갖고 있고, 자기계발을 하는 이유가 무엇인지 생각해 보자.

다음 단계로는 자신의 개선영역을 확인해야 한다. 자신의 업무 내외에서 어떤 방향으로 성장을 원하는지, 구체적으로 무엇을 습득하고 향상해야 하는지 확인해야 한다. 그리고 그에 맞게 지속적인 피드백의 과정을 반복함으로써 자기계발의 효과가 나타날 수 있다.

대표적인 유형의 자기계발을 정리해 보자. 우선 학위나 자격증 취득을 위한 교육과 훈련의 과정이 있다. 또한 개인적으로 필요한 서적과 영상을 찾아보거나 뜻을 같이하는 이들과의 스터디 활동을 통해 자기계발 하는 과정도 있다. 요즘에는 각종 멘토-멘티 플랫폼이 존재한다. 워커의 상당수가 클래스유, 클래스101, 숨고, 크몽 등을 이용함으로써 자기계발을 하고 있다.

자기계발을 통해 자신의 능력을 더욱 개발하고 필요한 기술을 향상해 감으로써 자신의 분야에서 혹은 더욱 범위를 확대하며 성장을 촉진해 갈 수 있다. 내가 해야 할, 현재 시점에서 필요한 자기계발은 무엇일까? 고민하고 선택했다면 바로 실행으로 옮겨보자. 그래야 진정으로 자신의 것이 될 수 있다.

우리는 멈춰있으면 안 된다. 일의 효율을 높이고 성과를 내는 방법을 고민해야 한다. 영원히 고정적인 것은 없다. 리스킬링을 통해 개선해 나갈 수 있는 것은 무엇일지 확인하고 그에 맞는 환경조성 및 스스로 동기부여 하는 자세를 갖춰야 한다. 지속적인 자기계발을 통해 학습자 입장을 구축해 가는 것이 필수적이다.

즉, 학습자 입장은 조직과 개인 모두의 성장을 위한 것이다. 새로운 것을 받아들이는 자세로 명확하고 개인에게 맞는 맞춤형 목표를 설정해야 한다. 구체적인 실현 계획과 실행을 통해 그것을 추구해 나간다면 밀레니얼 워커로서 충분히 강력한 무기를 갖출 수 있다. 가장 기본이 되는 것은 학습자 입장에서 민첩하게 배우는 자세로 시작해야 한다는 것을 반드시 기억하자.

3

두 번째 무기,
자신만의 강점을 찾아라

누구나 강점은 있다.
그것을 얼마나 잘 강화하고 활용하느냐가 관건이다.

누구나 있다, 자신만의 강점

직장인 최형진 프로는 최근 회사에서 대대적으로 집중하여 운영 중인 프로젝트 팀의 일원이 되었다. 감사하게도 자신에게 좋은 기회를 주고 이끌어준 상사가 있어 그에게 본인을 선택한 이유를 물어보았다. "최 프로, 내가 그동안 자네를 지켜봤는데 전략적 사고만 있을 뿐 아니라 실천력도 있더라고. 아주 큰 강점이지."라는 피드백을 들었다. 그는 자신이 갖고 있던 강점을 강화하기 위해 집중하고 노력했던 결실이 드디어 맺어지는 것에 뿌듯함을 느낀다.

개인은 누구나 자신만의 강점이 있다. 다만 그 강점을 잘 파악하고 활용하는 사람이 있는 반면 그러지 못하는 사람도 있다. 우수한 밀레니얼 워커가 되기 위해서는 '전자'가 되어야 한다. 누군가는 '강점을 살린다고 변화가 올까?'라는 의문을 갖기도 한다. 그러나 직장생활을 하고 업무를 수행하며 자신이 유독 잘하는 것을 발견했을 때, 그것을 강화하고 실현시킨다면 더욱 큰 성장과 기회를 얻게 될 것이다.

즉 자신만의 강점을 찾고 활용하는 것이 밀레니얼 워커가 가져야 할 두 번째 무기이다. 이 과정을 '강점인식', '강점활용'이라고 표현한다. 고빈지와 라인리(2007)에 따르면 강점을 인식하는 것에 머무르지 않고 강점을 활용함으로써 개인의 행복감, 안녕감이 더 높아진다고 보고하였다[6].

자신의 강점이 무엇인지 제대로 이해하고 업무에 있어 그것을 적용하는 방법을 파악해야 한다. 자신의 강점을 활용할 수 있는 역할을 선택했을 때 그것은 워커에게 강력한 무기가 되어줄 것이다. 이 장에서는 강점탐색 방법을 이해하고 앞으로 어떻게 그것을 강화시키며 활용할 것인지를 강조한다.

강점에도 공식이 존재한다. '강점=재능+(지식+기술)'로 표현할 수 있다[7]. 즉 자신이 갖고 있는 재주와 능력에 알고 있는 것과 무언가를 잘 다룰 줄 아는 방법을 합친 것이다. 우리는 지금까지 해온 경험에서, 혹은 객관적인 방법이나 주변의 인정 등 다양한 방식으로 강점을 파악할 수 있다. 열린 마음으로 자신의 강점을 탐색하는 것부터 시작해 보자.

나를 돌아보는 시간

요즘 자신의 성격과 성향이 어떠한지 관심을 갖고 심리검사 도구를 이용하는 사람들이 점차 많아지고 있다. 대표적으로 MBTI 같은 경우 우리 일상에 굉장히 많이 흡수되어 있다고 볼 수 있다. 사람들이 만나면 스몰토크 주제로 MBTI 유형을 묻거나 이를 응용한 여러 유형의 심리 테스트도 많이 파생되고 있기 때문이다.

MBTI 외에도 자신의 성격을 파악하는 데 도움이 되는 검사도구들은 다양하게 존재한다. 좀 더 업무에 적용할 수 있도록 돕는 객관적인 검사 도구들을 살펴보자. 성격유형 검사인 애니어그램, DISC 등도 있으며, 재능과 강점에 초점을 맞춘 태니지먼트 휠, 갤럽 스트렝스 파인더 등도 있다. 무료인 검사도 있고 유료인 검사도 있으니, 활용도에 따라 자신에게 더 필요한 것을 선택하길 권유한다. 자신의 성향뿐 아니라 강점을 깊이 있게 파악함으로써 앞으로 개발시켜 나가야 할 것이 무엇인지 참고하는 데 도움이 될 것이다.

'가장 기억에 남는 최상의 경험은 무엇인가요?'
자신의 강점을 찾는 또 하나의 방법은 스스로에게 던지는 질문, 즉 '인터뷰 기법'이다. 자기 이해를 위해 질문을 던지고 답변해 보는 시간을 충분히 갖는 것이다. 이를 통해 '내가 이런 삶을 살아왔구나, 나의 강점은 무엇이구나'를 확인할 수 있다. 그렇다면 인터뷰 기법에서 활용할 수 있는 질문들은 어떤 것이 있을까? 아래 질문들을 참고해 보자.

[표 3-1] 인터뷰 기법 활용 질문

질문
1) 가장 높은 성적을 받았던 과목은?
2) 주변에서 '잘한다.' 인정받은 것은?
3) 오래 꾸준히 할 수 있는 일은?
4) 수상내역, 객관적인 성과 등 자랑할 수 있는 것은?
5) 일에서 가장 기억에 남는 최상의 경험은?

인터뷰 기법은 주변 지인들과도 진행할 수 있다. 자신의 장점이나 잘하는 것이 무엇이라고 생각하는지 물어보거나 모호할 경우 몇 가지 궁금한 문항을 만들어 5점 척도 중 체크할 수 있도록 제시하는 것도 좋다. 또한 인터뷰 기법은 단순하게 한 가지 질문에 대한 답변으로만 끝나는 것이 아닌 파생되는 이야기들을 깊이 있게 찾아갈 수 있도록 가지치기 질문을 던져야 한다.

예를 들어 위에 있는 질문 중 '일에서 가장 기억에 남는 최상의 경험이 무엇인가?'를 생각했을 때 회사에서 담당했던 프로젝트 이야기가 답변으로 나왔다고 가정해 보자. 가지치기 질문으로 그때 했던 상세한 역할과 다루었던 툴은 무엇인지, 누구와 소통을 하였는지, 상사나 동료로부터 인정받았던 부분은 무엇인지 등 연결되는 질문들로 깊이 있게 자신의 강점을 탐색해 갈 수 있을 것이다.

자신만의 강점을 찾기 위해서는 나를 돌아보는 시간들이 필요하다. 객관적인 점검도 좋고 스스로 깊이 있게 생각해 봄으로써 자기 자신과의 대화와 관계를 맺어가는 것도 좋은 방법이다. 생각하지 못했던 자신의 강점을 발견하게 될 것이다.

중요한 것은 새로운 마음가짐!

'고정관념을 만드는 것도, 깨트리는 것도 나 자신이다.'
자신의 강점을 인식하고 활용하기 위해서는 내가 갖고 있는 고정관념을 깨트려야 한다. 그것을 깨고 나와야 내가 발견하지 못했던 새로운 매력과 강점을 찾아낼 수 있다. 필요하다면 새로운 정체성을 만들 수도 있는데 이는 밀레니얼 워커로서 요구되는 주도적인 태도를 갖는 데 효과적이다.

영화 〈아이 필 프리티〉의 사례를 살펴보자. 예뻐지고 싶다는 집착이 있는 주인공이 어느 날 갑자기 헬스장에서 일어난 사고로 기절을 했다가 눈을 뜨자 거울 속의 자기 자신이 너무 예뻐 보이기 시작한다. 사실 달라진 것은 아무것도 없지만 자기 스스로가 예뻐 보이자 자신감도, 자존감도 높아진다. 이 영화는 스스로가 만든 고정관념에서 벗어나 자기 자신을 진정으로 사랑하는 법을 깨닫는다는 교훈을 전달한다. 자기 스스로를 어떻게 바라보는지가 중요한 것이다. 이런 자신감은 결국 자신의 강점을 더욱 개발하고 강화하는 데 효과적일 것이며 몰랐던 새로운 강점을 찾아내는 것에도 도움이 될 것이다.

강점 강화를 위해서는 결국 긍정마인드가 필요하다. 자신의 강점을 인정하고 받아들여 이를 강화시켜 나갈 수 있다는 믿음이 중요하기 때문이다. 데이비드 쿠퍼라이더 교수가 만든 긍정탐구 방법론에서는 '무엇이 문제인가?'보다는 '무엇이 제대로 작동하고 있는가?'에 집중하며 근본적인 변화를 통한 문제해결을 꾀한다.

영국항공(British Airway)의 사례가 그렇다. 탑승객들의 수하물 분실로 골치가 아팠을 때 초기에는 '과도한 수하물 분실'을 해결해야 할 주요 문제로 생각했다. 하지만 이는 조직이 너무 문제 해결의 패러다임에만 빠져

들어 조직의 대화가 부정적으로 흘러갈 가능성이 있으며 조직이 갖고 있는 강점마저도 약화될 수도 있다 생각하였고 이에 긍정탐구를 적용하였다. 문제 자체에만 초점을 맞추는 것이 아닌 '무엇이 제대로 작동하고 있는가?'에 집중하였고 '과도한 수하물 분실'이라는 문제를 '최고의 도착경험'이라는 목표로 재정의하였다.

아예 다른 프레임으로 재정의하니 이미 우리 안에 존재하고 있는 강점을 통해 앞으로 무엇이 가능할지를 연결하는 질문이 가능해졌고 이를 통해 조직 내부의 분위기나 협조가 긍정적으로 이루어질 수 있게 되었다[8].

개인 역시 자신의 강점에 집중하는 것이 필요하다. 이미 발생된 문제의 원인을 찾는 것에 집중하기보다는 무엇이 앞으로 가능할 것인지 지속적으로 자신에게 물음으로써 성공의 근본원인에 집중해야 한다. 긍정탐구 이론은 여러 학자들에 의해 지속적으로 발전해 오다 다이아나 휘트니가 기본 틀을 정교화하여 실행방법을 개발하였다. 그것이 현재 널리 사용되고 있는 4-D 모델이다. 4-D 모델은 발견(Discovery), 상상(Dream), 설계(Design), 숙명(Destiny)의 4단계로 이루어져 있다[9]. 나의 강점을 발견하고 그것을 활용한 내 모습을 상상해 보자. 이후 구체적인 설계와 실현을 통해 결국 숙명으로 이어진다는 과정을 한번 그려보는 것은 어떨까?

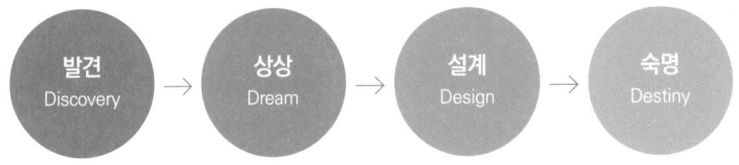

[그림 3-1] 긍정탐구이론의 4-D 모델

출처: 장환영, 박경연(2012). 중소조직의 긍정적 탐구를 통한 조직개발 사례 연구.
상업교육연구. 저자 재구성.[10]

우리는 누구나 성공경험들을 갖고 있다. 에이브러햄 매슬로의 욕구위계이론에서는 자기실현을 이룬 사람의 특성으로 절정경험이 더욱 많다는 것을 강조한다. 여기서 자기실현이란 자신의 잠재력과 가능성을 목적에 맞게 최대한 발휘하는 것을 말한다. 또한 절정경험은 우리가 인생을 살아가며 겪었던 기쁘고 행복했던, 감동스럽고 강렬한 느낌을 주는 몰입의 경험들을 의미한다. 그렇다면 내가 겪은 절정경험은 무엇이 있을까? 자신의 몰입과 성공경험들을 떠올리고 작성해 보자. 그것을 통해 스스로가 자기실현 해가는 사람임을 느낄 수 있을 것이다. 그리고 그것은 우리의 강점을 강화하는 데 원동력이 되어준다.

"인생의 진정한 비극은 우리가 충분한 강점을 갖고 있지 않다는 데 있지 않고, 오히려 갖고 있는 강점을 충분히 활용하지 못하는 데 있다."

– 벤자민 프랭클린

활용하지 않으면 의미가 없다

강점을 찾았다면 이제 집중해야 하는 것은 강점 활용이다. 자신의 강점을 앞으로의 업무에 적용하고 활용할 방법을 고민해야 한다. 이를 위해서는 자신의 강점 항목들을 체계적으로 정리하고 분류해 보자. 이후 자신의 강점에 초점을 맞춘 업무를 설계하는 것이다. 현재 맡고 있는 업무에서는 나의 어떤 강점이 핵심으로 드러나는지, 나의 강점을 앞으로 어떻게 업무에 보다 적극적으로 적용할 것인지 구체적인 활용 계획을 세워야 한다.

계획을 세울 때에는 강점을 통해 성과를 이루어낼 수 있는 방향으로 설계하되 자신의 역량보다 조금은 높게 그러나 지나치게 원대하지는 않게 잡는 것이 좋다. 좌절감과 실패감은 다시 재도전하는 것을 방해할 수 있기 때문이다. 직장에서 맡아본 적 없는 일에 도전하는 것도 좋고 내가 자신 있는 일에 더 깊이 몰두하는 것도 괜찮다. 나의 강점을 자극하는 목표인지 점검하고 시간과 여건, 환경요소가 적절한지도 확인해야 한다.

구체적인 계획과 목표를 세우고 실천함으로써 일과 삶에 대한 만족도와 자존감 모두 올라갈 수 있다. 자신의 강점이 발휘될 때 우리는 조직 내에서 진정한 성과를 낼 수 있다. 결국 내가 잘하는 것과 하고 싶은 것을 찾아가고 이것을 앞으로의 업무에 지속적으로 적용하고 활용해 본다면 밀레니얼 워커로서 좋은 무기를 갖췄다고 자부할 수 있다.

4

세 번째 무기,
품성으로 관계를 구축하라

내 주변에 있는 사람들을 둘러보자.
좋은 관계는 좋은 품성에서 시작된다.

"팀의 강점은 구성원 개개인이다. 각 멤버의 강점은 팀이다."
- 필 잭슨

팀만한 개인 없다

앞에서 자신의 강점을 인식하고 강화시켜 나가는 것의 중요성을 강조하였다. 누군가는 자신의 약점을 인지하고 보완하는 것도 중요하다고 말한다. 그러나 우리는 약점 보완보다는 강점 강화에 집중할 것이다. 팀 내에 자신의 약점을 보완해 줄 든든한 지원군들이 있기 때문이다.

온전히 혼자 일하는 사람은 거의 없다. 소수가 되었든 다수가 되었든 타인과 소통하고 교류하며 우리는 함께 일하게 되어 있다. 특히 팀을 이뤄 함께할 때 내가 부족한 점을 강점으로 갖고 있는 타인이 있고, 타인의 부족함을 나의 강점으로 채워줄 수 있기 마련이다. 각자 개성이 다르고 재능과 강점이 다양하기 때문이다.

최근 리버스 멘토링(Reverse Mentoring) 프로그램을 도입하여 효과를 보고 있는 기업이 많아지고 있다. 기존 멘토링 개념에서 벗어나 자신 있는 분야라면 얼마든지 후배가 선배의 멘토가 될 수 있다. 그리고 이는 서로에게 이익이 되며 조직 내 기여도를 높이는 효과를 낸다. 기술적 역량 강화를 위해, 젊은 감각과 트렌드 이해를 위해, 네트워크 형성 및 전략수립을 위해 등 여러 면에서 조직은 리버스 멘토링을 이용한다. 한 직원이 보완해야 할 약점을 다른 직원이 채워주는 팀의 모습을 보여줄 수 있다.

조직에서 보내는 시간은 하루를 기준으로 꽤 많은 시간을 차지한다. 조직과 팀 내 동료, 선후배들은 어떻게 보면 가족보다 더 많은 시간을 함께 하게 된다. 그런 그들과 관계를 잘 맺는 것은 매우 중요하다. 좋은 관계 구축이 잘되었을 때 나의 부족한 점을 채워줄 수 있는 팀이 완성될 수 있다.

그렇다면 자신의 부족한 점을 채워줄 좋은 관계 구축을 위해서 필요한 것은 무엇일까? 바로 품성과 태도이다. 좋은 품성과 태도를 갖춰가기 위한 노력과 방법을 확인해 봄으로써 밀레니얼 워커로서의 세 번째 무기를 갖춰보자.

때로는 가면이 필요하다

심리학자 카를 융은 "건강한 페르소나는 한 개인이 사회적 요구에 잘 적응할 수 있게 하는 매개체 역할을 한다."라고 하였다. 상황에 맞게 다양한 정체성을 표현한다는 의미인 멀티 페르소나는 현대인에게 새로운 경쟁력이 되어준다. 누군가는 가면을 만들어 간다는 것이 복잡한 고민이 되지는 않을까 부정적으로 인식할 수도 있다. 그러나 다양한 역할을 요구하는 현대 사회를 살아가는 우리에게 멀티 페르소나는 자신의 변화를 도와주는 긍정적인 역할을 한다.

상황과 장소, 역할에 맞게 꺼내 사용하는 여러 개의 가면은 모두 자신의 모습이다. 페르소나에 대한 세대별 인식을 다룬 기사를 살펴보면 밀레니얼 세대에게 페르소나는 반전 매력의 재발견이라는 것을 강조한다. 이것은 세상을 잘 살아가기 위한 하나의 전략이자 전술이다. 자기관리 면에서 보호색이 될 수도 있고, 호환 가능한 스펙이 될 수도 있다[11].

멀티 페르소나를 통해 우리는 본업 외의 새로운 일에서의 수익 창출이 가능하다. 또한 회사 안과 밖에서 온전한 나를 찾아가는 방법으로도 이용할 수 있다. 무엇보다 멀티 페르소나를 활용함으로써 사회적 역할과 관계를 구축하는 것으로 품성 역시 완성할 수 있다.

다만 좋은 품성을 갖춤으로써 관계를 구축하기 위해 멀티 페르소나를 잘 이용하려면 몇 가지 주의사항이 있다.

① **명확한 정체성**
가장 중요한 것은 '나는 누구인가?'에 대해 확고한 답변을 할 수 있어야

한다. 자칫 잘못하게 되면 자신의 여러 모습을 찾아가는 과정에서 정체성의 혼란이 올 수도 있기 때문이다.

② 인정과 수용의 자세

타인을 대할 때 달라지는 나의 모습을 스스로 불편해하는 경우도 있다. 자신의 여러 페르소나를 수용하는 연습을 해보자. 이를 통해 관계에 있어 타인을 수용하는 능력 또한 향상될 것이다. 그리고 그것은 결국 상대방이 처한 상황이나 역할 등을 고려하게 되어 공감 태도를 형성하고 관계를 발전시키는 데 도움이 된다.

③ 적재적소 활용

자신이 갖고 있는 다양한 멀티 페르소나를 점검함으로써 적재적소에 활용할 수 있어야 한다. 때로는 배려와 존중의 모습으로, 때로는 정확하고 견고한 태도를 갖추는 등 상황과 관계에 따라 달라지는 자신의 페르소나를 활용해 보자.

④ 진짜 '나'와의 균형

결국 제일 중요한 것은 여러 페르소나와 진짜 '나'를 잘 연결하며 균형을 이루어야 한다는 것이다. 진짜의 나와 잘 연결되지 못한다면 불편함으로 인해 정신적 어려움과 몰입의 어려움을 느낄 수 있다. 물론 모든 페르소나가 자신과 잘 맞을 수 없으며 연결하는 것의 어려움을 겪을 수 있다. 좀 더 유연한 생각으로 자신의 페르소나들을 균형 있게 연결하기 위한 노력이 필요하다.

'마땅함'을 갖추어야 한다

3년 차 직장인 임지연 프로는 고민이 많다. 회사생활을 하는 데 업무도 잘 맞고 비전도 잘 설계되어 있으나 '관계'에 있어 어려움을 겪고 있다. 서로 다른 성향과 생각을 갖고 있는 여러 사람들이 모여 있는 조직에서 작든 크든 갈등은 발생할 수밖에 없다. 그런 때 중립의 자세를 어떻게 유지해야 하는지 늘 어렵기만 하다. 그녀는 생각한다. 지금이 중용의 자세를 배워야 할 때라는 것을 말이다.

'중용'이란 지나치거나 모자라지 않은 정도를 말한다. 공자의 손자인 자사가 저술한 책이며 동양철학의 중요한 개념을 담고 있다. 부족한 것도 문제가 되며 과유불급이란 말도 괜히 있는 것이 아니다. 즉 중용의 자세를 취한다는 것은 쉬운 일이 아니며 많은 노력이 필요하다. 고대 그리스 철학자 아리스토텔레스는 중용에 대해 "마땅한 때에, 마땅한 일에, 마땅한 사람에게, 마땅한 정도로, 마땅한 방식으로 감정과 태도를 갖는 것이 최선"임을 강조하였다[12]. 마땅함을 찾아가는 것은 많은 연습이 필요할 것이다. '내가 지금 마땅한가?'를 끊임없이 고민해 봄으로써 중용의 자세를 시작할 수 있다.

여기서 중요한 것은 중용의 자세를 단순히 중간의 태도로만 여겨서는 안 된다는 것이다. 회색주의나 중간주의가 아니다. 마땅함을 선택할 수 있으려면 내가 취한 상황과 때, 상대방과의 관계 등을 이해하는 것이 필수가 되어야 한다. 진실성을 의미하는 인티그리티(Integrity)를 고민해야 한다. 또한 현재 필요한 선택을 위해 양극단을 모두 이해할 수도 있어야 한다.

이해의 자세가 바탕이 되었을 때 자연스럽게 중용의 덕을 발휘할 수 있을 것이다.

이러한 자세를 통해 팀 내 좋은 관계를 구축하려면 필요한 노력들이 무엇이 있는지 점검해 보자. 상대방과의 소통에서 내가 진심과 정성을 다하고 있는지, 팀 내 나의 역할을 수행함에 있어 최선을 다하고 있는지 확인해야 한다. 마땅함의 기준은 항상 고정되어 있지 않다. 내가 지금 있는 상황과 환경에서 가장 적절한 태도가 무엇인지를 찾기 위해 지속적으로 노력해야 한다.

마땅함의 자세로 현명한 관계와 조직생활을 만들자. 나를 돌아보는 성찰의 시간을 통해 내 태도와 자세에 있어 지나침과 모자람은 없는지 꾸준히 점검해야 한다. 좋은 품성은 결국 습관으로 만들어진다. 자신의 습관을 점검하고 보완할 습관을 연습하고 습득해 간다면 관계에서의 중용과 품성 역시 완성될 수 있을 것이다.

먼저 기버(Giver)가 되어야 한다

누구나 강점이 있다면 부족한 점도 있기 마련이다. 그리고 나의 부족함이 누군가에게는 강점일 수 있다. 함께하는 팀 안에서 서로가 서로를 채워주며 보완이 되는 팀을 형성해 가야 한다. 그런 과정을 통해 우리의 밀레니얼 워커십이 완성될 수 있다.

좋은 팀이 완성되기 위해서는 관계를 잘 구축하는 것이 중요하다. 인간관계를 잘 맺고 관리하기 위해 필요한 것은 좋은 품성과 태도이다. 나는 현재 사람을 대할 때 어떤 자세를 갖고 있는지, 품성은 어떠한지 점검해야 한다. 좋은 태도를 갖춰나가기 위해 할 수 있는 노력이 무엇이 있을지 살펴보며 행해야 한다. 먼저 나누고 베풀 줄 아는 기버가 됨으로써 좋은 관계를 시작할 수 있다.

타인과 관계를 잘 맺으려면 자신과의 관계도 잘 맺어야 한다. 상대방과의 진정성 있는 소통을 위해선 내 마음을 들여다볼 수 있어야 하기 때문이다. 스스로를 얼마나 위하고 사랑하는지, 어떤 때 행복하고 스트레스를 받는지 등 나의 감정을 이해해야 한다. 그것이 시작이 되어 타인과의 관계에서도 솔직하게 인정하고 있는 그대로를 수용할 수 있는 태도가 형성된다.

조직 내에서 갈등은 당연히 발생할 수밖에 없다. 더 나은 성과를 위해 자신의 역할과 역량에 최선을 다하는 사람들이 모였기에 입장 차이가 있는 것은 당연하다. 서로가 갈등을 건강하게 받아들이고 해결해 나갈 때 함께 성장하는 관계로 연결될 것이다. 서로의 다름을 인정하고 역지사지의 마음으로 해야 할 것과 하지 않을 것을 선택해야 한다.

타인과 원만한 관계를 위해 필요한 멀티 페르소나를 적재적소에 활용해 보자. 상대와 상황에 따라 필요한 맞춤형 관계를 만드는 데 도움이 될 것이다. 또한 마땅하게 행동하는 현명한 중용의 덕을 발휘해 보자. 다만 단순한 중간의 자세가 아닌 진심과 정성을 다해 상대방을 이해해야 한다는 것을 기억해야 한다.

　자신에게 필요한 품성을 갖춰가려는 노력을 통해 경쟁력 있는 밀레니얼 워커가 되기 위한 마지막 세 번째 무기를 완성할 수 있다. 나의 부족한 점을 채워줄 수 있는 조직 내 좋은 관계 구축을 위해 노력해 보자.

5
3가지 무기로 완성된 밀레니얼 워커십

3가지 무기는 밀레니얼 워커십을 위한
강력한 전략이다.

나아갈 것인가, 도태될 것인가

시카고 대학의 평생학습 학자 호울은 평생학습 잠재수요집단을 분류하기 위해 성인 학습자들의 학습 참여동기 유형을 3가지로 나누었다. 명료하게 정의된 성취 목표를 달성하기 위해 학습 활동에 참여하는 '목적지향', 사회적 관계 확장이나 학위 취득 등 교육 활동 고유의 내용과 상관없이 참여하는 '활동지향', 습관적으로 학습을 지속하는 '학습지향'이다[13].

평소 자신은 어떤 이유로 학습을 선택하고 참여하는지 살펴보자. 우리는 일을 하는 워커로서 자신의 분야, 혹은 내가 있게 될 일터 그 어디에서든 결국 긴 시간 지속성을 갖춰야 한다. 그렇다면 자신을 더욱 성장시킬 수 있는 고민과 노력이 필수이다. 성장할 것인가, 도태될 것인가 두 가지 선택의 기로에 놓여 있다면 아마 대부분 '전자'를 택할 것이다.

자신의 성장을 위해 중요한 핵심은 학습민첩성을 갖춰야 한다는 것이다. 학습민첩성의 중요성이 강조되면서 점차적으로 자신의 전문성을 확보하기 위한 도전과 노력을 하는 워커들 역시 많아지고 있다. 반대로 경계해야 할 것은 안주와 자만이다. 이는 더 배우려는, 더 나아가고 성장하려는 자신의 행동을 멈추게 하는 것들이다. '지금의 나는 충분히 능력 있지.'라고 생각할 수 있다. 물론 어떤 순간에는 그랬을지 모른다. 그러나 이 생각만을 가진 채 시간이 흐르고 주변 환경이 바뀌어가는 것을 지켜보고만 있다면 어느 순간 도태되어 버린 자신의 위치를 실감하게 될 것이다.

변화에 대한 개방적인 자세가 필요하다. 개인도 조직도 변화하지 않는다면 살아남을 수 없다. 우리에게 일어날 수 있는 변화에 대비하며 우리가 발전하기 위해 필요한 변화는 무엇인지 모색해야 한다. '나의 일에서 학습이 필요한 것은 무엇일까? 나의 학습을 방해하는 요인은 무엇일까? 내가 학습한 것을 앞으로 어떻게 활용할 수 있을까?' 지금의 나를 이루고 있는 환경과 나 자신, 내 주변 관계에 대해 객관적으로 돌아봐야 한다. 더 필요한 것은 무엇이 있는지 지속적으로 고민해 보자.

결국 우리는 자신의 일에 있어 경쟁력을 갖춘 밀레니얼 워커가 되어야 한다. 무엇을, 왜, 어떻게 학습할 것인지, 이후 자신의 업무나 커리어에 있어 연결 계획은 무엇인지 끊임없이 파악해야 한다. 이것이 갖춰졌을 때 비로소 밀레니얼 워커십이 발휘될 수 있다.

강력한 3가지 무기를 장착하자

A 기업 초고속 승진자 정유진 팀장은 마케팅 분야에서 활약하며 회사에서 주목받는 인재이다. 사내 소식지에 실릴 인터뷰에서 스스로 생각하는 초고속 승진의 이유를 물었다. 그녀는 자신의 분야가 분야인 만큼 트렌드에 뒤처지지 않는 것을 중요하게 생각하며 지속적으로 습득할 것을 찾았던 자세를 칭찬했다. 또한 정보를 얻기 위해 가입한 커뮤니티를 통해 동료와 현업자들로부터 꽤 실질적인 도움을 받을 수 있었던 것, 더불어 자신이 잘하는 것과 마케팅 업무를 접목하여 아이디어를 적극적으로 냈던 것들을 이유로 꼽았다. 그녀는 이렇게 말한다. "변화를 시도하니 변화가 일어나더라고요."

위의 정유진 팀장은 밀레니얼 워커로서 필요한 3가지 무기를 잘 활용한 사례이다. 우리 역시 3가지 무기를 이해하고 자신의 것으로 활용해야 한다. 기회의 시대에 살고 있는 만큼 변화와 학습에 대한 기회도 다양하게 열려있다. 그것을 활용할 줄 아는 자와 그러지 않은 자의 차이는 점차적으로 커질 것이다. 어떤 워커가 되고 싶은가 생각해 보자. 변화를 위한 학습의 기회를 잡아야 한다.

또한 이미 인정받았거나 잠재되어 있는 강점은 누구에게나 있다. 내 강점을 인식하고 앞으로 어떻게 활용할 것인가 그 방법을 찾아나가야 한다. 자신의 강점을 활용도 못 해보고 갖고만 있다고 생각해 보자. 얼마나 아까운가. 내 것을 적극적으로 발휘해야 한다.

강점이 있다면 약점도 있기 마련이다. 그러나 약점을 보완하는 것에 집중하기에는 우리의 환경 변화 속도는 충분한 시간을 주지 않는다. 그렇다면 방법은 서로의 약점을 보완해 줄 팀을 만들어가는 것이다. 여기서 중요한 것은 아무리 내 옆에 약점을 보완해 줄 사람이 있더라도 좋은 관계가 형성되어 있지 않다면 100%의 진가를 발휘하지 못한다는 것이다. 서로 함께 하나의 팀 안에서 우수한 파트너십을 맺어갈 수 있는 좋은 관계를 구축해야 한다. 관계를 위한 품성과 매력을 자신이 갖고 있는지 점검해 보자.

밀레니얼 워커로서 필요한 3가지 무기가 무엇인지 파악했다면 이제는 활용해야 한다. 이 3가지 무기를 발휘함으로써 이 시대를 살아갈 자신의 퍼스널 파워를 갖춰갈 수 있다는 것을 기억하자.

퍼스널 파워를 갖춘 밀레니얼 워커의 완성

앞에서 퍼스널 파워를 위한 3가지의 무기와 그 중요성을 이야기하였다. 학습자 입장에서 시작하는 것, 자신의 강점을 찾고 활용해야 한다는 것, 관계를 위한 품성을 갖추는 것이다. 이 세 가지 무기를 갖추고 발휘함으로써 자신이 속한 조직과 일에서 경쟁력을 확보해 갈 수 있다. 빠른 환경의 변화 속에서 앞으로의 시대를 살아가기 위해 제일 필요한 전략이 되어줄 것이다.

이제는 자신의 퍼스널 파워를 강력하게 만들기 위한 3가지의 무기를 어떻게 완성시켜 갈 것인가에 대해 고민해야 한다. 무엇을 왜, 어떻게 성장시켜 갈 것인지에 대한 지속적인 고민을 해야 한다. 이것을 자신의 일에서 연결하는 방법 또한 구체적으로 계획해 봄으로써 실행까지 연결할 수 있다.

이 시대가 원하는 밀레니얼 워커가 되기 위해 나의 변화에 적극적이고 주도적인 자세로 임해보자. 특별한 능력이 아닌 의지와 노력으로 충분히 해나갈 수 있는 과정이다. 다만 막연하게 시작하기보다는 다음 Step을 위한 하나하나의 방향과 과정이 낭비되지 않도록 구체적으로 설계하는 것이 필요하다. 무엇을 해야 할지를 명확히 잡고 계획한다면 더욱 선명하게 그려질 것이다.

3가지의 무기를 통해 갖춘 퍼스널 파워는 결국 자신의 분야와 일, 그리고 조직에서 꼭 필요한 역할을 수행하는 사람이 되도록 도와줄 것이다. 즉 밀레니얼 워커로의 완성을 돕는다는 것을 기억하자.

MILLENNIAL 워커십

4장

성과를 만드는 관계의 힘, 파트너십

급변하는 시대에도 변하지 않는 상수, '관계'
조직의 성과를 견인하기 위해 상사와의 관계를 재정의
해 보고 이성적 업무전략과 감성적 관계전략으로 상사를
관리하는 파트너십(Partnership)을 알아보자.

1
상사를 관리하는 밀레니얼 워커

상사를 바꿀 수 없다면
관리하라.

상사와 이별하는 밀레니얼 워커들

사람의 심중을 꿰뚫는 듯한 매서운 눈빛의 악마 같은 상사 미란다, 그녀의 칼 같은 질타와 불가능해 보이는 미션에 고군분투하는 앤드리아의 성장기를 다루는 영화 〈악마는 프라다를 입는다〉는 많은 직장인들의 공감을 불러일으켰다. 상사 앞에서 가슴 속 준비해 두었던 사직서를 던져버리고 회사를 나오는 모습을 상상하는 장면은 회사를 배경으로 하는 드라마나 영화를 통해 심심찮게 보게 된다. 영화 〈악마는 프라다를 입는다〉에서도 까칠한 상사를 견디지 못해 퇴사하는 비서들을 언급하는 대사가 나온다. 다른 비서들과는 달리 앤드리아는 자신의 역할을 톡톡히 해내고 악마 같은 상사에게 결국 자신의 능력을 인정받는 모습을 보여준다. 앤드리아는 퇴사하는 다른 직원들과 무엇이 다른 걸까?

상사와의 관계로 퇴사를 결심하게 되는 직장인들의 실태는 오늘내일의 일이 아니다. 여전히 직장인 대상 설문에서는 '왜 직장을 떠나는가?'라는 질문을 빼놓지 않는다. 그리고 직장인들은 자신이 회사를 떠나는 이유로 '사람'을 상위에 꼽는다. 서점에는 직장 내 관계에 대한 자기계발서들이 꾸준히 직장인들의 눈길을 사로잡고 있다. 뉴노멀시대, 신뷰카시대, 초연결시대 등 현대 시대를 반영하는 용어들에서 느껴지듯 우리는 수많은 변수 속에 살아가고 있다. 그러나 조직 안에 변하지 않는 상수는 존재한다. 바로 '관계'이다.

잡코리아와 알바몬이 직장인 2,288명을 대상으로 퇴직 사유를 물어본 결과 '직장 내 갈등'을 65.7%로 가장 많이 답했다[1]. UKG 인적자원연구소가 진행한 직장생활과 스트레스에 관한 설문조사에서는 직장인 69%가 정신건강에 영향력을 미치는 인물로 '직장상사'를 꼽았고[2], 직장인들의 대나무숲이라 불리는 블라인드는 직무만족, 조직몰입, 스트레스 감소에 '상사관계'가 '동료관계'보다 더 높은 영향력을 미치는 것을 확인했다[3]. 이렇듯 '상사관계'는 변화하는 시대에도 변하지 않는 중요한 요인이다.

직장인에게 가장 큰 압박으로 느껴지는 것은 직장상사

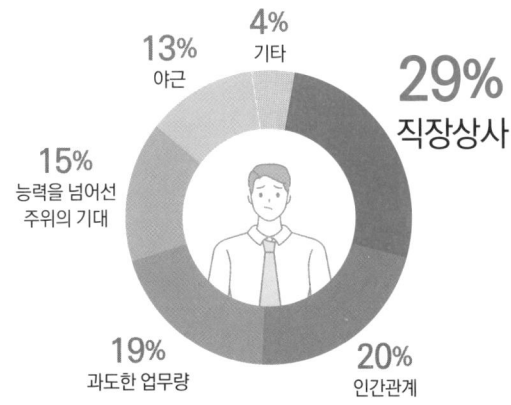

[그림 4-1] 직장인에게 가장 큰 압박으로 느껴지는 존재
* 출처: 권연수(2016.7.25.). 직장인 80% '직장 내 기댈 곳 없어 외로워', 가장 힘든 존재는 '직장상사', 조선일보.[2]
* 저자 재구성

상사와의 관계, 재정의가 필요하다

인간의 뇌는 정서적 만족도를 높일 수 있는 방식으로 굴러가고 특정 상황에 대한 현재의 감정이 미래 상황에서도 같을 것으로 예측한다. 하지만 현실은 그와 다른 상황이 전개된다. 이를 '정서예측(Affective Forecasting)의 오류'라 한다. 직장인들이 경험하는 수많은 '정서예측의 오류' 중 한 가지가 상사에 대한 로망일 것이다. 취업을 희망하며 미래 상사에 대해 예측할 때 현재 자신의 정서적 만족도를 높여줄 수 있는 이상적인 상사의 모습을 기대하게 된다. 그러나 현실은 다소 답답하거나 이해가

되지 않고 자신과 너무 다른 성향과 태도, 대화방식을 가지고 있는 상사를 만날 확률이 높다. 그렇다고 상사 탓만 하며 불평불만만 할 것인가? 기업의 특성에 따라 팀이 유동적으로 바뀌기도 하고, 한 번 상사가 영원한 상사가 되는 조직도 있을 것이다. 분명한 사실은 그 어떤 조직에서도 팀원이 상사를 선택할 수 없다는 것이다.

'개인의 성장과 성과를 창출하는 밀레니얼 워커'는 어떤 상사를 만나더라도 빠르게 태세전환을 하고 전략적 관계를 구축하려 노력한다. 상사를 탓하기보다 상사를 관리하며 상사의 성과에 기여하고자 노력한다. 상사와 팀원은 서로 다른 곳을 바라보며 다른 목표를 가지고 있지 않다. 'Coworker', 말 그대로 함께 협업하는 관계로서 상사의 성과가 결국 자신의 성과가 된다는 개념을 이해해야 한다. 즉, 상사와 팀원의 관계는 서로 협업하여 공동의 목표를 위해 함께 노력하는 '상생의 관계'이다.

목적이 명확한 관계, '파트너십'

급변하는 시장에서 살아남기 위해 기업들은 자사의 취약점을 보완해 줄 수 있는 타 기업과 전략적 파트너십을 체결한다. 카카오와 SK텔레콤의 파트너십이 대표적인 사례이다. 2019년 두 기업은 미래 ICT분야의 사업협력을 도모했다. 국내 최고 수준의 기술과 플랫폼, 서비스 역량을 결합해 새로운 미래 성장동력을 발굴하고 ICT 산업발전의 글로벌 경쟁력을 확보한다는 공동의 목표를 공유하였다. 서로의 단점을 보완하고 장점은 시너지화해서 동반성장을 꾀하는 파트너십은 공동의 목표만 있다면 서로 협력하여 상생할 수 있는 효과 좋은 전략적 방법이다. 기업의 지속 가능한 성장을 위해 서로의 경쟁력을 합쳐 새로운 가치를 만들어가는 이러한 노력은 조직 내 상사와의 관계에서도 필요하다. 상사와 협력하는 관계로서 조직의 성장과 성과를 이끌고 싶다면, '파트너십'을 발휘해야 한다.

'파트너십'이란, 개인의 성과보다 더 광범위하게, 창의적이면서도 혁신적인 성과물을 도출해 내는 전략적 관계를 말한다[4]. 상사와 부하직원은 공동의 비전과 목표를 위해 서로 지원하고 협력하는 과정에서 상대의 관심사나 열정을 공유한다. 또한 상대의 강점을 활용하고 약점은 보완하며 성과창출에 집중하는 노력이 필요하다. 즉, 상사와의 파트너십은 더욱 강력하고 성공적인 결과를 만들어 기업의 성장과 발전을 도모하는 것에 명확한 목적이 있는 전략적 관계인 것이다.

십수 년간 부진의 늪에서 헤어나지 못했던 마이크로소프트는 사티아 나델라 회장의 획기적인 성과평가 방식으로 경영난을 극복했다[5]. 내부경쟁만 자극하는 KPI(Key Performance Index, 핵심성과지표)가 아닌 성장 마인드셋을 자극할 수 있는 질문들로 직원들의 생각과 태도를 바꾸었다. 자신의 영향력을 묻는 질문들은 직원들이 팀의 성과에 어떤 기여를 할 수 있을지, 상사나 동료의 성과에는 또 어떻게 기여할 수 있을지 고민하게 해 주었다. 결국, 서로 협업하는 파트너십의 조직문화를 만들었고, 이는 기업의 성과를 견인하는 큰 원동력이 되었다.

'개인의 성장과 성과를 창출하는 밀레니얼 워커'는 환경 탓, 사람 탓만 하며 불평하기보다 그 조직에서 자신이 기여할 수 있는 방법과 기회를 찾기 위해 노력한다. 자신의 역할에 집중하여 스스로 직무몰입에 힘쓰고, 성과창출을 견인할 수 있도록 상사와 파트너십을 발휘해야 한다. 따라서 상사와 함께 성과를 만드는 파트너십은 이성과 감성을 두루 활용하는 전략을 필요로 한다. 파트너십은 말 그대로 특정 상대(Partner)와 이루는 업무적 관계(Ship)이다. 상사 역시 자신을 협업 파트너로 인식할 수 있도록 적극적으로 업무과정을 주도하는 모습을 보여주고, 정서적으로 신뢰감을 줄 수 있는 감성적인 태도를 취해야 한다. 4장에서는 성과를 만드는 파트너십의 방법으로 2가지 전략을 나누려 한다. 상사가 믿고 맡길 수 있는 'ACE 이성전략'과 상사에게 든든한 조력자가 되어줄 'SOS 감성전략'이 바로 그것이다.

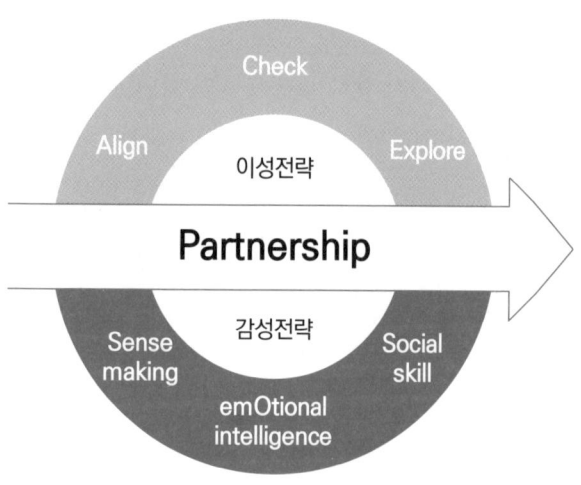

[그림 4-2] 파트너십의 이성전략과 감성전략 모델

2

인정받는 밀레니얼 워커의 'ACE 이성전략'

밀레니얼 워커의 이성역량은 상사와의
효율적인 업무호흡으로 성과를 이끈다.

업무효율을 높이는 'ACE 직원'이 돼라!

'오늘은 또 어떤 수수께끼를 풀어야 하나?'

상사의 지시를 받을 때마다 수수께끼를 풀어내는 '여정'이 시작된다. 일단 알겠다고는 했는데... 도통 모르겠다. 뭘 원하는 걸까? 모든 분석력을 동원해 열심히 보고서를 만든다. 나름 뿌듯하다. 無에서 有를 창조했으니. 떨리는 마음으로 보고를 하러 간다. 상사의 표정이 심상치 않다. "이게 아니지! 핵심이 없잖아! 방향성이 달라, 다시 해봐!" "네, 알겠습니다." 알긴 뭘 아는가! 모른다. 모르지만 맞추려 노력한다.

많은 직장인들이 상사와의 비효율적인 업무 커뮤니케이션으로 인한 오류를 해결하기 위해 아까운 시간을 낭비하고 있다. 미국의 시장조사 전문기관 SIS 인터네셔널 리서치에 의하면 지식근로자의 70% 이상이 커뮤니케이션 오류로 고통받고 있으며 이로 인한 문제를 해결하는 데 최소 17.5시간에서 최대 21시간까지 소요되는 것으로 조사되었다[6]. 부적절한 커뮤니케이션으로 인한 평균손실이 연간 6,240달러로 추산된다는 연구결과도 있다[7]. 이러한 현상은 성과창출을 방해하는 주요 원인이 된다.

이코노미스트지는 직장 내 커뮤니케이션 관련 연구에서 응답자의 44%가 커뮤니케이션 장벽이 프로젝트의 지연 또는 실패로 이어진다고 보고하였다. '워라밸'을 외치는 수많은 워커들의 칼퇴를 방해하는 요인들의 대부분은 불필요하거나 비효율적인 업무로 인한 것이다. 퇴근해서도 찜찜한 마음 상태로 아직 완벽하게 해결되지 않은 일들을 떠올리며 제대로 쉬지도 못한다. 이런 일상이 반복되면 삶의 만족도는 저하되고 업무몰입은 더 어려워진다. 업무몰입의 실패는 성과창출 실패를 가져오고 결국 상사로부터 신뢰받기가 어려워진다.

커뮤니케이션 오류 해결에 사용하는 시간(회사규모별, 주 40시간 중)

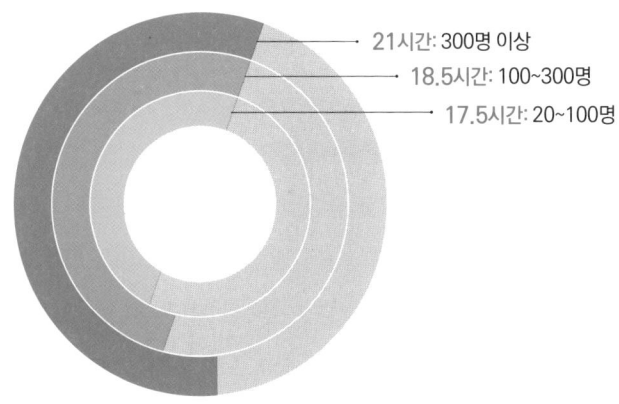

[그림 4-3] 커뮤니케이션 해결에 사용하는 시간
* 출처: 뉴스라이프 (2014.11.10.). 직장인, 커뮤니케이션 오류 해결에 50% 이상 시간 할애. 뉴스탭 [6]
* 저자 재구성

다시 거슬러 올라가 가장 본질적인 문제가 무엇인지를 살펴보자. 업무 능력의 부족이 문제라면 앞서 소개된 2, 3장에서 제시한 방법으로 개인역량을 끌어올리기를 제안한다. 하지만 그 원인이 '관계'에서 오는 것이라면, 특히 상사와의 비효율적인 업무 커뮤니케이션 때문이라면, 지금 당장 태세를 바꿔야 한다.

영화 〈악마는 프라다를 입는다〉에서 미란다는 자신이 지시한 미션을 완수해 내지 못한 앤드리아에게 특유의 차가운 눈빛으로 "너는 다를 줄 알았는데 내 기대가 컸나보다."라며 실망감을 가감 없이 드러낸다. 자신이 죽을 만큼 노력하고 있고 그것을 인정받고 싶다며 하소연하는 앤드리아에게 그녀의 정신적 멘토 나이젤은 "말은 제대로 하자. 넌 노력하지 않아. 넌 징징대는 거야."라고 말한다. 무슨 의미일까. 영화 초반 내내 발을 동동 구르며 최선을 다하는 앤드리아에게 노력하지 않는다는 말의 의미는 그저 맹목적으로 일하는 것은 제대로 일하는 것이 아님을 시사한다. 이 장면 이후 앤드리아는 자신이 고수했던 수수한 옷차림부터 바꿔입는다. 걸음걸이, 표정, 일하는 방식까지 바뀐 앤드리아의 모습은 자신이 지금 어디에서, 누구와 일하는지, 그와 일하기 위해서 어떤 태도로 임해야 하는지를 보여준다. 즉, 영화 속 메타포로서 '제대로 일하는 것'의 의미를 관객들에게 전달하고 있다.

직장은 자신이 가지고 있는 능력을 활용하여 기업의 성과에 기여하는 곳이다. 즉, 목적이 명확한 '전략적 공간'이라 할 수 있다. 직장인들은 꾸준히 자신의 '쓰임'을 증명해 보여야 한다. 이를 위해 매번 새로운 일이나 힘든 업무를 수행하게 될 것이다. 그리고 그 일을 주는 사람이 바로 '상사'다. 자신의 능력을 검증하고 활용할 수 있도록 판을 만들어주는 당사자이고 동시에 자신의 부족한 점이나 실수를 커버해 줄 수 있는 조력자이기에 상사와 전략적인 관계 구도가 필요한 것이다. 따라서 파트너십을 발휘하는 밀레니얼 워커들은 상사와의 관계를 'ACE 이성전략'으로 주도한다.

첫 번째 전략, 일치(Align)시켜라!

1. 망망대해에서 외롭게 떠있고 싶지 않다면 상사와 목표를 일치시켜라.

"내 척추에 빨대 보여? 상사한테 빨대 제대로 꽂혀서 맨날 남 좋은 일만 하고 있어. 내가 지금 뭐 하고 있나 모르겠어. 오늘도 칼퇴는 글렀어."

"백날 열심히 해도 결국엔 다 자기 성과래. 재주는 내가 부리는데 왜 성과는 다 자기가 가져가는 거야!"

점심시간을 이용해 상사와의 관계를 토로하는 직장인의 대화를 들어보면 그들 눈가의 다크서클과 회색 톤의 표정이 이해가 된다. 하지만 한편으로 저들은 자신이 하고 있는 일의 목표가 무엇인지 모르고 있는 것 같아 안타까운 생각도 든다. 마치 망망대해에서 어디로 가야 할지 몰라 무기력하게 떠있는 돛단배를 보는 느낌이다. 상사와 목표를 일치시키는 것은 조직성과를 위한 필수 절차이다. '성취와 성과를 견인하는 밀레니얼 워커'들은 상사의 목표와 방향성을 명확히 파악하고 자신이 어떤 방향으로 나아가야 하는지 나침반을 조정하는 것부터 시작한다. 상사의 성과에 기여하는 것은 결국 팀의 성과에 기여하는 것이고 나아가 기업의 성과를 견인할 수 있는 하나의 방향성을 가지고 있음을 기억해야 한다. 당장 자신이 하는 행위에 매몰되어 큰 숲을 놓치게 되면 자꾸만 상사와 분리되는 경험을 하게 된다. 자신이 노력하고 있는 일의 최종 목표가 무엇인지에 집중한다면 그 과정에서의 자신의 노력과 기여도가 더 가치 있고 뿌듯하게 느껴진다. 사람은 과정에서 배우고 성장한다. 따라서 성과를 위해 노력하는 과정이 방향성을 잘 잡을 수 있도록 상사와의 목표를 일치시키는 것은 감정소비를 줄이고 직무몰입을 가능하게 해주어 성과를 견인한다.

2. '답답이'가 되고 싶지 않다면 상사와 업무 스타일을 일치시켜라.

상사와 업무 스타일을 맞추는 노력은 조직 내에서 원활한 협업과 업무 수행을 위해 아주 똑똑한 전략이 될 수 있다. 의외로 불필요한 감정 소모를 하게 되는 부분이 사소한 업무 스타일이다. "저 친구 왜 저렇게 융통성이 없어?", "저 친구 일을 띄엄띄엄하네…" 상사의 평가가 혹독해지는 이유는 사실 상사가 선호하는 업무 스타일과 다르기 때문이다. 상사는 팀원들이 각자의 역할에 몰입할 수 있도록 업무를 분담하고 그들을 격려하며 팀의 성과를 이끈다. 만약 이 과정에서 업무 진행이 더디거나 흐름이 끊기는 순간이 생기면 상사는 해당 직원이 무능력하거나 답답하게 느껴진다. 상사가 선호하는 업무방식을 빠르게 파악하고 맞추는 노력은 일단 업무수행과정에서 발생할 수 있는 잡음을 줄이고 신속하게 일 처리하는 데 도움을 준다. 팀원과 상사가 서로 다른 스타일로 일하게 되면 팀은 앞으로 나아가기 힘들다. 상사의 방식에 동의하지 못하겠더라도 처음 생각과는 다르게 오히려 더 나은 결과를 만들어낼 수도 있다. 팀원들의 자율성을 일 순위로 하는 상사인지, 자신의 확인을 가장 우선시하는 스타일인지 빠르게 확인해보자. 사소한 업무 스타일을 맞추려는 노력이 상사에게 손발이 잘 맞는 파트너로 인식시킬 수 있는 전략이 될 것이다. 상사와 일하는 코드를 맞추는 노력은 파트너로서 가져야 하는 기본적인 태도이며 능력이다.

두 번째 전략, 체크(Check)하라!

1. 상사의 기대 수준을 체크하라.

상사는 팀원들을 적재적소에 배치해 실질적인 성과를 내야 하는 사람이다. 그래서 각 팀원들에게 갖는 기대 수준이 반드시 있다. 그런데 그런 기대 수준을 알려주는 상사는 많지 않다. 말하는 것을 낯설어하기도 하고 그 말 자체가 팀원들에게 압박으로 느껴질까봐 말하지 못하는 상사도 있을 것이다. 상호 간의 기대 수준의 차이는 시간이 갈수록 심한 불협화음을 만든다. 추상적이더라도 상사가 자신에게 갖는 기대 수준을 알게 되면 어떤 방식으로 일해서 어떤 성과를 내야 상사가 만족할지 알게 된다. 상사의 기대 수준을 마음대로 예단하지 말고 직접 물어보자. 상사에게 물어보는 것이 부담스럽거나 괜히 핀잔만 들을 것 같은가? 사실은 전혀 다르다. 오히려 그런 질문을 받는 상사는 기쁘게 답해줄 것이다. 그 질문 자체가 서로 합을 맞추고자 하는 부하직원의 노력으로 느껴질 것이기 때문이다. 단기적, 중장기적으로 가장 중요하다고 생각하는 것이 무엇인지 그 수준에 맞는 사람이 되도록 노력해 보자. 누구나 자신과 같지 않음을 인정하고 매 순간 자신의 주관적인 생각과 타인의 생각 또는 관점을 확인하는 습관이 필요하다. 상사가 어떤 관점으로 팀을 이끌고 어떤 것을 우선순위로 두고 있는지 확인하자.

2. 역할을 체크하라.

'알아서 잘하겠지…' 하는 리더가 대부분인 조직에서 'ACE 워커'가 되기 위해서는 자신의 역할을 빠르게 확인하고 업무에 몰입하는 모습을 보여주어야 한다.

상사의 기대 수준을 확인했다면 신속하게 자신이 어떤 역할을 할 수 있을지 상사와 협의하는 노력이 필요하다. 이 과정은 상사에게 자신의 강점을 어필할 수 있는 기회가 되기도 하고, 자신이 조직에 기여하고자 하는 마음을 표현하여 적극적인 팀원이라는 인식을 줄 수 있는 기회가 되기도 한다. 가만히 있으면 가마니인 줄 안다. 자신을 드러내야 한다. 때로는 자신의 능력치를 상사가 알아차리지 못할 수도 있다. ACE 전략을 발휘하는 밀레니얼 워커는 상사가 자신의 능력을 알아차려주기를 기다리지 않는다. 상사에게 부족한 역량을 채워줄 수 있는 능력이라면 더욱더 자신을 어필해야 한다. 주어진 역할을 넘어 자신의 역할을 주도하는 워커로 성과를 이끌어간다면 상사가 어려울 때 떠올리는 능력 있는 파트너가 될 것이다. 이 모든 노력은 무엇보다 빠르게 자신의 업무에 몰입하여 불필요한 일을 하거나 시간이 지체되는 일을 방지하고 성과를 견인할 것이다.

세 번째 전략, 탐색(Explore)하라!

일 잘하는 사람들의 공통점을 살펴보면 그들은 하나같이 '질문'한다. 자신이 제대로 이해한 것인지 확인하기 위함이다. 질문은 대화의 속도를 늦추는 역할을 한다. 상사의 말에 궁금한 점을 찾아 좀 더 구체적이고 심층적으로 이해하려는 노력으로 이는 더 깊이 있게 이해하고 싶다는 것, 즉 관심을 전제로 하는 행위다. 수직적인 문화가 대부분인 조직에서 상사에게 질문을 꺼려하는 팀원들은 성장이 더디고 성과창출에도 방해가 된다. 상대방의 이야기를 귀담아 들으면서 듣는 척만 하는 것이 아닌, 그 말의 행간을 찾기 위해 '질문'한다. 혹시 자신이 놓친 부분이 없는지, 오해하고 있는 것은 없는지, 무엇을 중요하게 생각해야 하는지, 의도를 파악하기 위해 '질문'한다. 다만, 주의해야 할 점은 무분별한 질문, 시도 때도 없이 하는 질문은 오히려 '일못러'를 입증하게 되기도 한다. 질문하기 전에는 반드시 어떤 질문을 할 것인지 육하원칙에 의해 정리해 보고, 두괄식 질문으로 빠르게 핵심부터 말하는 습관을 갖는 것이 좋다. 'ACE 워커'가 되기 위해 다음의 두 가지를 활용해 보기 바란다.

1. 성장의 3F 질문

명확한 일 처리를 위해 상사의 의도를 구체적으로 묻고 과정을 공유하는 질문이다. 만약 상사가 구체적인 방향성 없이 큰 그림만 던져주었다면 알아서 잘하려는 태도는 버리고 명확히 알려는 노력을 해보자. 중간점검을 받는 것은 혹시라도 배가 산으로 가지 않도록 울타리를 치는 효과가 있다. 동시에 일을 맡긴 상사의 심리적 안정감을 채워주는 효과도 함께 작용한다. 상사여도 때로는 지시사항에 대한 구체적인 그림이 없는 경우도 있다. 업무가 진행되는 과정에서 명확해지는 경우가 있기 때문에 중간보고를 하는 것은 상사가 자신이 지시한 일을 선명하게 정리할 수 있도록 도와주는 역할을 한다. 중간보고 후 돌아오는 피드백을 통해 방향성과 방법을 수시로 점검하고 수정 보완한다.

- **Focus:** 구체적인 목표와 방향성, 마감기한에 대해 묻는다.
  "예산을 최대한 확보할 수 있도록 해야 하는 거지요? 기대효과를 최대한 디테일하게 데이터 뽑아보겠습니다. 언제까지 드리면 될까요?"

- **Find Value:** 과업의 가치를 확인하고 향후 어떤 효과를 기대하는지 묻는다.
  "팀장님은 이번 프로젝트로 어떤 변화를 기대하고 계세요?"

- Feedback & Fix: 피드백을 요청하고 즉시 수정 보완한다.
"내용 송부해 드렸습니다. 검토 부탁드립니다. 신경 쓰라고 하셨던 부분, 의도하신 방향과 맞는지 체크 부탁드립니다. 바로 수정하겠습니다."

2. 오센틱(Authentic) 질문

오센틱 질문은 진정성 있는 태도를 기반으로 신뢰를 구축하고 상사와의 연결을 강화할 수 있는 방법으로 정직, 성실, 공감, 자기 인식으로 특정 지어지는 질문법이다. 상사는 팀원이 얼마나 알고 있는지 궁금해하지 않는다. 팀원이 상사를 케어하고 있다고 느껴질 때 궁금해한다[8].

- 중요도 묻기: 과업 수행 시 가장 중요하게 생각하는 부분이 무엇인지를 질문한다.
"이번 프로젝트는 어떤 것이 제일 중요하다고 생각하시나요?"

- 걱정되는 것 묻기: 혹시 염려되거나 걱정되는 부분이 있는지 질문한다.
"혹시 마음 쓰이는 부분이 있으세요?"
"가장 염려되시는 부분은 어떤 게 있으세요?"

- 특정 상황에 대한 시각 묻기: 모호할 수 있는 기준에 대해서 질문한다.
"이 문제에 대해서 어떻게 바라보고 계시나요?"
"어떤 기준이 성과를 증명하게 되나요?"

이와 같은 질문은 우선 자신에게 주어진 업무에 대해 행간을 파악할 수 있게 해주어 본질을 벗어나지 않도록 도와준다. 또한, 상사의 의중을 파악하는 질문을 통해 상사 또한 자신의 생각을 점검할 수 있도록 돕고, 자신을 케어하고 존중하고 있다는 느낌을 주어 협업하는 파트너로서 진정성을 느끼게 된다.

팀의 ACE가 될 수 있는 4가지 모드

1. 팩트체커(Fact Checker) 모드

두루뭉술한 대화는 성과를 지연시킨다. 자신이 원하는 바를 표현하는데 서툰 상사는 프로젝트에서 어떤 결과가 도출되어야 하는지, 심지어 자신이 어떻게 직무를 수행해야 하는지 애매모호하게 지시하는 경우가 많다. 상사의 의도를 도무지 이해하기 어렵다면 후배가 먼저 업무를 명확하게 파악하려는 태도로 맥락이나 사실을 확인하는 '팩트체커 모드'로 전환해야 한다.

"팀장님! 말씀하신 내용을 제가 정확히 이해했는지 확인하고 싶습니다."
"팀장님께서 원하시는 결과물이 구체적으로 어떤 것인지 여쭤보고 싶습니다."
"제가 참고할 만한 자료가 있을까요? 꼭 포함되어야 할 사항이나 알아두어야 할 내용이 있을까요?"

2. 협상가 모드

때로는 업무수행 시 물적이든 인적이든 상사의 협조가 필요할 때가 있다. 이런 경우 권한을 가지고 있는 상사에게 필요한 부분에 대해 요구하거나 요청하기 위해 '협상가 모드'로 전환해야 한다. 태도는 정중하게, 내용은 구체적으로 상사의 협조를 흔쾌히 이끌어내 보자.

"팀장님! 이번 프로젝트를 성공적으로 진행하기 위해서 회계시스템에 대한 정보와 이해가 필요합니다. 제게 부족한 부분인 것 같아 찾아보니 회계강좌를 통해서 필수적인 내용을 숙지할 수 있을 것 같습니다. 혹시 이 부분에 대한 지원이 가능할까요?"

"팀장님! 이번 프로젝트를 성공적으로 진행하기 위해서 유관부서 담당자들과 기민한 소통이 좀 필요합니다. 이번 주와 다음 주 한 시간씩 시간을 내어 상황점검과 해결책에 대한 논의를 할 수 있도록 자리를 마련해 주시면 신속하게 처리하겠습니다."

3. 스파크 모드

상사의 오랜 선입견이나 고정관념을 뒤집어 생각할 수 있는 신선한 발상을 전달하는 것도 새로운 성과를 위해 필요하다. 관점의 전환이 필요하거나 반복되는 문제를 해결해야 할 경우, 생각을 자극시켜 줄 수 있는 대화를 해보자.

"팀장님!! 요즘 스마트워크 협업툴과 관련된 정보가 있습니다. 업무를 좀 더 효율적으로 해준다는 소문이 자자합니다."

"팀장님! 저번에 답답해하셨던 사안에 대해서 이래저래 좀 알아봤는데요~ 기가 막힌 아이디어가 있더라고요~"

4. 악마의 대변인 모드

상사가 모두 다 옳을 수는 없다. 성과를 위해서는 상사의 잘못된 판단이나 의견에 대해 반론을 제시해야 하는 상황도 있다. 이런 경우, 즉시 반론을 제기하기보다 대안을 반드시 먼저 검토해 보고 최선의 방법으로 정중하게 자신의 생각을 말해야 한다.

"팀장님!! 말씀하신 방법 잘 이해했습니다. 다만 한 가지 걱정되는 부분이 있습니다."

"저번에 말씀해 주셨던 예산편성과 관련해서 몇 가지 염려되는 부분이 있어 여러 경로로 좀 알아보았는데요. 한번 더 검토해 보시는 것이 좋을 것 같습니다."

"말씀하신 내용 보완하도록 거래처와 어떻게 협의할지 미팅자료 준비해 봤습니다. 검토 부탁드립니다."

이상의 4가지 모드 전환을 통해 상사에게 똑부러지게 일하는 모습을 어필해 보자. 중요한 업무를 진행할 때마다 제일 먼저 떠올리는 파트너로 인식될 것이다.

3
신뢰받는 밀레니얼 워커의 'SOS 감성전략'

밀레니얼 워커의 감성역량은 상사와의 신뢰를 통해 효과적인 성과창출로 연결된다.

상사가 어려울 때 SOS 할 수 있는 파트너가 돼라

"아니 도대체 아직도 마무리가 안 된 거야?" 마감일이 아직 한참 남아있는 프로젝트를 갑자기 점검하며 더딘 속도를 지적하는 박성공 팀장. 무슨 안 좋은 일이 있는 것 같다. 가정에 무슨 일이 있는 걸까? 위에서 혼나셨나? 아니면 우리가 정말 뭘 잘못했나? 에라 모르겠다.

가끔 상사가 이해되지 않는 포인트에서 짜증을 내거나 버럭 화를 내는 상황을 마주하게 될 것이다. 이럴 때, 어떻게 대처하는가? 대부분은 상사의 눈치만 보며 그 상황을 재빨리 회피하려 할 것이다. 여기 남다른 '감성 센스'로 상사의 태도를 바꾸는 한 직원이 있다.

매우 날이 서 있는 상사의 눈치만 보며 모두 각자 본업에 충실하는 모습을 연출하고 있는 그때 김센스 프로는 처음부터 상사의 표정과 목소리에 귀 기울이며 무언가 궁금해하는 모습이 역력하다. 상사의 잔소리가 끝나고 김센스 프로는 상황을 지켜보다 상사에게 다가가 평소 좋아하시는 커피 한잔을 건넨다. "팀장님 커피 한잔하세요~ 무슨 일 있으셨어요? 표정이 너무 어두우세요~ 제가 뭐 도와드릴 거 있으면 언제든 말씀해 주세요! 점심에 팀장님 좋아하시는 순댓국 한 그릇 하실까요?" 순수하게 자신의 마음을 달래려는 김센스 프로의 한마디에 박성공 팀장은 기분이 살짝 풀리며 팀원들에게 괜한 화풀이를 한 것 같아 미안한 마음이 든다.

신뢰할 수 있는 파트너는 상대방의 생각의 폭을 넓혀주고 시각적, 청각적, 감각적 정보의 양을 늘려 의사결정과 판단을 돕는다. 감성역량은 상황과 상사를 잘 관리하여 성과달성을 이끄는 중요한 요인으로, 자신의 정서를 관찰하고 그것을 식별한 정보를 타인의 사고와 행동을 유도하는 데 활용하는 능력이라 할 수 있다. 이를 잘 활용하는 밀레니얼 워커는 상사에게 신뢰할 수 있는 파트너가 되어 상사와 함께 조직의 성과에 기여한다. 구인구직 매칭플랫폼 사람인이 직장인 679명을 대상으로 '직장 내 처세술'에 대해 조사한 결과, 94.4%가 직장생활에 처세술이 필요하다고 답했다. 그 이유로는 '동료 및 상사와의 원만한 인간관계를 위해서'가 80.5%로 1위를 차지했다[9]. 직장생활의 목적인 성과를 견인하는 데 자신의 역량만으로는 어렵다는 것을 방증하는 결과이다.

리더들은 감성역량이 높은 인재를 찾고 있다[10]. 감성역량은 자신과 다른 사람의 감정을 이해하고 관리하는 능력으로 관계를 긍정적으로 구축하는 능력이라 할 수 있다. 매사추세츠 헐트 국제경영대학원 교수인 에이미 브래들리는 "일은 근본적으로 관계의 질이 중요하며 사람을 통해 이루어지므로 타인으로부터 받는 감정이 일에 지장을 주면 업무성과에 방해가 된다."라고 말하고 있다. 미국 출신 조직 개발 컨설턴트 마크 크레머는 "갈등과 좌절을 다루는 법, 낙담한 사람들을 격려하는 법, 협상이나 업무를 완수하는 능력 등 모든 것이 감성에 해당한다."라고 말한다. 결국, 직장 내 역할을 효과적으로 수행하고 좋은 성과를 창출하기 위해 직장생활 처세술로 감성역량이 필요하다. 파트너십을 발휘하는 밀레니얼 워커들은 상사가 어려움을 느낄 때나 중요한 순간에 믿고 맡길 수 있는 파트너로 가장 먼저 떠올릴 수 있도록 'SOS 감성전략'을 활용한다.

첫 번째 전략, 센스메이킹(Sense Making)

"이상해 프로는 사람이 똑똑하긴 한데, 센스가 부족해."

업무 능력은 좋지만 무언가 늘 부족한 느낌을 주는 이상해 프로에 대한 평판은 누구나 피하고 싶을 것이다. 앞에서 제시된 'ACE 이성전략'이라도 상황에 맞게, 상사의 감정선을 잘 파악해서, 눈치껏 행동하지 않으면 그저 말 많고 질문 많고 따지기 좋아하는 직원으로 낙인찍히기 쉽다. 일도 잘하고 센스도 좋은 직원으로 평가받고 싶다면 이성전략과 감성전략을 두루두루 발휘해야 한다. 센스(Sense)는 주변 상황에 대한 자각력이 모여서 이루어지는 것으로 여러 상황을 감지하는 능력이다.

'느슨한 결합', '마음챙김' 등의 개념을 만든 미국의 조직 이론가 칼 와익은 Sense Making이라는 용어를 정의하며 주변 환경을 'Make Sense'하게 하는 능력이라 설명하고 있다[11]. 뉴욕의 한 칼럼리스트는 '센스(Sense)는 모르는 것을 구조화하거나 복잡하고 불확실한 상황을 명백하게 이해하고 행동하는 것으로 같은 현상을 보고도 그 현상을 어떻게 해석하느냐에 따라 다른 해결책이 나올 수 있다고 주장한다. 리더와 함께 상생하고 성장하는 밀레니얼 워커에게 필요한 감성전략으로 센스메이킹(Sense Making)을 제안한다. 상황을 빠르게 파악하고 상사를 긍정적으로 관리하는 데 필요한 기본적인 능력으로 센스메이킹을 키우기 위한 방법 세 가지는 다음과 같다.

1. 상황적 맥락을 감지할 수 있는 '시각적 센스'를 키우자.

요즘처럼 불확실의 시대에서 생존하기 위해 상황변화에 대한 민첩성을 키우는 것은 성과를 견인하는 핵심 요인이라 할 수 있다. 눈과 귀, 온 신경을 열어두고 주변 상황을 알아차리기 위해 노력하라. 다양한 관점과 시각으로 상황을 바라보는 스펙트럼을 넓히고 현상의 본질을 파악할 수 있는 센스가 그 답이 될 수 있다. 그러기 위해서는 늘 무엇이 문제인지, 어디에서 문제가 비롯되었는지, 상사가 어떤 상황에 있는지 등을 궁금해하고 찾아보는 노력을 해야 한다. 눈을 크게 뜨고 나무가 아닌 숲을 보려는 노력을 하자. 상사가 보여주는 즉각적인 감정표현에만 반응하는 것이 아니라 상황적 맥락을 파악할 수 있는 정황증거들을 수집해 본다. 직전에 어떤 상황들이 상사를 그 감정으로 이끌었는지, 누구와 대화를 나누었는지, 어떤 이슈가 있었는지를 알아보는 노력은 전체를 볼 수 있는 시각을 키워줄 것이다. 그 맥락 안에서 상사의 감정을 보면 상사의 행동이 이해될 것이고 어떻게 상황을 관리해야 할지 답이 나올 것이다.

2. 다양한 정보 채널을 만들어 '청각적 센스'를 키우자.

업무와 관련한 뉴스, 기사 등을 꾸준히 챙겨보고 최신 정보를 수집하는 것은 자신의 관점을 넓히는 데 효과적인 방법이다. 하지만 조직 내에 일어나는 현상에 대해 파악하고 관점을 넓히기 위해서는 '휴먼네트워킹'을 통해 정보를 수집하는 것이 효과적이다. 이를 통해 수집되는 정보들은 조직이 돌아가는 상황을 가장 빠르게 파악할 수 있도록 도와준다. '휴먼네트워킹'은 5장에서 자세하게 다루고 있으니 참고해 보자. 업무 유관부서의 다양한 사람들과의 정보 채널을 통해 조직 전체의 맥락을 이해할 수 있도록 귀 기울이는 노력으로 '청각적 센스'를 탑재해 보기 바란다.

3. 복기하는 습관을 길러보자.

복기는 기본적으로 관심과 관찰이 수반되는 행동이다. 데이터가 많이 쌓일수록 엄청난 정보를 만들어내는 AI처럼, 현장에서 일어나는 다양한 상황에 대해서 복기하고 분석하는 노력은 비슷한 상황이 닥쳤을 때 온몸의 감각과 감성적인 정서가 작동하게 해준다. 〈불확실성을 이기는 전략: 센스메이킹〉의 저자 김양민 교수도 센스메이킹의 원칙 중 하나로 '회고'를 꼽는다[12]. 지나간 일을 기억하고 되돌아보는 과정은 현재의 상황에 대한 의미와 질서를 부여한다[13]. 갑작스런 상황에서 빠르게 징후를 발견하고 다양하게 축적된 경험과 지식을 통해서 문제를 해결하는 모습은 상사에게 일머리 좋은 파트너로 인식시켜 줄 것이다. 또한, 평소 주변의 상황에 관심을 기울이고 관찰하는 습관을 통해 상사의 상황과 감정을 빠르게 알아차리고 눈치껏 행동하는 데 도움을 주어 센스 있는 파트너로 인식시켜 줄 것이다.

두 번째 전략, 감성지능(emOtional Intelligence)

"공감능력은 개인의 삶뿐만 아니라 사업에서도 필수적인 요소다. 사람들을 더 효과적인 동료이자 파트너로 만드는 공감 능력은 후천적인 경험을 통해서만 발달한다.
인간관계에서 무수히 저지르는 실수에서 우리는 다른 사람의 눈으로 보는 법을 배운다."

마이크로 소프트의 성과를 이끈 사티아나델라는 조직성과에 있어 구성원들과의 파트너십이 중요하고 이를 위해 '공감능력'이 필요하다고 말한다. 공감능력은 대표적인 '감성지능(Emotional Intelligence)'이다. 감성 지능은 타인의 감정을 감지하고 활용하는 능력으로 사람을 관리하고, 영향을 미치는 것으로 정의할 수 있다. 감성지능이 높은 밀레니얼 워커는 자신의 감정을 인지하고 그 인지능력을 활용해 상사의 감정 또한 빠르게 알아차린다. 이를 활용하여 상사와의 관계를 긍정적으로 관리하고 문제 발생 시 상사의 사고를 촉진시켜 창의적으로 해답을 찾아 성과를 견인한다.

가천대학교 윤성두, 김두중 박사는 조직성과의 선행요인으로 부하직원의 감성지능의 영향력을 확인하며 리더십의 효과와 조직성과를 위해서 감성지능이 중요한 요인임을 입증하고 있다[14]. 감성이 좋은 상태에서 일을 하면 일의 효율이 높아지고, 창의성이 증가할 수 있지만 그렇지 않다면 일의 효율은 떨어지고 실수할 확률도 높아진다. 따라서 다음의 감성지능을 키워보자.

1. 인지와 조절(Awareness & Control)

자신의 감정을 인지하고, 이를 조절하는 연습을 통해 감성지능을 높일 수 있다. 자신의 감정을 알아차리려 노력하는 사람은 타인의 감정적 반응에도 빠르게 반응할 수 있다. 감정이 태도가 되지 않기 위해서 자신의 감정을 객관적으로 분석해 보는 노력은 타인의 감정을 분석하는 데에도 도움을 준다. 지금 느껴지는 감정이 이전에 있었던 사건으로부터 소환된 기억인지, 자신의 욕구 중에 무엇이 채워지지 않아 불편함을 느끼는 것인지 감정을 분리하고 분석해 보자. 이 과정에서 감정을 느끼는 1인칭에서 감정을 바라보는 3인칭이 되어 객관적으로 자신의 감정을 알아차리고 동시에 감정을 조절할 수 있게 된다. 상사의 목소리, 어조, 톤, 눈찌푸림, 한숨 등 상사가 보여주는 모든 감정표현을 알아차려 보자. 상사의 감정이 어디에서 비롯되는 것인지, 어떤 상황이나 대화에서 상사가 불쾌해하고 불편해하는지 알게 되면 상사와의 관계를 관리하는 데 도움이 된다.

2. 감정표현과 공감표현(Express Emotion & Empathy)

적절한 방법으로 자신의 감정을 표현하는 것도 감성능력을 키울 수 있는 좋은 방법이다. 억지웃음을 지으며 무조건 괜찮다고 말하거나 표정관리에 실패하여 무조건 상황을 회피하려는 행동은 관계를 어색하게 만들고 대화의 포인트를 놓치게 된다. 이러한 일이 반복되고 축적이 되면 해소되지 않은 감정들로 인해 추후의 행동에 더 많은 부정적 영향력을 미친다. 당황스러운 것인지, 불쾌한 것인지, 막막한 것인지 감정을 분석한 후 "사실 전후 맥락이 명확하지 않아 조금 당황스럽습니다.", "갑자기 공식적으로 말씀하셔서 조금 창피했습니다." 등의 완곡한 표현으로 자신의 감정을 표현하는 연습을 해보자. 자신의 감정을 제대로 읽고 표현하는 과정은 타인의 감정표현을 이해하는 데에도 도움을 줄 것이다. 공감표현을 높이는 방법으로 상대방이 말하는 감정을 그대로 따라 말하는 것이 효과적이다. 상대의 이야기를 들으며 나도 모르게 상대를 판단하게 되는데, 이는 상대방의 이야기를 공감하는 것에 방해요인이 된다. 따라서 판단하지 말고 그저 공감해 보자. "정말요?", "그러셨겠어요." 등등의 추임새 표현도 간단한 공감표현 중 하나이다. 이때 상대방의 표정을 따라 지어보는 것만으로도 비언어적 공감표현이 된다.

세 번째 전략, 소셜스킬(Social Skill)

'소셜스킬(Social Skill)'은 상사와의 관계 형성과 유지를 통해 성과를 견인하는 중요한 감성 전략이다. 감성 기반의 소셜스킬은 언어적 표현과 비언어적 표현의 기술을 포함하는 것으로 갈등은 줄이고 신뢰는 높여준다. 상대방을 배려하고 존중하는 태도, 실수를 인정하고 감사를 표현하는 태도, 무엇이든 최선을 다하고 적극적으로 임하는 태도로 구축된 신뢰는 협력과 소통을 촉진시켜 성과를 견인한다. 사람들은 일상에서 마주치는 다양한 문제를 대처해 가는 과정에서 여러 시행착오를 경험하고 때로는 다른 사람을 모방하기도 하면서 자신만의 소셜스킬을 키워나간다. 즉, 소셜스킬은 천성적으로 주어지는 것이 아닌 훈련과 연습을 통해 익힐 수 있다. 상사에게 호감 가는 파트너로 다가가기 위해 다음의 소셜스킬 세 가지를 점검해 보자.

1. 상대에게 보고 싶은 표정을 연출하라.

파트너십의 전제는 긍정적인 상호작용이다. 상사와의 대화와 관계를 긍정적으로 이끌어가고 싶다면 긍정적 표정으로 상사와 마주하라. 입가의 미소는 상사와의 대화를 유연하게 해준다. 상사가 부르면 얼굴이 굳거나 업무지시를 받을 때 무표정한 직원들이 있다. 상사도 사람이기에 그 표정에서 직원들의 감정을 읽게 된다. '미러링 효과(Mirroring Effect)'는 인간이 본능적으로 상대방의 표정을 따라 하게 되는 현상이다. 자신의 상사가 늘 어둡고 차가운 표정으로 자신을 바라보고 있다고 느껴진다면 지금 당장 자신의 표정을 점검해 보길 바란다. 이때 놓치지 말아야 할 것이 '아이콘택트'이다. 생각보다 많은 사람들이 타인과 눈 맞춤을 어려워하는 경향이 있다. 아이콘택트는 자신이 말하는 바를 더 효과적으로 전할 수 있는 수단이 되고 동시에 자신감을 표현함으로써 신뢰감을 높이는 방법이기도 하다. 또한 아이콘택트를 통해 상사의 감정을 읽을 수 있기 때문에 아이콘택트와 긍정적인 표정으로 상사를 대하며 소셜스킬을 키워보자.

2. End Game, 잘 듣는 연습을 하라.

너무나 당연한 소셜스킬이지만 꽤 어려운 것이 바로 '경청'이다. 국제컨설턴트 게리 코플랜드가 정의한 경청의 5단계를 미국의 마스터 코치(MCC) 린 바니스가 재정의한 내용을 보면 사람들은 대부분 '경청인 척하는 딴청'을 하는 경우가 많다[15]. 그녀는 경청에 대해 다음과 같이 5단계로 정리하고 있다. 발언 기회를 포착하기 위해 듣는 모습을 취하고, 자신의 경험담을 떠올리며 경청을 놓친다. 조언해 주고 싶다는 생각이 드는 순간에도 상대의 말에 귀 기울이는 것은 실패한다. 진짜 경청은 상대의 이야기에 추가적인 정보를 탐색하는 순간과 이후 그 상대방의 속마음이 이해되는 순간이라 말한다.

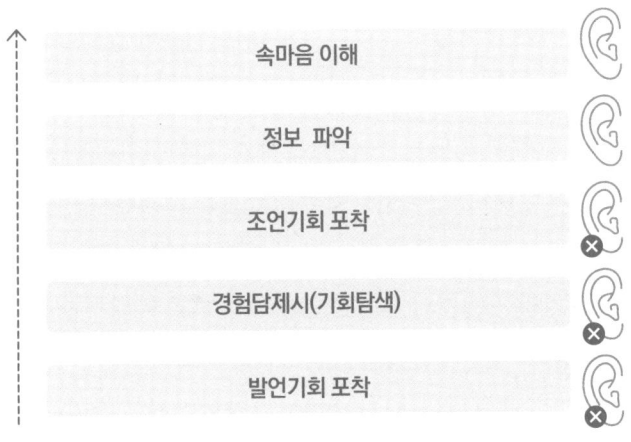

[그림 4-4] 경청의 5단계

* 출처: Lynn Banis(2010.9.28.). The Five Levels of Listening. EzineArticles.[15]
* 저자 재구성

'경청'은 절대 쉽지 않다. 머릿속에 수시로 떠오르는 생각들을 밀어내고 상대의 이야기를 끝까지 듣는 '엔드게임(End Game)'을 해보자. 상사의 지시사항은 언제나 메모하여 기록으로 남겨두는 습관도 경청을 연습하기 좋은 방법이다. 실시간으로 상사의 표정을 미러링하고 중요한 단어 세 개를 복창하는 백트레킹 등의 행동은 대화에 집중하고 있는 모습으로 비쳐진다. 적절한 리액션을 하며 대화를 좀 더 풍성하게 만드는 소셜스킬은 상사로 하여금 이야기 나누고 싶은 파트너로 느껴지게 할 것이다.

3. 긍정 프레임으로 긍정 피드백하라.

언제나 긍정적으로 대화하는 사람들이 있다. "그건 어렵겠는데요."라는 표현보다 "쉽진 않겠지만 해보겠습니다."라는 답변이 관계를 긍정적이고 건설적으로 만들어준다. 'Yes-and' 화법은 긍정 대화의 대표적 화법이다. 상대가 이야기한 내용에 대해서 다소 공감하기 어렵더라도 일단 긍정표현 'Yes'를 해주고 난 뒤 자신의 생각을 덧붙여 전혀 다른 의견을 준다는 느낌보다 상대의 이야기에 보태어 의견을 제시한다는 느낌으로 대화하는 기술이다. 고심해서 말한 상사의 의견에 바로 비판하거나 부정적인 답변을 하는 것은 그것의 옳고 그름을 떠나 대화 매너가 없는 사람으로 낙인찍히기 쉽다. 평소에 긍정적인 프레임으로 상황을 보는 연습, 상대를 바라보는 연습을 해보자. 상대를 배려하고 존중하는 마음은 상대의 이야기에 긍정적인 답변으로 연결될 것이다.

상사의 긴급버튼, SOS 파트너 4가지 모드

1. 지지자 모드

타인으로부터의 인정은 인간관계에서 느낄 수 있는 최고의 만족감이다. 상사도 사람이기에 직장 내 관계에서 자신의 능력이나 노력을 인정받고 싶다. 상사에게 받는 인정은 결과에 대한 인정이지만 부하직원으로부터의 인정은 함께 노력한 과정에 대한 인정이기 때문에 더 의미 있게 느껴진다. 성과를 압박하는 윗선 눈치 보랴, 꼰대소리 들을까 전전긍긍하며 부하직원 눈치 보랴 쉽지 않았을 상사의 상황과 마음을 읽어보자. 물론 실무에서 손발이 닳도록 열심히 뛴 자신의 노력이 8할이라는 생각이 들 것이다. 그래도 외부의 충격을 흡수해 주고 방향키를 끝까지 쥐고 팀을 이끌어 주었던 상사의 노력을 인정해 주는 표현을 해보자.

"팀장님!! 너무 애쓰셨습니다. 이번 프로젝트 쉽지 않았는데 팀장님 덕분에 좋은 결과 나온 것 같습니다."

"팀장님~ 이번 프로젝트 다들 어려울 거라고 했었는데 결국 해내었네요~ 전 팀장님이 해내실 줄 알았습니다."

"팀장님!! 중간에 우여곡절이 많았는데 이렇게 좋은 결과가 나와서 너무 뿌듯합니다. 모두 팀장님 덕분입니다. 감사합니다."

2. 추종자 모드

성과를 달성하기 위해 유관부서와의 협업은 매우 중요하다. 하지만 그 과정은 쉽지 않다. 특히 회의 진행 시 갑작스런 질문이나 세부적인 내용을 파고드는 질문에는 상사도 사람이기에 당황하거나 생각나지 않을 수 있다. 부하직원들과 함께 하는 회의에서 이런 상황이 연출된다면 더욱 난처할 것이다. 이때 상사편에서 디펜스해 주는 '추종자의 모드'가 필요하다. 추후에 피드백을 반영하여 다시 전략을 짜더라도 일단 상사의 든든한 추종자가 되어 끝까지 감정이 흔들리지 않고 회의를 마칠 수 있도록 서포트해 보자. 다소 어려운 표현이나 예상되는 질문들은 사전에 데이터를 준비하여 질문에 대신 답해줄 수 있는 든든한 추종자가 되자.

"지금 질문주신 부분은 저희 팀이 이미 충분히 고려하고 있습니다. 계속해서 데이터를 수집하고 검토하고 있으니 그 부분은 걱정 안 하셔도 됩니다."

"해당 데이터는 첨부해 드린 페이지를 확인해 보시면 더 명확히 확인 가능합니다. 추후에도 필요한 데이터가 있으면 공유해 드리겠습니다."

3. 관찰자 모드

자신이 누군가에게 영향을 주었다는 사실은 본인의 태도나 말을 점검해 보게 하고 역할에 대한 책임감을 느끼게 해준다. 센스메이킹을 통해 부서를 둘러싸고 있는 상황을 감지해 보고 그 안에서 고군분투하는 상사의 노력과 강점을 발견해 보자. 또는 상사에게 인상적인 순간이 생겼을 때 이를 그냥 지나치지 말고 표현해 보자. 간단한 문자라도 괜찮다. 상사의 행동이 자신에게 어떤 영향을 주었는지에 대한 칭찬은 상사가 자신의 역할에 더욱더 최선을 다하도록 동기부여 하게 될 것이다. 칭찬을 늘 상사가 부하직원에게 건네야 한다는 생각은 버리자. 상사가 열심히 움직이도록 하는 힘이야말로 진정한 파트너십이다.

"팀장님! 오늘 프레젠테이션 너무 멋있었습니다. 준비 많이 하신 거 알고 있었는데 막힘없이 해내시는 모습을 보니 저도 꼭 팀장님처럼 성장하고 싶다는 생각이 들었습니다. 더 많이 배우고 따라가겠습니다. 오늘 수고하셨는데 푹 쉬시고, 낼 뵙겠습니다.^^"

"팀장님! 오늘 면담 감사했습니다. 늘 신경 써주시는 거 알고 있었는데 세세하게 피드백주셔서 감동했습니다. 타 부서와 협력이 늘 어려웠는데 노력하고 있는 부분 알아주셔서 위로가 많이 되었습니다. 부족한 부분은 조언해 주신 대로 잘 채워나가겠습니다. 감사합니다. 내일 뵙겠습니다."

4. 정서환기 모드

바쁜 업무 중 잠시 쉬어가는 대화는 성과창출의 효과적인 방법이 될 수 있다. 다소 무의미해 보이는 일상 대화가 복잡한 머리를 식혀주고 정서 환기를 해주어 일의 효율을 높이고 성과를 견인한다. 특히 회의나 면담 전후 등에 나누는 가벼운 대화는 분위기를 부드럽게 만들어 업무 대화를 좀 더 상호우호적이고 유연하게 만들어준다. '정서환기 모드'를 탑재하여 상사와 함께 성과를 긍정적으로 이끌어보자.

"팀장님!! 여행 준비하시던데 언제 출발하세요? 가족분들 함께 가시는 거죠? 작년에 저도 갔었는데 진짜 맛있는 집 알려드릴게요. 기회 되시면 한번 가보세요~"

"아드님 이번에 수능 보지 않아요? 사모님이 엄청 신경 많이 쓰시겠어요~ 아니 그런데 어쩜 그렇게 공부를 잘해요? 우리 애는 아직 한참 멀었어요~ 비결 좀 알려주세요~"

이상의 4가지 모드 전환을 통해 감성역량을 높여 상사가 마음을 나눌 수 있는 직원이 되어보자. 지금, 파트너십을 발휘하고 싶은 상사에게 간단한 문자부터 보내보자. 다음 날 달라진 상사의 눈빛을 마주하게 될 것이다.

4

성과를 견인하는 워커,
파트너십하라

지속 가능한 성장을 위해
전략적 성과 파트너 '상사'와 함께하라.

잘나가는 팀에는 환상의 '파트너십'이 존재한다

성공하는 사람에게는 자신의 성공을 도와주는 파트너가 존재한다. 마이크로소프트의 성공에는 빌 게이츠의 돌격대장 발머가 있었고, 애플의 성공에는 스티브 잡스의 지원군 팀쿡이 있었다. 빌 게이츠는 훌륭한 기술자이자 전략가였지만 그가 제시하는 방향성으로 도달하는 실행력은 발머의 몫이었다. 스티브 잡스는 자신이 극도로 싫어했고 뛰어나지도 않다고 생각했던 관리역량을 보완하기 위해 팀 쿡을 옆에 두었고 어려운 상황이 있을 때마다 스티브 잡스를 대신해 애플을 안정적으로 이끌었다.

인간은 완벽하지 않다. 상사도 완벽하지 않다. 우리 자신도 완벽하지 않다. 하지만 각자에게 뛰어난 역량들은 반드시 있다. 그것을 잘 찾아내어 조합하고 연결하기 위한 노력을 한다면 상사와 함께 만족할 수 있는 성과를 견인할 수 있다. 그러기 위해서 업무수행을 위한 자신의 강점을 지속적으로 개발하는 것에서 그치지 않고 상사에게 자신의 역량을 적극적으로 어필해야 한다. 그래야 상사가 도움이 필요할 때 가장 먼저 떠올릴 수 있는 파트너가 될 수 있다. 만약, 상사의 부족한 부분을 발견했다면, 무시하는 태도가 아닌 재빨리 자신의 역량 중에 도움이 될 만한 것이 있는지 찾아보자. 그렇게 자신의 강점으로 상사의 부족한 부분을 보완해 줄 수 있다면 상사에게 든든한 지원군이 될 것이다. 반대로, 상사의 강점을 발견했다면, 자신의 약점에 어떻게 도움을 받을 수 있을지 관찰하고 본받으려 노력해 보자. 한편, 자신과 너무 다른 성향과 관점의 상사라면 그 차이에서 얻게 되는 생각의 전환을 경험해 보고 상사에게도 전혀 다른 자신의 생각이나 관점이 자극제가 될 수 있도록 이성역량과 감성역량을 두루두루 발휘해 보자.

사람은 자신의 마인드에 따라 태도가 달라지고, 그 태도는 타인으로부터 평가받는다. 자신의 업무 파트너, 특히나 자신에게 능력검증의 기회를 주는 상사로부터 '함께 일할 만한 사람'이 되기 위해 우선 자신의 마인드부터 점검해 보라. 그리고 상사가 믿고 맡길 수 있는 ACE 이성전략을 따라해 보면서 업무의 효율성을 끌어올리고 성과창출을 위해 함께 노력하라. 상사에게 인정받는 ACE 인재, 조직이 원하는 ACE 인재로 거듭날 것이다.

성과는 결과다. 모든 결과는 과정에 의해서 생긴다. 그러므로 과정을 만들어가는 상사와의 관계는 중요한 요인이다. 성취와 성과를 견인하는 밀레니얼 워커는 상사와 자신의 감정을 빠르게 알아차리고 상황에 맞게 대처하여 긍정적인 방향으로 상사의 행동이나 생각을 유도한다. 이러한 감성역량은 상사와의 안정적인 관계를 만들고, 상사에게 신뢰할 수 있는 파트너로 인식시켜 준다. 신뢰는 존중과 인정으로 쌓인다. 상사를 존중하고 배려하는 태도, 매사에 성실하고 책임감 있게 일관성 있는 태도로 예측 가능한 모습을 보여주는 지속적인 노력이 필요할 것이다.

상생의 파트너십으로 성과를 견인하라

'헬퍼스 하이(Helpers High)'는 타인을 돕는 과정에서 느껴지는 정서적 만족감을 말한다. 조직 생활을 하면서 자신의 업무 파트너인 상사를 돕는 과정은 헬퍼스 하이를 경험할 수 있는 절호의 기회가 될 것이다. 기버(Giver)의 자세로 상사의 성과에 기여해 보자. '돕는 사람의 희열'은 남을 이롭게 하는 행동으로 삶의 목적과 기쁨을 느끼게 해준다. 이러한 행위를 통해 더 열심히 오랫동안 효능감을 느끼며 효율적으로 일하는 업무몰입, 조직몰입을 경험하게 될 것이다. 이미 충분히 돕고 있다고 이야기하는 워커들이 있을 것이다. 지금도 충분히 자신의 역량을 소비하고 있다고 투덜거릴 수도 있다. 결국은 마인드의 차이다. 어차피 조직 안에서 자신의 역량은 지속적으로 소비되어진다. 그러기 위해 우리는 워커가 되었다. 맹목적으로 소비되고 있다는 생각이 아닌 그 소비에 가치를 더해보자. 자신의 역할에 집중하고 그것이 만들어내는 결과를 남 좋은 일이 아닌 자신의 성과로 일치시켜 보자.

'회사가 나에게, 상사가 나에게 무엇을 해주었나'와 같은 비생산적인 생각에서 벗어나 자신이 무엇을 해야 하고 어떤 역할을 할 수 있을지 연구하고 노력해 보자. 이 과정에서 스스로 성장하는 자신을 마주하게 될 것이다. 자신의 성장은 상사의 성장을 돕고, 우리의 성장은 결국 조직의 성장과 성과로 연결된다. 즉, 상사는 성과파트너이며 그만큼 상사와의 협력이 중요하다. 얼마만큼 서로를 신뢰할 수 있고, 마음을 주고받을 수 있을지에 따라 서로를 바라보는 관찰의 빈도는 늘어날 것이고, 눈빛만 봐도 서로의 마음을 알아차릴 수 있는 파트너십의 순간을 마주하게 될 것이다.

MILLENNIAL 워커십

5장
일 잘하는 워커는
관계를 통해 성장한다

일 잘하는 워커는 관계를 활용해 2% 부족한 본인의 역량과 정보력을 채워 차별화된 성과를 만들어낸다. 아무리 뛰어난 워커라도 힘을 합쳐 시너지를 내는 집단을 이길 수는 없다.

1 관계는 여전히 존재한다

혼자서는 살아남을 수 없는 초경쟁 시대,
관계의 중요성은 더욱 커지고 있다.

혼자서는 살아남을 수 없는 초경쟁 시대

애플리케이션 제작 사내 경진대회가 한창 진행 중이다. 업계에서 인정받은 에이스 팀원들이 모여있는 A팀이 강력한 우승 후보로 꼽혔다. 하지만 모두의 예상과 다르게 특별히 주목받지 못했던 B팀이 우승을 하게 되었다. A팀의 경우 각자 능력은 우수하나, 신규 조직이라 팀원들이 합을 맞춰 작업하는 데 어려움을 느끼며 갈등이 발생했다. 본인 의견만 고집하는 팀원, 팀원들을 경쟁자로 생각해 자신의 노하우를 숨기는 팀원, 시위하듯 침묵으로 일관하는 팀원들이 생겼으며, 중간에 퇴사하는 팀원까지 생겨났다. 반면 B팀의 경우 팀원들이 오래 손발을 맞춰온 상태로 완벽한 팀워크를 통해 기대 이상의 성과를 보여 성공적으로 프로젝트를 완수할 수 있었다.

A팀의 문제는 무엇이었을까? 어떤 부분에서 B팀보다 월등한 능력을 갖추고도 터무니없이 부족한 결과물을 내놓게 되고, 실패하게 되었으며, 팀이 와해되는 지경에 이르렀을까? 본인 의견만 고집한 팀원? 본인 노하우

를 숨긴 팀원? 침묵했던 팀원? 아니면 이 모든 것을 제대로 다루지 못한 IT 회사? 이러한 상황을 과연 개인의 잘못이라고 할 수 있을까? 이는 모두 릴레이션십이 부족해 발생한 결과이다.

과거부터 현재까지 관계에 대한 중요성은 꾸준히 강조되어 왔다. 오히려 코로나19 팬데믹 이후 개인 업무 형태가 보편화되었음에도 불구하고 그 중요성은 나날이 높아지고 있다. 하버드 비즈니스 리뷰에 따르면 업무 중 협업 활동에 소비되는 시간은 과거에 비해 50% 이상 증가했으며, 많은 기업 구성원은 동료와의 업무 소통에 25%를 소비한다고 발표했다[1].

근본적으로 인간 관계가 제대로 작동하지 않으면, 효율적인 업무 성과를 기대하기 힘들어진다. 사람 관계에 문제가 생기면 소통이 줄어들고, 협업에 다양한 어려움이 생겨나기 때문이다. 결국 일을 잘한다는 것은 단순히 개인의 능력만을 뜻하는 것이 아니라, 조직 내, 외부 여러 직무 전문가와 어떻게 관계를 형성하고 협력하느냐에 따라 결정된다. 지금 우리의 일터는 변하고 있다. 혼자서는 살아남을 수 없는 초경쟁 시대, 인간관계의 중요성이 부각되는 시기인 것이다.

개인과 조직의 동반성장의 힘

2017년 갤럽조사에 따르면, '직장에서 자신의 의견이 중요하게 받아들여진다'고 응답한 비율이 10명 중 단 3명으로 조사되었다. 만약 이 비율이 10명 중 6명으로만 늘어도 이직률 27%P 감소, 안전사고 40%P 이상 감소,

생산성 및 효율성은 12%P 향상될 수 있다고 밝혔다[2].

직장 내 인간관계는 조직 성과는 물론 조직 몰입, 직무 만족도에 큰 영향을 끼친다. 서로 협력하는 팀은 변화에 더 탄력적이고 적응력이 뛰어나며, 새로운 상황과 도전에 빠르고 유연하게 대처할 수 있다. 또한 조직과 구성원은 각각 역량 발휘를 위한 추진력을 얻고, 이를 통해 공동의 목표를 향해 나아가는 지속적인 팀이 된다. 여기에 필요한 것이 바로 직장 내 인간관계이다.

"사람은 사회적 동물이다."라는 말처럼 세상은 네트워크 사회로 시대의 변화나 기술의 발전과 상관없이 원만한 관계 관리는 성공적인 사회생활을 위한 기본이자, 능력이며, 재산이다. 삼성경제연구소의 연구 결과에 따르면 CEO가 될 수 있는 최고 덕목으로 '대인 지능'을 꼽는다[3]. 다시 말하자면 대인 관계 관리를 잘해야 성공적인 CEO가 될 수 있다는 뜻이다. 이처럼 회사, CEO, 조직 구성원에 이르기까지 튼튼한 관계 관리를 통해 함께 성장했을 때 서로에게 win-win하는 결과를 만들 수 있다.

인맥 기피 밀레니얼 세대의 휴먼 네트워킹

'네트드링킹(Net+Drinking)'이라는 말을 들어보았는가? 친목 도모를 위한 술자리 등은 시간 낭비라는 기존 인맥에 대한 부정적인 인식이 깔려있는 표현으로 밀레니얼 세대 사이에서 쓰이는 신조어이다. 이들은 관계를 위해 사람을 쫓아 우르르 몰려다니던 방법은 구식이라고 생각한다. 밀레니얼 세대가 생각하는 네트워킹은 단순히 아는 사이를 뜻하는 게 아니다. 서로 협력하고 동행하는 관계를 말한다. 그리고 여기서 의미하는 협력과 동행은 전략적 제휴에 더 가깝다. 혼자지만 외로워하고 싶지 않을 때, 뭉쳐야 힘을 발휘할 수 있을 때의 연대 방법을 안다. 같이해야 할 목적이 있을 때 낯선 사람끼리 결집해 힘을 모으고 목적을 관철한다. '따로 또 같이'를 전략적으로 운용할 줄 안다[4].

데이터 통합 플랫폼 NHN데이터는 '2022년 하반기 앱 트렌드 리포트'에서 취향 공유 플랫폼이 큰 인기를 얻고 있다고 밝혔다. 2030세대를 중심으로 각자의 취미와 일상을 공유하는 '관심사 기반 대면 소모임 활동'에 대한 수요가 반영된 것이다. 소모임을 통해 같은 취미나 취향을 지닌 사람들이 모여 '내가 좋아하는 것', 혹은 '하고 싶은 것'을 다른 사람과 함께 즐길 수 있다[5].

그리고 이러한 소모임 활동은 인생의 전환점을 제공하기도 한다. 모임을 통해 자신의 취향을 발견하고 진로를 바꾼 사례도 있다. 작가가 되려는 사람들, 그림을 그리고 싶은 이들, 콘텐츠를 만들고 싶은 예비 유튜버들이 모임을 꾸린다[6]. 즉 서로의 관심사에 대한 정보를 꾸준히 교류하고, 도움이 되는 사이로 성장해 나가고 있다. '인맥'이라는 용어에서 '휴먼 네트워킹'으로 그 표현과 의미가 진화하며 서로 간에 더 큰 영향력을 미치고 있는 것이다.

5장에서는 밀레니얼 워커로서 갖춰야 할 관계 구축 방법을 회사 내부와 외부로 나눠서 소개할 예정이다. 개인과 조직의 동반성장을 끌어내는 동료와의 관계 형성법과 개인의 가치를 높이는 휴먼 네트워킹 방법을 알아보자.

2

회사 안 릴레이션십

개인과 조직의 동반성장을 원한다면
서로를 믿어주는 마음 '펠로우십'이 핵심이다.

사소하지만 강력한 신뢰

　새로운 게임을 출시하기 위해 게임 회사 기획팀과 개발팀이 뭉쳤다. 업계 최고의 인재들이었고, 예산도 충분했다. 하지만 프로젝트가 시작되고 얼마 후부터 문제가 발생했다. 기획팀장과 개발팀장은 본인 팀의 입장만 생각하며 회의 때마다 으르렁거렸고, 팀원들은 입을 꼭 다물었다. 팀장들의 팽팽한 기싸움에 피해를 볼까, 행여 나섰다가 과도한 업무가 배정될까, 혹시나 엉뚱한 이야기를 해서 본인의 전문성에 의심받을까 하는 걱정 때문이었다.

　예시와 같은 일은 자주 일어난다. 뛰어난 능력을 갖춘 사람들이 어떤 일을 함께 진행할 경우, 기대만큼의 시너지가 나지 않는 경우이다. '아폴로 신드롬'이라는 말이 있다. 뛰어난 인재가 모인 집단일수록 성과가 낮을 때 쓰는 말로, 경제학자 메리디스 벨빈이 〈팀이란 무엇인가〉라는 저서에서 처음 사용한 용어이다. 벨빈은 '인재 집단일수록 좋은 성과를 낼까?'라는 의문을 가지고 아폴로팀 25개를 만들어 실험을 진행했지만, 전반적으로 성과가 좋지 않았다고 한다. 이유는 무엇일까? 인재 집단일수록 서로 자신의 의견만을 주장하며 쓸데없는 논쟁을 벌이거나 눈치를 보며 의견을 말하지 않는 등 시간만 허비하는 위험 요소와 방해 요소가 존재해 결코 성과로 이어지지 않는다는 것이다[7].

대한상공회의소의 2018년 자료에 따르면 국내 매출액 상위 100대 기업 중 63개 사가 인재가 갖춰야 할 역량 1위로 '소통과 협력'을 뽑았다. 즉 개인의 성과나 능력도 중요하지만 신뢰를 기반으로 한 팀 활동을 강조하고 있다는 것이다[8].

하버드 비즈니스 리뷰에 따르면 직원들이 서로를 향한 동료애를 느끼고 표현할 수 있는 조직에 속한 사람들의 직무만족도와 기여도, 업무 성과에 대한 개인적 책임감이 더 높게 나타났다[9]. 이러한 현상을 '펠로우십(Fellowship)'이라 한다. 동료 간에 느끼는 애정, 관심, 신뢰를 뜻하는 말로 이것을 강화할 수 있는 방법은 다음과 같다.

공동의 목표 인식하기
조직과 회사에서 말하는 '신뢰'와 지인 간의 '신뢰'는 결이 다르다. 이는 목표의 유무 때문이다. 우리는 조직에서 친목을 도모하고자 모인 것이 아니다. 더 큰 성과를 만들기 위해 함께 모여 일하는 것이다. 즉 단순히 조직 구성원들끼리 친하다고 해서 '신뢰할 수 있는 조직'이라고 말할 수 없는 이유다. 조직 구성원 간 함께 모여 시너지를 창출하기 위해서는 공동의 목표를 명확하게 설정하는 것이 중요하다. 그리고 이것이 신뢰를 만드는 중요한 요소이다. 또한 모두가 함께하는 작업의 과정, 성과, 심지어 실패 경험에서도 구성원의 신뢰를 구축할 수 있다. 여기서 필요한 건 공동 작업의 가치를 인식하고 공유하는 것이다. 이 일이 어떤 의미가 있는지, 어떤 목적이 있는지, 결과를 통해 무엇이 바뀌고, 어떤 성과를 이뤘는지까지 투명하게 공개되고 또 공유되어야 한다.

소속 신호 강화하기

구글은 연구를 통해 고성과 팀의 특징으로 심리적 안전감을 강조했다. 사람은 누구나 자신의 의견과 욕구를 자유롭게 표현하고, 인정받고 싶어 한다. 하지만 비난받거나 무시당할 것이 두려워 주저하게 된다. 심리적 안전감이란 어떤 의견을 말해도 무시당하지 않고, 질책 및 징계당하지 않는 분위기를 조성하는 것을 의미한다[10]. 즉 자기 생각이나 질문을 자유롭게 이야기할 수 있는 조직 문화이다.

작가 대니얼 코일은 어떤 조직이 훌륭한 성과를 냈다면 그 이유는 단순히 그들이 똑똑해서가 아니라, 안정적인 상태이기 때문이라고 말하며 심리적 안전감을 강조했다[11]. 그렇다면 이 심리적 안전감은 어떻게 형성될 수 있을까? 일상생활에서 '우리는 한 팀이다'라는 사소하지만, 강력한 소속 신호를 주고받는 것이 중요하다. 고개를 끄덕이는 긍정의 신호, 밝은 표정, 관심을 묻는 안부 표현, 적극적인 경청 표현, 친밀한 인사, 감사 표현, 존칭, 사적인 교류, 신속하고 명확한 피드백에 이르기까지 방법은 다양하다.

여기서 주의할 것은 모든 행위가 한시적이면 안 된다는 것이다. 신뢰는 단기간에 쌓을 수 없기에, 당장 결과가 보이지 않더라도 꾸준한 노력과 관심이 필요하다. 문화를 만드는 주체는 회사일 수도, 상사일 수도, 개인일 수도 있으나, 모두가 문화를 바꾸고자 하는 노력이 없다면 신뢰 역시 만들어질 수 없다는 것을 명심해야 한다.

나와 동료의 '히든 욕구'에 집중할 때 진짜 관계가 형성된다

이영호 팀장은 새로 구성된 팀의 팀워크 향상을 위해 노력했다. 팀원들과 친해지기 위해 회식과 티 타임 등을 종종 제안했다. 이 팀장의 노력 덕분에 금세 마음을 열고 친해진 팀원들이 있었지만, 사내 익명 게시판에 "이영호 팀장의 관계 중심적인 성향이 비효율적이고 불편하다."라는 불만의 글이 올라왔다. 해당 게시글 밑에는 이영호 팀장을 옹호하는 입장도, 비판하는 댓글도 상당했다. 이영호 팀장은 본인의 노력은 알아주지 않고, 되려 불만을 느끼며 익명 게시글을 쓴 팀원이 이해되지 않았다.

사람은 다 다르다. 누구는 회식과 티 타임 등을 통해 유대감을 느끼는 사람이 있는가 하면, 반대로 이것에 불편함을 느끼는 사람도 있다. 따라서 조직 내 원활한 관계 형성을 통해 업무를 효과적으로 진행하고 싶다면 유형에 따라 다르게 접근하려는 노력이 필요하다. 이때 주목해야 할 것이 바로 '동료의 욕구'이다.

우리는 모두 욕구를 가지고 있다. 매슬로의 인간 욕구 5단계 이론

(Maslow's hierarchy of needs) 중 네 번째 욕구인 '자기 존중의 욕구'에는 '인정 욕구'라는 것이 존재한다. 이는 모든 사람이 존중·인정받고자 하는 욕구로, 조직에서 가치 있는 존재가 되고자 하는 인간의 전형적인 욕구로 의미를 풀이할 수 있다.

특히 직장 내에서는 인정받고자 하는 욕구가 강하게 나타난다. 한 번쯤 그런 경험이 있을 것이다. 종일 힘들었던 하루, 퇴근길에 "오늘 정말 고생 많았어. 어려운 일인데 혼자서도 잘 해결하고~ 대단해."라는 동료의 진심 어린 말 한마디에 그날의 피로가 눈 녹듯이 사라졌던 경우 말이다. 해당 욕구는 '성장 동기'에 직접적인 영향을 끼치게 된다. 이는 일반적이고 공통적인 욕구다. 하지만 사람은 모두 다르듯이 각자의 성향에 따라 '히든 욕구'가 존재한다. 즉 듣고 싶은 말, 받고 싶은 대우가 다 다를 수 있다는 뜻이다. 바로 이 히든 욕구를 알아야 제대로 갖추어진 '진짜 관계'를 폭넓게 구성할 수 있다. 동료의 히든 욕구를 파악할 수 있는 방법은 다양하다. MBTI 성향 분석이 그 대표적인 예이다. DISC성격 유형 분석, TA교류 분석 등을 통해서도 무료로 개인 및 동료의 욕구를 기반으로 한 성향을 이해해 볼 수 있다.

본 책에서는 대표적인 성향 분석 해석을 토대로 직장에서 주로 볼 수 있는 동료 유형을 관계중시형, 인플루언서형, 전문가형, 성과중시형의 4가지로 구분하였다. 그들의 히든 욕구를 이해하고, 적절한 관계 형성 방법을 알아보자.

1. 관계중시형

- 특징: 동료와의 관계, 팀워크를 중요하게 여기는 유형이다. 팀 내 관계 갈등이 생기는 것을 극도로 싫어한다. 좋은 사람으로 인식되고 싶어 하므로 잘 들어주고, 협력하는 모습을 보인다. 팀을 위해 헌신하거나 팀원들의 감정을 잘 살피며 배려하는 것이 특징이다. 변화에 잘 적응하지 못하고, 불필요할 정도로 주변 동료들의 눈치를 보거나 수동적인 모습이 아쉽다. 스트레스 상황에서는 주로 체념하고 사람들의 의견을 따르는 경향이 강하다.

- 히든 욕구: 동료와 좋은 관계를 유지하고 싶다. 좋은 사람으로 인식되고 싶다.

- 관계 형성 방법: 관계 중시 유형을 배려, 존중해 주는 편안한 분위기를 조성해 주는 것이 중요하다. 특히 관계 중시 유형이 팀을 위해 묵묵히 수고하고 있음을 인정해 주면 좋다. 관계 중시 유형의 사적인 안부에 관심을 가지고, 칭찬과 격려를 아끼지 않는다.

2. 인플루언서형

- 특징: 유머러스하고 긍정적인 모습으로 밝은 분위기를 이끌어가는 유형이다. 새롭고 창의적인 일을 선호하며 업무 시 인적 네트워크를 활용하여 효율적으로 일한다. 하지만 시간관념이 희박하고 마음 내키는 대로 일하기도 한다. 스트레스 상황에서는 공격적이거나 지나치게 감정적으로 대응한다.

- 히든 욕구: 주목받고 싶다. 새로운 활동을 하고 싶다.

- 관계 형성 방법: 인플루언서형의 색다른 의견을 인정하고 지지해 주는 태도가 중요하다. 열정적인 에너지가 팀워크에 많은 도움이 되고 있다는 것을 인정해 주는 것도 좋다. 또한 다양하고 새로운 업무에 도전할 수 있는 환경을 조성해 주는 것도 좋다. 원리 원칙보다는 자유로운 조직 문화를 형성할 수 있도록 해주는 것이 도움이 된다. 또한 개인적으로 경조사를 챙기고, 늘 관심사를 나누고 소통해 인플루언

서형의 욕구 실현과 능력을 극대화할 수 있도록 유도할 수 있다.

3. 전문가형

- **특징**: 조직에서 믿을 수 있고 꼭 필요한 존재로 인정받고 싶어 한다. 분석적이며 객관적 근거를 중시하는 특징이 있으며, 대부분 정확하고 실수가 없으며 신중한 태도를 보인다. 다만 스트레스 상황에서는 그 상황을 회피하거나 미루는 경향이 있다. 과정과 절차를 중요하게 생각하고, 객관적 사실과 데이터에 집중해 창의적이거나 급격한 변화 및 상황에 아이디어나 대처 능력이 부족한 상황이 발생하기도 한다.

- **히든 욕구**: 실수 없이 완벽하게 처리하고 싶다. 전문가로 인정받고 싶다.

- **관계 형성 방법**: 전문가형과 관계를 형성하기 위해서는 개인적 관계보다 업무로 신뢰적 관계를 먼저 쌓는 것을 추천한다. 친해지기 위해 섣불리 개인적인 이야기를 한다든가 본인의 사생활을 공유할 경우 부담스러워할 수 있다. 격식에 맞춘 예의 바른 태도로 사실 중심적 대화를 통해 업무적으로 신뢰할 수 있는 모습을 보여주는 것이 좋다.

4. 성과중시형

- **특징**: 성과중시형은 타고난 리더형으로 동료들을 잘 이끌어 목표에 도달하는 데 긍정적인 영향력을 발휘할 수 있다. 빠른 의사결정과 추진력으로 성과를 만들어낸다. 다만 스트레스 상황에서는 리더십이 독재로 바뀌어 강압적이고 권위적인 모습을 보이며, 원하는 결과물을 위해 수단과 방법을 가리지 않는 부분이 단점으로 꼽힌다.

- **히든 욕구**: 리더가 되고 싶다. 경쟁에서 이기고 싶다.

- **관계 형성 방법**: 성과중시형을 대할 땐 업무 중심으로 본론, 결론 위주로 간결하게

대화한다. 시간의 효율성을 중시하므로 개인적인 친목 도모의 시간은 최소화하는 것이 좋다. 또한 자존심을 건드리거나 공격적인 언행은 조심해야 한다. 성과중시형이 책임감을 느끼며 리더십을 발휘할 수 있는 환경을 만들어주는 것이 중요하다.

내 동료의 히든 욕구가 무엇인지 정확히 알기는 어렵다. 그러나 서로가 기대하는 바를 이해하고 맞춰간다면 적절한 관계 형성은 가능해진다. 그렇게 만들어진 펠로우십은 개인의 욕구와 조직의 목표를 효과적으로 달성할 수 있도록 만드는 원동력이 될 것이다.

시너지를 창출하는 업무 협업 노하우

홍보팀 김솔지 프로는 신제품 브랜딩과 관련하여 입사 동기인 개발팀 이초희 프로에게 조심스럽게 협업을 요청했다. 평소에 동기애가 강한 이초희 프로이기 때문에 동기 부탁을 기꺼이 들어줄 것 같았기 때문이다. 하지만 이초희 프로는 바쁘다는 핑계로 단번에 거절했다. 김솔지 프로는 이초희 프로에 대한 배신감에 향후 이초희 프로가 협업을 요청하면 절대 도와주지 않을 것이라고 다짐했다.

조직 내 구성원은 나를 포함해 모두 바쁘다는 것을 잊지 말자. 각자의 역할과 책임이 존재하기 때문에 아무리 동기애가 강한 이초희 프로라도 협업 요청을 쉽게 들어줄 순 없다. 본인의 업무가 쌓여있고, 본인 부서도 바빠서 정신없는 와중에 타 부서의 업무 협조에 흔쾌히 도움을 줄 수 있는 사람은 없다. 이는 협업을 요청하는 당사자 입장에서도 심리적인 부담을 느끼게 된다. '도움을 요청하는 것이 민폐는 아닐까.', '내가 나중에 은혜를 갚을 방법이 있을까?', '경쟁자에게 도움을 요청하는 것이 옳은 일인가?' 하는 것들이다.

협업 문화가 제대로 정착되지 못한 조직도 상당하다. 'SSKK'라는 줄임 말이 있다. '시키면 시키는 대로 까라면 까라는 대로'의 상명하복 문화를 의미하는 직장인 은어이다. 실제로 지금, 이 순간에도 일부 조직에선 잘못된 업무 협조 방식으로 불만을 느끼는 사람들이 있다.

그렇다면 올바른 협업 방법은 무엇일까?

1. 명확한 역할과 책임 부여

지원 요청 시 올바른 업무지원 프로세스가 필요하다. 각자가 해야 할 업무, 책임져야 할 기준, 언제까지 완료해야 하는지 등의 역할과 책임, 일정을 명확하게 명시해야 한다. 거절하는 입장에서도 불필요한 오해를 피하기 위해선 명확한 거절 사유를 밝히는 것이 좋다. 또한 협업 요청이 거절되었다는 것에 대해 감정적으로 반응하지 않을 수 있어야 한다.

2. 팀 리더를 통한 공식적인 협조 요청

협업 요청 시 팀원 개인보다는 해당 팀의 리더에게 공식적으로 요청하는 것을 추천한다. 팀 리더 대 리더의 입장에서 팀 내 업무에 무리를 주지 않는 선에서 협업이 이뤄질 수 있도록 조율하는 것이 중요하다. 각 리더들은 협업의 목적이 개인, 부서의 이익이 아닌 조직의 이익이라는 점을 명심하여 유연하게 소통해야 한다.

3. 도움을 주고받는 조직 문화

서로 간의 신뢰를 바탕으로 도움을 주고받는 것이 익숙한 조직 문화가 만들어져야 한다. 누구나 기꺼이 도우려 하고, 도움을 요청할 수 있는 문화는 '대화'에서부터 시작할 수 있다. 예를 들어 "힘든 부분이 있나요?", "제가 뭘 도와드릴까요?", "언제든 도움이 필요하면 말하세요." 등이다. 또한 서로가 감사함을 표현하고, 도움 덕분에 좋은 성과가 만들어졌을 때 그 성과가 아니라 도움을 주고받은 그 문화 자체를 축하하는 환경 조성이 필요하다.

혹자는 'TEAM'이라는 단어를 Together Everyone Achieves More로 풀이한다. '서로가 함께할 때 더 큰 성과를 만들어내는 것이 팀'이라는 뜻이다. 하지만 단순히 함께한다고 해서 성과가 달성되지 않는다. 찰스 다윈은 "인류(동물)의 긴 역사에서 가장 효과적으로 협력하고 임기응변하는 것을 배운 자들이 결국에 우세했다."라고 말했다. 때때로 많은 업적이 위대한 단 한 명의 능력으로 이뤄진 것 같지만, 숨겨진 수많은 동료가 함께한다는 것을 잊지 말아야 한다.

3

회사 밖 릴레이션십

일 잘하는 워커가 되고 싶다면
'인맥' 말고 '휴먼 네트워킹'을 확장해야 한다.

회사 밖 릴레이션십이 중요한 이유

투자의 귀재 워런 버핏은 성공 요인으로 비즈니스 파트너를 강조한다. "내 주위에는 항상 결정적인 도움을 준 파트너들이 있었다."라고 말한다. 결정적인 순간에 문제를 해결하고 도움을 준 휴먼 네트워킹이 있었기 때문에 성공할 수 있었다는 것이다. 휴먼 네트워킹은 단순히 인맥만을 의미하지 않는다. 교류를 통해 정보를 공유하고, 활용하고, 함께 가치를 키우는 협력적 상생 관계이다. 그리고 이 관계는 회사 내에 국한된 것이 아니다.

회사 밖 관계 역시 못지않게 중요하다. 잡코리아 설문조사에 따르면 '현재 인맥 관리 중'이라고 답한 사람 중 46.9%는 온오프라인으로 회사 밖 지인에게 업무요청을 한 적이 있다고 답했고, 업무상 도움을 받은 적이 있다는 응답자도 63.2%에 달했다. 이럴 경우 응답자들은 대부분 도움을 받았거나(90.1%) 도움을 주었다(86.8%)고 답했다.[12]

사회학자 마크 그라노베터는 이직이나 새로운 아이디어를 얻는 기회는 잘 알고 자주 보는 사람보다 그렇지 않은 사람으로부터가 더 높다고 주장했다. 이것이 '약한 연대(Weak Tie)의 힘'이다. 당신과 접점이 많지 않을수록 도움을 받고, 줄 일이 많아질 것이다. 물론 이런 행동이 귀찮다거나, 불필요하다고 말하는 사람도 있을 것이다. 하지만 기억해야 한다. 당신이 지금 집에서 홀로 편히 쉬고 있는 동안에도 누군가는 밖에서 새로운 사람과 교류하며 자신의 기회를 확장하고 있다는 사실을 말이다.

새로운 기회 창출

외부에서 새로운 사람과 교류하는 것은 성장의 기회를 넓혀준다. 다양한 시각을 가진 사람들, 완전히 다른 업계에 있는 사람들이 본인조차도 알지 못했던 재능을 알아보는 경우도 있다. 당신이 회사에 있을 때는 노사라는 관계, 직급에 따른 위계질서, 회사에서 요구하는 무언가 등에 따라 제약이 있지만, 외부에선 그러한 제약이 적용되지 않아, 스스로를 온전히 드러낼 수 있다. 당신이 준비되어 있고, 매력적인 인물이라면 전혀 예상하지 못하는 기회가 생기기도 한다.

업무 전문가로서의 가치 상승

회사 밖 휴먼 네트워킹이 단순히 '새로운' 기회만 창출하는 것은 아니다. 최근엔 전혀 상관없을 것 같은 회사끼리도 협업하고, 시너지를 내는 경우가 많다. 당신이 만난 낯선 사람이 회사 업무와 관련된 전문가라면 조언을 구하고, 기술을 배워 능력을 높일 수 있을 것이며, 다른 업계 종사자라도 다양한 의견을 수렴하고, 협업을 통해 스스로의 가치를 높일 수 있다.

휴먼 네트워킹의 핵심은 누구를 아는가이다

"이석호 프로님 안녕하세요, 김지수입니다. 어제 모임 잘 다녀오셨어요? 전 어제 회사에 급한 일이 있어서 모임을 못 갔어요~ 연락을 드린 건 다름이 아니라 저희 회사에서 플래그십 스토어를 런칭하는데요, 숍인숍(Shop-In-Shop)형태로 기획 중이거든요. 프로님께서 지난번에 말씀하신 ○○ 제품과 저희 스토어 콘셉트가 잘 맞을 것 같아서 협업 제안 차 연락을 드렸어요."

취미 모임에서 관계를 맺은 두 사람은 이후 협업 프로젝트로 좋은 성과를 내어 각자 회사에서 인정을 받게 되었다. 최근 기업 간 제휴, 산업 분야를 뛰어넘는 제휴가 많아지고 있다. 4차 산업혁명으로 전통 산업 간의 경계가 허물어지고, 다양한 이종 사업이 연계된 융합형 비즈니스가 등장하면서 기업 간 시너지 창출의 기회가 많아졌다. 2023년 삼성전자 이재용 회장과 현대자동차그룹 정의선 회장이 미래 모빌리티 협력을 위해 뭉쳤다. 삼성전자는 현대자동차의 차량에 프리미엄 인포테인먼트(IVI)용 프로세서인 '엑시노스 오토 V920'을 공급한다고 밝혔다[13].

부즈 앨런 앤 해밀턴에 따르면 1987년부터 10년간 전 세계적으로 기업 간 제휴가 매년 25%P씩 증가했다. 특히 요즘 같은 불황기에는 필요한 역량과 자원을 독자적으로 확보하는 것보다 투자의 과실과 함께 리스크도 나누는 전략적 제휴가 더욱 매력적인 옵션이 된다고 밝혔다. 서로 '적'으로 여기던 경쟁사끼리의 협업, 다자 간 협업, 개방형 혁신과 같은 대단위 협업 사례도 심심치 않게 나타난다. 그리고 이런 기업 간 협업은 필연적으로 사람 간 협업으로 시작된다. 회사 밖 휴먼 네트워크가 기업 간 협업의 구심점이 되는 것이다. 회사 밖 관계 관리가 중요한 이유이기도 하다.

그리고 이러한 회사 밖 휴먼 네트워크의 핵심은 '얼마나 많은 사람을 아는지'가 아니라 '누구를 아는지'이다. 유대인 경전 '탈무드'에는 늑대와 함께 살면 으르렁거리는 소리밖에 배우지 못한다고 했으며, 반대로 훌륭한 사람과 만나면 항상 본받을 만한 말과 행동을 보고 들어 훌륭한 사람이 될 수 있다고 적혀있다.

미국 심리학자인 데이비드 맥크릴랜드는 통상적으로 함께하는 사람이 우리의 성공이나 실패의 95%까지 결정짓는다고 지적했다. 5년간 233명의 부자들을 인터뷰해 습관을 조사한 톰 콜리 역시 부자들의 공통된 습관 중 가장 중요하면서도 가장 간과되는 것이 부자들이 가치 있는 인간관계를 맺는 데 많은 공을 기울인다는 점이라고 소개했다[14].

독이 되는 사람을 멀리하고, 재능이 많은 사람, 닮고 싶은 부분이 있는 사람, 문제를 함께 고민하고 해결할 수 있는 사람들과 교류하도록 신경 써야 한다.

다음 질문을 통해 당신의 휴먼 네트워킹을 확인해 보기를 바란다.

- 당신의 업무에 도움이 되는 사람을 얼마나 알고 있는가?
- 당신의 업무 환경에 도움이 되는 사람은 누구인가?
- 당신이 어려울 때 도움을 주고, 올바른 길로 인도할 사람은 누가 있는가?

하나라도 충족되지 않았다면 당신은 집중해야 한다. 현대 경쟁 사회에서 많은 사람은 인정받고 대우받기 위해 스펙을 쌓는다. 하지만 이것으로는 부족하다. 주변 지인을 활용하고, 문제가 생겼을 때 도움을 받을 수 있는 휴먼 네트워킹 역시 워커의 '능력'이다. 누구든 혼자의 힘으로 성공하기란 어렵다. 누구나 알 만한 위대한 사람들도 결정적인 순간에는 누군가에게 도움을 받고, 이를 통해서 최고의 자리에 오를 수 있었다. 세계 최고의 부자였던 빌 게이츠에게도 워런 버핏이 있었고, 플라톤 옆에는 소크라테스가 있었다.

밀레니얼 세대를 위한 휴먼 네트워킹 방법

잡코리아와 알바몬이 MZ세대 915명을 대상으로 설문 조사를 실시하였다. 그 결과, '주기적인 인맥 관리가 필요할까?'라는 질문에 78.3%가 '그렇다'고 답했지만, '주기적으로 인맥을 관리하고 새로운 사람과 만남을 갖는가?'라는 질문에 '그렇다'고 답한 응답자는 23.3%에 불과했다[15]. 해당 조사는 많은 사람이 인맥 관리의 필요성을 느낌에도 관계 형성에 따른 피로감과 부담감으로 어려워하고 있다는 것을 보여준다. 즉 관계는 필요하지만 혼자 있고 싶다고 외치는 MZ세대는 온라인을 통해 '느슨한 관계'를 형성한다. 최근 '문토', '트레바리', '남의집'처럼 SNS로 인맥을 찾아 나서는 이른바 '소셜 디스커버리(Social Discovery)'와 같은 취향 공유 플랫폼이 인기다. 젊은 층 사이에서 개인주의 성향이 강해지면서 동시에 외로움을 느끼는 사람도 많아졌는데, 이들이 피로와 부담이 적은 취향 모임을 통해 결핍을 채우려 한다는 분석이다[16]. 하지만 이런 관계 형성이 우려되는 점도 있다. 요즘 관계의 특징은 '짧고 굵게', 쉽게 만나고 헤어지는 휘발성이라는 것이다. 담배를 태우며 친해진 사람은 담뱃불을 끄면 곧장 남이 되고, 술을 마시면서 친해진 사람은 술이 깨면 곧장 남이 된다는 말이 있다. 일회성으로 끝나는 관계가 아닌 오랫동안 지속되어 서로의 발전에 도움이 될 수 있는 '진짜 관계' 휴먼 네트워킹이 되어야 한다.

그렇다면 지속적인 휴먼 네트워킹은 어떻게 구축할 수 있을까?

자원이 아닌 사람을 보자.
사람과 사람 사이의 상호 관계에서 중요한 기준은 '이익'이 아니다. 이익으로 관계를 판단하는 사람들의 특징은 늘 Give & Take에 집착한다는 것이다. 내가 주는 도움에 비해 받는 것이 더 작다고 느끼는 것과 같은 생각에 집착한다면 온전한 관계가 만들어질 수 없다. 그 어떤 이도 단순 이익을 위해 접근하는 사람에게 호의적이지 않다. 오히려 조건 없이 주고, 받은 것보다 더 많이 주고, 준 것을 잊어버리는 것이 좋다. 사람이 재산이라는 말이 있다. 이는 그 사람이 내게 '무엇을 주느냐'를 뜻하는 게 아니다.

지속해서 접촉하고, 관심을 표해라.
자주 연락하는 것은 중요하다. 그 사람을 기억하고 있고, 관심을 표현하는 방법이기 때문이다. 생일에는 작은 선물을 보내고, 경조사에 참여하며, 가끔은 이유 없이 연락하여 안부를 물어볼 때 진짜 관계는 형성된다.

할 수 있다면 도움을 줘라.

터무니없는 요청이 아니라면 당신이 할 수 있는 최대한의 도움을 주는 것이 좋다. 도움을 줬다는 기억으로도 몇 년을 연락한 것처럼 끈끈한 관계를 유지할 수 있다. 하지만 여기서 무언가를 바라는 식의 도움은 오히려 역효과를 낼 수 있다는 것을 인지하고 조심해야 한다.

커넥터로 네트워크의 주체가 돼라.

커넥터는 작가 말콤 글래드웰이 저서 〈The tipping point〉에서 처음 사용한 단어로, 다양한 분야에 걸쳐 휴먼 네트워킹을 형성한 사람, 그리고 소개를 통해 사람과 사람을 연결해 주는 것을 즐기는 네트워킹 주체를 말한다. 이는 단순히 사람을 많이 접촉하고 아는 것에서 그치는 것이 아니라 능력 있는 사람들을 만나고, 또 다른 사람 사이에서 서로 이익을 줄 수 있는 연결 고리를 찾아야 하며, 또 모두가 함께 관계를 공고히 하는 것을 의미한다. 아는 사람을 관리하는 일, 즉 관계가 서로 연결되는 것은 강력한 힘을 부여한다. 영향력은 명확해지고, 계속해서 강해지는 특성을 가진다.

함께 일하고 싶은 사람이 돼라.

당신이 훌륭한 사람과 관계를 맺고 싶어 하는 것처럼, 당신 역시 관계를 맺고 싶은 사람이 되어야 한다. 고민해 보기를 바란다. 당신은 어떤 사람인가? 함께 일하고 싶은 사람인가? 인성과 실력을 겸비한 전문가가 되어야 한다. 아무리 훌륭한 사람을 알지라도 내가 훌륭하지 않으면 큰 의미가 없다는 말을 기억하자. 또한 그릇된 태도로 일관해 불필요한 적을 만들어서는 안 된다. 친구는 성공을 가져오지만, 적은 늘 위기를 가져오고 겨우

쌓은 성공을 무너뜨리는 걸림돌이 된다. 10명의 친구가 있어도 한 명의 적을 이기긴 어렵다. 쓸데없이 남을 비난하는 버릇, 적을 만드는 버릇은 늘 조심해야 한다.

더 많은 기회를 연결하는 온라인 퍼스널 브랜딩

화장품 제조 업체에 근무하던 워킹맘 지혜연 프로는 육아로 인해 어쩔 수 없이 퇴사를 하게 되었다. 그동안의 경력이 한순간에 단절되는 아쉬운 마음에 SNS 계정 하나를 만들었다. 그리고 자신의 노하우를 살려 화장품 브랜드 특 & 장점 비교, 홈케어 방법 등 다양한 정보를 올리고, 팔로워들과 소통하며 본인의 계정을 키워나갔다. 어느 순간 홈케어 뷰티 인플루언서로 성장하게 되었고, 자체 제품 개발은 물론 브랜드 마케팅 등 강연, 출판 제안까지 들어왔다.

경제 유튜버 '슈카', 뷰티 크리에이터 '레오제이', 여행 유튜버 '빠니보틀' 등 한 번쯤은 이름을 들어본 인플루언서들이다. 최근에는 온라인을 통해 본인의 전문성, 관심 분야, 라이프 스타일 등의 다양한 콘텐츠로 누구나 전문가, 인플루언서가 될 수 있는 시대에 살고 있다. 더 많은 사람을 만나고 그 안에서 다양한 기회를 잡을 수 있는 온라인 퍼스널 브랜딩의 방법을 소개한다.

첫째, 플랫폼 선정하기

당신이 일잘러로 인정받고 싶은 분야의 사람들이 주로 어느 플랫폼(블로그, 유튜브, 인스타그램 등)에서 활발히 활동하는지를 분석한다. 또한 어디에서 검색될 때 유리한지 고민해야 한다. 인스타그램에서 사진/숏폼으로 검색되거나 유튜브에서 영상으로 검색되게 하는 것, 블로그 등에서 긴 글 형태로 검색되게 하는 것 등을 선택하여 플랫폼을 선정한다.

둘째, 해시태그 정하기

온라인에서 뭔가 필요하면 검색을 해보는 것처럼 무엇을 검색했을 때 당신을 찾을 수 있게 할 것인가를 거꾸로 생각하면 해시태그를 정하는 데 도움이 된다.

해시태그를 선정하는 기준은 다음과 같다.

- 브랜드 해시태그: 당신을 잘 표현할 수 있는 키워드(예: #마케팅전문가, #세일즈맨 #기업교육강사)

- 캐주얼 해시태그: 내 계정에 들어오는 사람들이 좋아할 만한 키워드(예: #마케팅노하우 #세일즈꿀팁 #워커십)

- 커스텀 해시태그: 세상에 하나밖에 없는 차별화된 키워드로 이 해시태그 자체가 당신만의 커뮤니티, 포트폴리오가 된다.(예: #잘가르치는쇼호스트 #연구원출신화장품컨설턴트 #단발머리대통령)

셋째, 콘텐츠 정하기

온라인 플랫폼에 글 하나 작성했다고 브랜드가 되는 것은 결코 아니다. 브랜드의 힘을 키우는 것은 콘텐츠이다. 해당 분야 전문가로서 정보 또는 노하우를 소개하는 내용, 활동 내역, 수상 내역, 자기개발을 하는 과정 등의 콘텐츠로 당신의 퍼스널 브랜드를 쌓아가야 한다.

넷째, 꾸준히 기록하기

마지막 단계는 신뢰할 수 있는 브랜드를 만드는 것이다. 온라인상에서의 신뢰는 꾸준히 기록함으로 쌓인다. 마케팅 용어에 노출 효과라는 것이 있다. 단순히 노출되는 횟수가 많아질수록 그 대상에 대한 호감이 증가하는 현상을 말한다. 처음에는 열심히 콘텐츠를 올려도 사람들의 반응이 없을 것이다. 하지만 매번 꾸준히 유익한 콘텐츠를 올리는 모습이 반복되다 보면 사람들은 당신에게 호감이 생기고 해당 분야의 전문가로 신뢰하기 시작한다.

미국 스탠퍼드 연구소에서는 개인이 버는 돈의 약 12.5%는 자신의 지식에서 나오고, 나머지 87.5%는 타인과의 관계에서 나온다는 연구를 발표한 적이 있다[17]. 여기서 의미하는 타인과의 관계는 일시적이거나, 단기간 안에 형성될 수 있는 것이 아니다. 흔히 휴먼 네트워킹을 구축하는 과정을 농사에 비유한다. 누군가와 연결된다는 것은 오랜 시간에 걸쳐 관계와 우정을 일궈나가야 한다는 것이다. 짧은 시간에는 원하는 결과를 얻지 못할 수도 있다. 씨를 뿌리고 농사하는 마음으로 네트워킹을 구축하다 보면 언젠가는 결실을 볼 수 있을 것이다. 다른 사람들이 신뢰할 수 있는 사람이 되고, 아는 사람들이 무수한 기회를 가져다주게 될 것이다.

4
일 잘하는 워커의 공통점

성공 확률은 높이고, 실패 확률은 낮추는
최고의 경쟁력은 릴레이션십이다.

더욱이 견고해지는 그들만의 리그

　경제적으로 부유한 선진국에서 활동하는 보험 설계사들은 자신의 고객을 자녀들에게 상속해 주는 문화가 있다고 한다. 특별한 일이 없는 이상, 확보된 고객들은 계속해서 보험료를 지불할 것이기 때문이다. 확실하게 관계를 다진 고객을 관리하는 것으로 본인은 물론, 자녀까지 대대로 먹고 살 수 있다는 것은 대단한 가치의 상속 재산이지 않을 수 없다.

　이뿐만이 아니다. 실제 뉴욕 센트럴파크에 위치한 최고급 아파트에는 미국 1% 최상류층 부자들의 거주지이며, 동시에 사교의 장으로 알려져 있다. 이곳에는 타이거 우즈, 스티븐 스필버그 등 이름만 대도 알 만한 저명인사와 미국의 최고 부자들이 정보와 의견을 공유하는 그들만의 리그를 형성하고 있다. 이는 우리나라 역시 마찬가지다. 회원만 사용할 수 있는 클럽, 호텔, 리조트 등은 1억 원이 넘는 회원권을 분양하고, 사적인 공간을 만든다. 사교클럽의 회원권이 곧 상류층의 증표이다. 이런 클럽 내 관계는 또 다른 기회 및 성공을 만든다. 부자들은 자신들만의 공고한 카르텔, 즉 '하이 소사이어티 네트워킹'을 형성한다. 진짜 재산은 숫자가 아니라 이런 인적 자산을 통해 만들어진다.

누군가 각자도생을 외치고 있는 지금 이 순간에도, 기득권이라 불리는 '그들만의 리그', '그들만의 릴레이션십'은 더욱 강화되고 있다. 네트워크 사회에서 원만한 대인관계, 관계 관리 능력은 사회생활의 기본이다. 세상은 계속 치열해지고 있기에 혼자 일해서는 따라갈 수 없다. 단 한 사람이 사고하고, 판단하고, 결정하고, 결과를 내는 시대는 끝났다. 현시대에서 성공을 가르는 기준은 우수한 릴레이션십을 통해 정보를 주고받고, 가치를 형성해 다양한 기회를 창출해 나가는 것으로 결정된다.

관계를 활용하고, 확장하지 않으면 결국 도태될 수밖에 없다. 비대면 시대의 활성화는 관계의 단절을 불러일으킨다. 즉 당신이 의도적으로 노력하지 않으면 관계는 만들어질 수 없다는 뜻이다. SNS에서 안부를 주고받는 관계는 지속 가능한 진짜 관계가 될 수 없다는 점을 꼭 명심하자.

성공 확률은 높이고, 실패 확률은 낮추는 최고의 경쟁력 '릴레이션십'

예술계에서 가장 우상시되는 화가 빈센트 반 고흐의 〈초상화〉, 〈별이 빛나는 밤〉과 파블로 피카소의 〈기타 치는 노인〉, 〈게르니카〉의 차이를 아는가? 살아생전 반 고흐는 땡전 한 푼 없이 죽었지만, 피카소의 자산은 1973년 그의 사망 당시 7억 5천만 달러로 추정된다. 반 고흐는 사람들에게 호의적이지 못했다. 그는 폴 고갱과의 언쟁 끝에 귀를 잘라내기도 했다. 반 고흐는 가장 가까운 사람들과의 관계를 유지하는 것조차 힘들어했다. 한편 피카소는 '인간 자석'으로 불렸다. 훌륭한 관계 기술로 조직의 중심점이자 '커넥터'였다. 예술가, 작가, 정치가를 포함한 광범위한 사회적 네트워크로 대중에게 사랑을 받는 성공적인 예술가로서의 삶을 살았다[18].

"타인과 가장 잘 협력할 수 있는 사람이 최대의 성공을 거두게 된다."
- 앤드류 카네기

　　IQ(지능 발달 지수), EQ(감성 지능)처럼 NQ의 중요성이 커지고 있다. NQ는 Network Quotient의 약자로 '공존지수' 또는 '인맥지수'라고 한다. 사람들과 더불어 잘 살아갈 수 있는 능력을 측정하는 지수이자, 원만한 의사소통 능력을 포함한다. 미국 카네기 멜런 대학에서 성공한 사람들 1만 명을 대상으로 그 비결을 물어보자, 우리가 그토록 중요하게 생각하는 '지적 재능, 능력'은 고작 15%였고, 나머지 85%가 '인간관계'라고 답했다. 그뿐만이 아니다. 과거 삼성경제연구소에서 CEO 413명을 대상으로 '나를 키운 고사성어가 무엇인가?'라는 설문조사를 했는데 1위로 순망치한(脣亡齒寒)이 선정됐다고 한다. '입술이 없으면 이가 시리다'는 고사성어의 뜻처럼 자신이 성장할 수 있었던 큰 힘은 자신과 관계를 맺고 있는 소중한 인연들이 있었기에 가능했다는 의미이다[19]. 마이크로소프트의 성공에는 빌게이츠의 기술을 상품화하여 널리 알려준 소중한 인연, 스티븐 발머를 빼놓을 수 없다. 위대한 성공의 내면에는 이들과 같은 '관계의 힘'이 숨어 있다.

관계는 당신이 보지 못했던 능력을 끌어내 주고, 빠른 성장을 돕는 것은 물론 실패확률과 시행착오를 줄여준다. 일 잘하는 워커는 관계를 활용해 2% 부족한 본인의 역량과 정보력을 채워 차별화된 성과를 만들어낸다. 아무리 뛰어난 능력을 갖춘 개인이라도 힘을 합쳐 서로를 보완해 주며 시너지를 내는 집단을 이길 수는 없다.

조직 내에서도 '관계'는 중요하다. 잡코리아에서 직장인 1,056명을 대상으로 함께 일하고 싶은 동료의 유형을 조사해 본 결과, '인성이 좋고 협력이 잘되는 동료'를 1등으로 꼽았다. MZ세대가 많은 요즘 직장에서는 직원들의 단합과 융화가 특히 강조되고 있다. 이에 상호 협력이 잘되는 동료와 함께 일하고 싶어 하는 직장인들이 상대적으로 많이 나타난 것으로 보인다[20]. 조직 내 관계는 개인과 조직 모두에게 성과의 차이를 만들고 영향력을 강화하며 목표를 이루는 속도에 변화를 가져다준다.

유유상종(類類相從), 근묵자흑 근주자적(近墨者黑 近朱者赤) 등 주변 사람들과 관계의 중요성은 오랜 과거에서부터 강조되어 왔다. 뉴노멀 시대 성공을 꿈꾸는 워커라면 회사 안팎으로 관계의 중요성을 이해하고, 올바른 관계를 형성하기 위해 노력해야 한다. 레이먼드 조는 〈관계의 힘〉에서 '관계란 자신이 한 만큼 돌아오는 것'이라고 했다. 가치 있는 사람을 주위에 두고, 스스로가 가치 있는 사람이 되기 위해 노력해야 하며, 관계하는 사람과 서로에게 도움이 되는 만남을 주기적으로 주선해야 한다.

관계는 일회성이 아니라 지속성이다. 좋은 관계의 지속은 성공 확률을 높이고, 실패 확률을 줄이며 풍부한 기회를 제공한다. 취직하기 위해, 스펙을 쌓기 위해, 성장하기 위해 노력했던 것처럼, 회사 안팎으로 '인적 자산'을 늘리는 데 집중한다면, 당신에겐 엄청난 성공의 기회가 펼쳐질 것이다.

MILLENNIAL 워커십

6장

밀레니얼 워커의
성장을 위한 조직몰입

발전적인 밀레니얼 워커가 되고 싶은 직장인, 조직몰입을 통해 성장을 경험해야 한다. 조직 성과와 워커의 성장은 조직뿐만 아니라 개인의 성공에도 영향을 미친다는 점을 인지하고, 자신의 성장을 위해서는 조직 경험이 중요하다는 것을 알아야 한다.

1

MZ세대 A씨는
왜 1년 이상 회사를 다니지 못할까?

갈수록 빨라지는 직장인들의 퇴사,
무엇이 문제일까?

요즘 직장인들이 조직을 떠나는 이유

"이 회사는 안정적이긴 한데, 저랑은 좀 안 맞는 것 같아요."

밀레니얼 워커를 위한 조직몰입에 대해 알아보던 중 소위 잘나간다는 회사에 다니는 직장인 세 명의 이야기를 들어보았다. 그런데 이 세 사람이 현재 재직 중인 회사에서 퇴사한다고 한다. 그들에게 물었다. "예? 그 회사에서 퇴사한다고요? 왜요?"라고, 직장인이 생각하는 꿈의 직장이란 무엇인가? 연봉을 많이 지급하는 회사, 정년이 보장되는 안정적인 회사, 복리후생이 좋은 회사 등 각자가 생각하는 기준은 다르겠지만 오늘 만나본 이 세 사람은 이런 말을 했다.

A씨: "저는 공기업 취업 준비 4년 해놓고 4개월 만에 퇴사했습니다."
B씨: "공공기관 퇴사하고 사기업으로 이직합니다."
C씨: "대기업 다니는데 퇴사 후 공기업 준비합니다."

왜일까? 이들은 퇴사 사유로 이와 같은 말을 했다. A씨는 수동적인 직장생활보다는 능동적으로 일하고 싶다고 이야기하였고, B씨는 자기 발전을 좋아하는 성격이기에 안정적인 직장보다는 다양한 것을 경험해 보고 싶다고 했다. 또 C씨는 원하는 것을 하고 싶다고 했다. 앞서 말한 A, B, C씨는 흔히 말하는 MZ세대 직장인들이다. 바늘 구멍 같은 취업 시장을 힘들게 뚫은 이들이 쉽게 퇴사하는 이유는 무엇일까? MZ세대 직장인들은 요즘 이런 용어를 사용한다는데 들어보았는가? 바로 '대퇴사 시대', '조용한 사직'이다.

대퇴사 시대-조용한 사직의 시대

'대퇴사'란 코로나19 이후 미국을 중심으로 매달 400만 명 이상의 직장인이 자발적으로 퇴사한 사회적 현상을 말한다. 이와 함께 이슈되고 있는 '조용한 사직'은 받은 임금만큼만 일하고 최소한의 업무만 수행하겠다는 의미와 '직원의 마음이 회사를 떠나 있는 상태'로 심리적인 사직의 의미를 포함하고 있다[1]. 과거에 비해 최근 기업을 퇴사하는 직장인의 비율이 높아지고 있다. 회사생활을 조금이라도 해본 경험이 있다면 이런 말을 들어봤을 것이다. "회사는 평생 직장이니 열심히 하면 언젠간 보상받을 수 있어!"라는 말이다. 기성세대 직장인들은 회사와 함께 성장했기에 최선을 다한 만큼 보상을 바란다. 하지만 MZ세대는 조금 다르다. 회사의 성과보다는 개인의 성장이 더 중요하다. 실제로 자신의 근무환경과 기업문화에 대해 만족하지 못해 회사와 헤어질 결심을 하는 직장인들도 많다는 의견이다. 잡코리아에서 주최한 인사담당자들을 대상으로 한 조사 결과에 따르면 신입직 조기 퇴사율은 평균 17.1%였다. 조기 퇴사한 신입사원의 퇴사 이유는 실제 업무가 생각했던 것과 다르다 45.7%, 직무가 적성에 맞지 않는다 41.4%, 다른 기업에 취업했다 36.4%와 같다. 눈여겨 볼 점은 기업 문화와 개인의 가치가 맞지 않아 퇴사한다는 이유도 있다는 점이다. 그렇다면 MZ세대가 중요하게 생각하는 직업의 가치와 방향은 무엇일까? 여기, 자신의 직업 가치관으로 회사를 떠난 직원이 있다. 다음 김 프로의 사례를 통해 함께 살펴보자.

김 프로는 회사에서 HRD를 담당하고 있다. 최근 김 프로는 고민이 많아졌다. 몇 년 전에 비해 교육 트렌드도 많이 바뀌었고, 강의 형태도 변화하였다. 또 교육생들의 태도도 과거와 달라졌다. 여러모로 역량개발이 필요한 것 같아 김 프로는 최 팀장에게 도움을 요청했다. "팀장님, 다른 기업들은 외부 교육에 참여할 기회가 있던데, 저희도 교육 참여가 가능할까요? 오프라인 교육도 많고 교육 형태도 과거와 많이 달라진 것 같습니다. 저도 트렌드에 맞춰 준비하기 위해 담당자로서 자기계발이 필요한 것 같습니다." 김 프로는 최 팀장에게 용기 내 요청했으나 돌아오는 답변은 기대와 달랐다. "김 프로, 회사가 실적도 어렵고, 김 프로 말대로 요즘 여러모로 힘든데 외부 교육이 무슨 말인가? 본인 역량은 휴일에 알아서 할 것이고 조직 성과에 좀 더 관심을 두는 게 실무자로서 가야 할 방향이지 않아?" 김 프로는 그 뒤로 최 팀장과 업무상 갈등을 자주 겪었고, 결국 조용한 사직을 넘어 타 회사로의 이직을 결정했다.

김 프로는 왜 이런 선택을 했을까? 개인의 성장과 발전, 일의 의미가 중요했던 김 프로와는 달리 상사와 회사는 오로지 조직성장, 성과 창출에만 초점이 맞춰있다는 것이 그 이유였다. 즉, 자신, 상사, 조직의 핵심 가치가 서로 일치하지 않음에서 오는 문제였다. MZ세대가 말하는 대표적인 퇴사 사유는 직무 부적합성, 가치관 불일치, 워라밸 불균형을 꼽는다. 이와 같은 이유로 퇴사를 결정하는 직장인들이 많아지고 있다.

퇴사하지 않을 힘, 조직몰입

최근 기업 내 리더들의 고민이 깊어지고 있다. 조직 구성원들을 이끌어가기 어려워하던 대기업 임원 B씨는 그가 참여하고 있는 모임에서 자신의 고민을 털어놓게 되었다.

"요즘 친구들은 의욕이 부족한 것 같아요. 자신이 하는 일에 대해서도 만족하고, 조직에 몰입해 주면 얼마나 좋을까요? 본인도 성장하고 조직의 성과도 달성하게 하려면 어떤 방법이 있을까요?"

B씨가 말하자 함께 있던 일행들은 이와 같이 말했다.

"다 필요 없고, 연봉이죠. 급여가 직무만족에 최고라고 생각해요."
"물론 급여가 중요하죠. 그런데 저는 연봉도 중요하지만, 그보다 리더가 알아야 할 것은 우리 직원들이 조직에서 얼마나 인정받는가입니다."

모임에 참여한 일행은 이처럼 급여를 말하기도 했고 또 다른 일행은 리더의 리더십과 관련한 이야기를 하며 직원들의 인정에 대해 말했다. 기업은 성과 창출을 목표로 삼고 개인은 삶의 행복을 추구한다. 두 가지가 부딪히지 않고 상생할 수 있다면 여기에서 오는 시너지는 우리가 상상할 수 없는 효과를 가져오겠지만, 대다수의 기업은 이를 실현하기 어려워한다. 조직 구성원이 조직에 기여하기 위해서는 두 가지가 필요하다. 바로 직무만족과 조직몰입이다[2]. 대퇴사 시대, 조용한 사직을 이야기하며 퇴사를 결정하는 구성원도 있지만 반면에 조직에 남겠다고 하는 구성원들도 있다. 딜로이트의 2019년 MZ세대 보고서 여론조사에 따르면 '회사에 남겠다'고 응답한 직장인들은 자신에게 주어진 업무가 개인의 성장에 기여한다고 판단되면 업무강도가 다소 높더라도 긍정적인 자세로 임하고자 한다는 반응을 보였다[3]. 이렇게 자신의 일에 몰입하게 만드는 힘은 바로 직무만족과 조직몰입이다. 아래 그림을 통해 직무만족과 조직몰입의 정의에 대해 알아보자.

직무만족 (Job Satisfaction)	・정의: 개인이 직무나 직무경험에 대한 평가의 결과로 얻게 되는 즐겁고 긍정적인 감정상태 ・영향을 주는 요인: 임금 승진 회사정책 조직구조 등 조직요인, 업무의 의사결정 구조와 같은 작업환경요인, 직무범위 역할 등 직무내용요인, 개인의 욕구 성격 가치관 등 개인적 요인, 동료 상사 등에 의한 집단 요인
조직몰입 (Organizational Commitment)	・정의: 개인이 특정 조직에 대하여 애착을 가짐으로써 그 조직에 남아있고 싶어 하고 조직을 위해 더 노력하려 하며 조직의 가치와 목표를 기꺼이 수용하게 되는 심리적 조정 상태 ・영향을 주는 요인: 조직에 대한 애착, 조직구성원으로서 자격을 유지하려는 **심리적 상태와 조직에 대한 의무감**

[그림 6-1] 직무몰입과 조직몰입의 정의

특급호텔에서 일했던 유 매니저는 호텔리어로서의 삶이 행복했다고 말했다. 타 직업에 비해 급여가 높지 않아도, 장시간 서서 일하고 주말에도 쉴 수 없는 스케줄 강행군 속에서도 호텔을 떠올리면 좋은 기억이 많다고 말한다.

"힘들긴 해도 전 제 일이 정말 좋아요."

호텔에 대한 애착이 크고 일터와 자기 일을 사랑했기에 자부심을 느끼며 대고객서비스를 할 수 있었고, 감정노동이나 근무환경을 생각하면 힘이 들기도 했지만, 미소를 잃지 않고 즐겁게 일할 수 있었다고 한다.

직무만족과 조직몰입이 높은 직원은 그렇지 않은 직원보다 높은 성과를 이루어낸다. 위 사례와 같이 조직에 정서적 애착을 가질 경우 조직의 가치와 목표를 수용하고 개인이지만 조직을 대표한다는 일체감을 느낄 수 있다. '몰입'이란 직원이 소속되어 있는 조직의 성장을 위해 자발적으로 시간, 지력, 에너지를 투입하는 상태를 말한다. 몰입도가 높은 직원은 3가지 측면(인지, 정서, 행동)에서 그렇지 않은 직원보다 차별적인 행동 양식을 보인다[4].

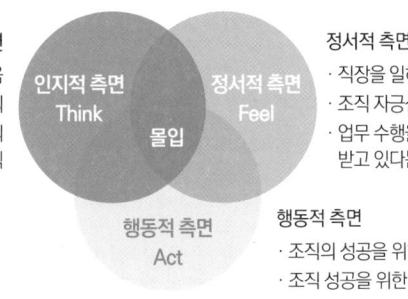

인지적 측면
· 경영목적/목표에 대한 믿음
· 회사가 추구하는 가치에 동의
· 목표 성취를 위한 개인의 역할 인식

정서적 측면
· 직장을 일하기 좋은 일터로 인식
· 조직 자긍심
· 업무 수행을 위한 최고의 지원을 받고 있다는 느낌

행동적 측면
· 조직의 성공을 위한 기대 이상의 노력
· 조직 성공을 위한 개인적 동기부여
· 개인 능력 발휘의 기회가 충분하다고 인식

[그림 6-2] 타워스페린-ISR(International Survey & Research) 연구

1) **인지적 측면**: 몰입도가 높은 직원은 기업의 경영목적과 목표를 신뢰하고 가치를 이해하며 자신이 속한 부서가 어떻게 기업의 성과 창출에 기여하는지 이해한다. 몰입하는 직원은 그렇지 않은 사람보다 성과와 업무 효율성이 높을 수밖에 없다[4].

2) **정서적 측면**: 자신이 일하는 회사는 본인이 업무에 최선을 다해 일할 수 있도록 지원받고 있다고 믿는다. 주변인들에게 '일하기 좋은 직장'이라고 말한다[4].

3) **행동적 측면**: 몰입도가 높은 직원은 조직의 성과 창출과 개인의 성장을 위해 더 노력을 기울여 업무를 수행한다[4].

3가지 측면에서 자발적으로 참여하고, 몰입하는 행동을 하려면 무엇을 해야 할까?

조직 경험은 개인의 성장을 위한 자산이다

 2022년 포춘코리아에서 발행한 2023년 글로벌 리더십 트렌드에 의하면 직장에 소속감이 있으면 출근에 대한 기대감이 3배 더 높으며 직장이 재밌다고 말하는 비율도 3배 높다고 한다. 또 공정하게 대우받는다는 마음은 9배 더 높으며 회사에 오래 머물고 싶어 하는 마음은 5배 더 커진다고 한다[5]. 그러니 어차피 해야 하는 조직 생활이라면 조용한 사직보다는 조직몰입을 통해 직무만족을 경험해 보는 것은 어떨까? 개인의 일에서 성과를 창출한다면 직무에 대한 자기만족도 커질 것이고 조직 내에서 인정도 받을 수 있을 것이다.

 개인의 성장이 중요한 시대이니만큼 이와 같은 조직 경험은 자신의 성장을 위해 매우 중요한 자산이 될 수 있다. 조직에서의 성장을 개인의 이력서로 만들어야 한다. 조직 내에서 경험하는 업무 성과와 경력을 개인의 성장을 위한 긍정 자산으로 활용하는 것이다. 씨앗이 잘 자라려면 토양과 환경이 중요하듯, 인적자원이라는 개인이 잘 성장하려면 조직과 함께 상생해야 한다. 6장에서는 지금, 이 순간에도 조직 생활에 의미감을 갖지 못하는 직장인들을 위해 3가지 방법을 제시하려 한다.

　첫째, 조직과의 가치일치를 통해 의미 있는 성과를 창출한다.
　둘째, 일의 의미 재정의를 통해 긍정적인 마음가짐을 갖는다.
　셋째, 업무 몰입을 위해 현명하게 일하는 밀레니얼 워커가 된다.

 본격적으로 조직몰입을 위한 방법을 알아보도록 하자.

2
개인의 성장과 조직의 성과창출을 위한 '가치일치'

성과와 성장을 위한 조직몰입
개인의 '가치'와 조직의 '핵심 가치'를 일치시켜야 한다.

회사의 핵심 가치를 알고 있는가?

"우리 회사가 나아가야 할 방향이 무엇이라고 생각합니까?"

장담하건대, 한 번쯤 들어봤을 만한 질문이다. 회사에 입사하기 위해 지원자는 면접을 본다. 면접에서 면접관은 응시자에게 다양한 질문을 건넨다. 회사의 인재상에 적합한 인재를 채용하기 위해 개인의 비전과 목표, 조직 적응력, 지원자의 역량, 기업/직무 적합도 및 관심도에 대한 질문들을 한다. 또 회사의 핵심 가치와 관련된 질문을 통해 지원자의 가치관을 알아본다.

"우리 회사의 사업 분야에 대해 아는 대로 설명해 주세요."
"우리 회사의 인재상 중 해당하는 한 가지와 그 이유에 대해 말해보세요."
"조직을 이해하는 관점이 중요한데, 우리 회사의 핵심 가치는 무엇이라고 생각합니까?"

이와 같은 질문을 통해 기업은 회사에 적합한 인재를 채용한다. 또 신입 사원 교육을 통해 회사 적응을 돕는다. 입사 후 열심히 일을 하다 보면 누구나 입사 N년 차가 된다. 이 책을 읽고 있는 독자들에게 질문하고 싶다.

Q. 당신이 소속되어 있는 조직의 핵심 가치를 알고 있는가?
Q. 그럼 일을 할 때도 핵심 가치를 기준으로 업무 방향성을 갖고 일을 하는가?

이 두 가지 질문에 '네'라고 대답할 수 있는 직원이 얼마나 될까? 조직의 핵심 가치를 알고 있는지 질문을 하면 일부는 알고 있다고 말하며 일부는 잘 모르겠다고 한다. 앞에서 직무만족과 조직몰입이 높은 직원은 더 높은 성과를 이루어낼 수 있다고 말했다. 또 의미 있는 조직 경험은 개인의 성장로드맵을 위해서도 도움이 될 수 있다. 그렇기에 직무만족과 조직몰입도를 높여 일을 통한 즐거움을 경험하고 성취감을 느껴볼 수 있도록 해야 한다.[6]

핵심 가치를 실현하는 기업의 구성원들은 어떻게 일하는가?

고객을 위한 가치창조, LG Way가 만드는 힘

엘지유플러스 사내 고객 감동사례로 선정된 김 선임의 사례이다. 통신 난치국 지역에 거주하는 고객은 우연히 아랫집에 방문했다가 신세계를 경험했다. 통신 불량으로 늘 답답함을 느꼈던 자신의 집과 달리 통화가 잘되는 그 집의 비결은 엘지유플러스였다. 고민의 여지없이 엘지고객센터에 연락했고, 고객이 이용하고 있던 통신사에서도 해결하지 못했던 불편을 김 선임이 해결했다. '요즘 같은 시절에 얼마나 불편하실까?'라는 생각에 고객의 집에 방문해 온 집안 구석구석 돌아다니며 신호 세기를 측정해 결국 문제를 해결했고, 김 선임의 노력에 감동한 고객은 그 자리에서 통신사를 변경했다. 통신이 잘 되는 것도 좋았지만 무엇보다 문제를 끝까지 찾아내려 애쓰는 직원의 행동에 감동했다며 후기를 남겨주었고 사내 고객 감동사례로 선정되었다. 김 선임은 진정으로 고객을 감동하게 하면 고객으로부터 감동이 온다는 것을 깨닫는 계기가 됐다며 소감을 전했다.[7]

LG그룹은 LG Way라는 고유 경영철학을 두고 있다. LG Way는 전 임직원이 지키고 실천해야 할 사고와 행동의 기반이다. LG Way는 '고객을 위한 가치창조'와 '인간 존중의 경영'을 기업의 존립 근거이자 회사 운영의 원칙으로 두고 있다. 또 엘지유플러스의 경우 고객이 신뢰하는 LG가 되기 위해 탁월한 품질과 브랜드 가치로 고객을 감동하게 해 고객 스스로 최고라고 인정하게 만드는 것을 목표로 하고 있다. 사례의 주인공인 김 선임의 고객 중심 업무와 고객 만족은 LG의 경영철학인 LG Way를 떠올리게 하는 사례로 엿볼 수 있었다.

정직하게 일을 하는 이유

J씨는 아들에게 "줄자를 보면 눈금이 있잖아, 그 1mm가 어느 정도일까? 1mm 차이로 품질 합격이 될 수도 있고 불합격이 될 수도 있거든, 얼마나 엄격하게 검사하는지 알 것 같아?"라고 질문하자 J씨의 아들은 "네 그냥 귀찮다고 넘겨버리면 기차가 부서질 수도 있고 사람들이 죽을 수도 있으니까 엄격하게 검사해야죠."라고 말했다. 그러자 J씨는 "불량이 나지 않은 모든 제품을

만들어내는 멋진 사람이 되는 게 아빠의 꿈이야. 그렇게 되고 싶어서 아빠는 더 엄격하고 정정당당하게 정직하게 일을 하는 거거든."

세아창원특수강 강관생산기술팀에서 근무하는 J씨의 사례이다. 세아그룹은 '세계 속 아시아 일류기업'이 되고자 했던 꿈이었다가 '세상을 아름답게' 하는 마음이 되었다는 브랜드 스토리를 가지고 있다. 세아의 핵심 가치는 바르고 곧은 '정직', 즐겁게 몰입하는 '열정', 탁월함에 기반한 '실력' 3가지를 세아의 DNA로 두고 있다. 사례의 주인공인 J씨는 현장에서 일할 때 보호구, 안전복을 반드시 착용한다. 아무리 더워도, 아무리 추워도 항상 벗지 않고 사용하는 건 기본과 원칙을 지키기 위함이며 정직에 있어서 기본과 원칙을 지키는 게 참 중요하다고 말했다. '아빠의 일을 아이에게 한마디로 말해준다면?'이라는 질문에 대해 J씨는 "어떠한 유혹이 있어도 흔들리지 않고 정직하게 제품을 검사하는 사람이라고 말해주고 싶습니다."라고 답하였다. 핵심 가치인 '정직'을 바탕으로 맡은 직무를 수행하고 있는 J씨의 사례였다[8].

가치관 정렬의 중요성

개인이 추구하는 가치와 목표는 개인의 업무태도와 행동을 결정하는 중요한 동기로 작용한다. 가치일치는 개인의 가치와 조직의 가치가 일치하는 정도를 의미한다. 연구자 뮤섹(2006)은 조직 구성원인 개인의 가치가 조직의 가치와 같을 때 조직이 성공할 수 있다고 주장하였고, 개인과 조직의 가치일치와 목표일치는 조직의 긍정적인 성과와 구성원의 직무만족 및 조직몰입에 긍정적인 영향을 준다고 하였다[9]. 개인과 조직 간에 가치가 일치하는 경우 개인은 자신의 가치와 일치된 행동을 통해 조직에 기여할 수 있을 뿐만 아니라 자신의 심리적 만족감도 높일 수 있는 것이다[10]. 사례를 통해 알아본 엘지유플러스 김 선임 사례와 세아그룹의 J씨 사례가 이와 같다고 볼 수 있다.

가치관이란 인간이 자기를 포함한 세계나 그 속의 어떤 대상에 대하여 가지는 평가의 근본적 태도나 관점(觀點), 즉 쉽게 말하여 옳은 것, 바람직한 것, 해야 할 것 또는 하지 말아야 할 것 등에 관한 일반적인 생각을 말한다[11]. 그렇다면 개인의 가치와 조직의 가치를 일치시키기 위해 무엇을 해야 할까? 개인의 가치관을 알고 조직의 존재 이유를 알아볼 차례이다. 자, 지금부터 하단의 가치단어[12]를 체크해 보자.

1) 삶/인생과 관련하여 당신에게 중요한 것은 무엇인가?

성취	경쟁력	가족	겸손	지식	질서	인지	자발성	승리
모험	창의력	자유	유머	리더십	독창성	종교	안정	지혜
확실성	원칙	자율	상상	배움	열정	존경심	지위	일
인식	다양성	우정	독립성	사랑	애국심	책임감	섬세함	효도
아름다움	환경	재미	통찰력	건강	완벽함	안전	가르침	기쁨
자비	우수성	관대함	고결함	돈	명예	감성	시간	권력
공동체	흥분	성장	정의	자연	즐거움	평화	전통	자유의지
연민	표현	정직	친절	새로움	힘	영성	진실	용모

[표 6-1] 가치관 단어 리스트

2) 위의 보기를 참고하여 삶/인생에 있어서 중요한 가치를 10가지 나열해 보시오.

1		6	
2		7	
3		8	
4		9	
5		10	

[표 6-2] 중요도 가치 정렬표

3) 위의 나열한 가치 10개 중에서 중요하다고 생각되는 우선순위를 정리해 보시오.

1	2	3	4	5
6	7	8	9	10

[표 6-3] 개인의 인생가치 정리표

위 표를 통해 개인의 삶/인생 가치를 찾아보았다면 개인에게 축하와 격려를 보내주자. 인생 가치를 찾는다는 건 인생을 개인이 추구하는 방향대로 살아갈 수 있는 이정표를 찾은 것이다. 가치관과 개인의 동기부여는 삶의 원동력이 될 수 있다. 동기부여 요인을 채우고 가치관이 알려주는 삶의 방향을 따라가다 보면 우리는 행복한 삶을 살 수 있을 것이다. 개인의 가치관을 찾아보았다면, 잊고 있었던 조직의 미션과 비전을 만나볼 차례이다. 우리가 면접에서 듣던 단어인 '미션, 비전, 핵심 가치'의 올바른 의미를 알아본다면, 자신이 몸담은 조직이 가고 있는 방향을 이해할 수 있을 것이다.

조직의 사명과 존재이유 확인

조직의 지속 발전과 가야 할 방향에 대해 이해하기 위해서는 다음 3가지를 알아야 한다. 바로 기업의 미션(Mission), 비전(Vision), 핵심 가치(Core Value)이다.

1) 미션: 기업이 존재하는 근본적인 목적과 기본 철학

바로 '왜 존재하는가?'에 대한 답이다. 미션은 조직의 존재 목적, 사회적 사명, 조직 구성원들이 일을 해야 하는 이유를 포함한 조직의 목적이 되기에 가장 우선시해야 하며 변하지 않아야 한다.

2) 비전: 미션에 따라 그 기업이 달성해야 할 미래의 목표

미션에 따라 조직이 달성해야 할 중장기적 청사진을 의미한다. 비전은 실제적이고, 구체적이어야 하며, 명확하게 조직의 미래를 표현할 수 있어야 한다. 조직 구성원들이 목표를 이룰 수 있도록 그려지는 모습이어야 한다.

3) 핵심 가치: 기업과 구성원들의 의사결정에서의 판단 기준 및 일하는 원칙

'어떻게 일하는가?', '무엇을 기준으로 판단할 것인가?'에 대한 기준이다. 업무를 추진하는 데 있어 우선순위가 되어야 하며, 모든 구성원이 지켜야 할 원칙과 기준이 된다[13].

Mission	우리 조직은 왜 존재하는가?	조직의 기능 및 역할
Vision	우리는 어디로 가고 있는가?	· 사업구조 Vision · 조직문화 Vision · 경영 인프라 Vision
Core Value	우리의 핵심 가치가 지향하는 것은 무엇인가?	· 조직이 지향해야 할 핵심 가치 · 조직 구성원 모두에게 적용되는 공유 가치

[그림 6-3] 기업의 경영이념

    기업의 구성원들은 조직의 성장 속도에 맞춰 한 방향을 보고, 일해야 한다. 함께 일하는 직원들끼리 각기 다른 가치를 우선시하며 일한다면 갈등이 일어날 수 있고, 성장이 둔화할 수 있다. 이런 현상에서 '신호등' 역할을 하는 것이 바로 '핵심 가치'이다. 맥스 리트빈 그래멀리 공동 창업자는 미국 경제 전문지 포브스 기고를 통해 "핵심 가치는 지속 가능할 수 있는 성장에 필요한 '비판적인 눈'이자, 중요한 비즈니스 결정을 내릴 때 필터가 된다."라고 강조했다[14]. 개인의 가치관과 조직의 핵심 가치를 일치시키기 위해서는 일상적인 업무와 행동에서 가치가 실현돼야 한다. 조직의 핵심 가치는 그 내용이 무엇인지를 아는 것도 중요하지만 구성원이 핵심 가치를 어떻게 실천하는지도 중요하다. 개인의 핵심 가치 일치는 정서적 조직몰입에 긍정적인 영향을 줄 수 있다[15].

핵심 가치를 내재화하기 위한 가치관 경영

핵심 가치를 경영에 적용해 나가는 '가치관 경영'으로 일하는 조직은 어떨까? 하버드대학교 경영대학원 존 코터 교수는 가치관으로 경영하는 기업은 일반 기업보다 일자리 창출 7배, 주가 상승 12배, 수익 4배 등 높은 성과를 기록했다고 연구 발표했다. 미국의 유명한 경영학자 짐 콜린스도 〈위대한 기업의 선택〉이란 책에서 불확실한 경영환경 속에서 무엇보다 원칙이 중요하다는 것을 강조했다.

중국 알리바바는 가치관 경영이 제대로 정착될 수 있도록 인사평가의 50%는 성과 평가로, 나머지 50%는 가치관 평가로 진행한다. 가치관 평가의 비중을 과감하게 성과와 동일하게 적용하는 것이다. 알리바바의 핵심 가치 중 '고객 중심'의 가치에 대해 평가하기 위해 구성원에게 질문한다[16].

알리바바의 가치관	
미션 (Mission)	중소기업들이 편하게 비즈니스할 수 있도록 돕는다.
비전 (Vision)	20, 21, 22세기에 걸친 102년의 장수기업으로 우뚝 선다.
핵심 가치 (Core Value)	고객 중심, 변화 수용, 팀워크, 성실, 정직, 열정, 직업사랑

[표 6-4] 알리바바의 가치관

Q. 알리바바는 핵심가치인 '고객 중심'을 실천하기 위해 어떤 약속을 지키고 있는가?

가치관 경영을 실천하기 위해 미션/비전/핵심 가치 수립은 중요하다. 알리바바는 구성원들이 개인의 업무에서 핵심 가치를 얼마나 실천하고 있는지를 끊임없이 체크해 볼 수 있도록 지표화하고 고과 기준을 설정했다. 앞서 말한 것처럼 개인은 가치를 일치시키기 위해 기업의 핵심 가치를 이해하는 것도 중요하지만 핵심 가치를 실천하기 위해 수행하는 것이 중요하다. 알리바바의 가치관 경영 사례는 스스로 핵심 가치를 업무에 적용하고 실천할 수 있도록 움직이는 힘이 될 수 있다.

가치 일치를 위해 워커가 해야 할 3C

"비슷한 프로젝트를 수행하는데도 사람에 따라 성과가 차이가 나는 건 개인의 타고난 능력 차이도 있지만, 업무를 대하는 자세와 태도의 영향이 더 크다."

– 권오현 《초격차》

가치관 경영을 정착시키기 위해서 기업은 구성원에게 회사의 가치관이 무엇인지 명확하게 이해시켜야 하고, 구성원은 이를 자신의 가치관으로 받아들여 행동에 옮기도록 해야 한다. 조직이 구성원들에게 핵심 가치 선포, 조직 활성화 이벤트, 핵심 가치 전파교육, 가치관 경영 등을 했다면 이제는 구성원이 가치관을 받아들여야 할 때이다. 앞에서 엘지유플러스 김선임이 회사의 고객중심경영에 몰입했던 것과 세아그룹의 J씨가 정직이라는 핵심 가치를 개인의 인생 가치와 일치시켰던 것을 생각해 보자. 지금부터 밀레니얼 워커가 자신의 가치와 조직의 핵심 가치를 일치시킬 수 있도록 3C를 제시하려 한다.

1) Comprehend(이해): 조직의 경영이념과 핵심 가치를 이해한다.
2) Connect(연결): 경영 목표를 이해하고, 개인의 업무 목표를 조직의 목표와 일치시킨다.
3) Communication(소통): 개인의 목표 달성, 성과 창출에 기여하기 위해 팀의 리더, 그리고 조직과 끊임없이 소통하려 노력한다.

앞에서 다루었던 파트너십과 펠로우십을 활용하여 조직과 소통하려 한다면 개인은 조직과 얼라인(Align) 되어 있다는 것을 몸소 느낄 수 있을 것이다.

3

진정한 워커십 변화관리를 위한 '업무몰입'

'업무몰입'은 성장을 넘어
확실한 아웃풋을 만들어낸다.

월요일이 힘든 K-직장인이라면

"저기요. 무슨 일 하세요.."
"그냥 회사 다녀요. 무슨 일 하세요.."
"저도 그냥 회사 다녀요.."
- 〈실어증입니다, 일하기싫어증〉 양경수 그림에세이

"벌써 월요일이야?" K직장인들이 일요일이 되면 습관처럼 하는 말이다. 일하는 날은 5일인데 쉬는 날은 2일밖에 되지 않는다며 푸념 아닌 푸념처럼 내뱉는다. 임명기 저자의 〈잡 크래프팅 하라〉 책에서는 이런 말이 나온다. "5일을 행복할 것인가? 2일을 행복할 것인가?[17]" 회사 가기 싫어 죽겠는 직장인의 일상을 어떻게 하면 행복하게 바꿀 수 있을까?

앞에서 언급했던 것처럼 기업은 성과 창출을 목표로 삼고, 개인은 삶의 행복을 추구한다. 직장인들이 선호하는 일하기 좋은 기업이란 어떤 의미일까? 이 고민으로부터 탄생한 것이 미국의 경영 컨설턴트인 로버트 레버링 박사가 우수한 성과를 올리는 기업을 대상으로 연구해 1984년에 포춘지에 발표한 'GWP-Great Work Place'이다[18]. GWP는 조직 내 신뢰가 높고, 일하는 업무에 대해 자부심이 강하며 즐겁고 보람 있게 일하는 회사를 뜻한다. 요즘 직장인은 개인의 성장과 경험을 인생 가치로 여기는 경우가 많다. 이 책에서는 이렇게 말한다. 일 잘하는 워커는 조직 내 성과를 창출할 수 있고, 그 경험을 통해 능력을 인정받으며 성장하게 될 것이라고.

어떤 조직문화가 좋은 조직문화일까?

'일하기 좋은 직장은 무엇이 다를까?'

연구에 따르면 GWP 조직문화는 조직몰입에 긍정적인 영향을 미치는 것으로 나타났다. 로버트 레버링 박사가 제시한 모델에 따르면 GWP의 구성요소는 신뢰, 자부심, 재미로 구성되어 있다. 요인별로 조직과의 관계를 살펴보면 아래와 같다[18].

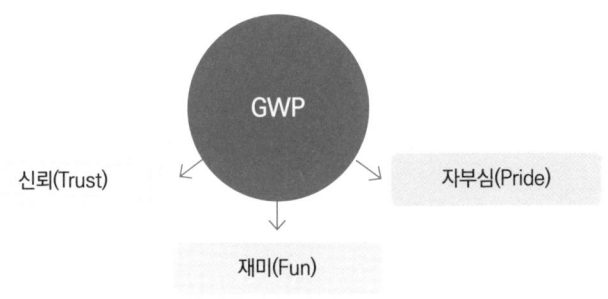

[그림 6-4] GWP의 세 가지 조건

1) 신뢰: 경영진/상사와 조직 구성원이 서로 믿고 존중해 주는 것
2) 자부심: 조직구성원임을 자랑스럽게 느끼고 업무를 소중하게 생각하는 것
3) 재미: 동료와 즐겁고 신나게 일하는 것

취업을 준비할 때 '적성, 연봉, 복리후생' 등 기업을 선택하는 많은 요소가 있지만, 최근 '조직문화'가 가장 핵심이라는 것에 이견은 없을 것이다. 그렇다면 직장인이 원하는 '조직문화'는 어떤 문화일까? 국내 다양한 기업들은 직급제 폐지 등 수평적, 자율적 문화를 표방하여 MZ세대가 다니고 싶어 하는 조직 만들기에 앞섰다. 하지만 막상 취업한 그들이 느끼는 회사의 조직문화는 부정적이다. 잡플래닛 설문 조사 결과에 따르면 '조직문화 때문에 스트레스받는다.', '내가 생각했던 조직문화랑은 다른 것 같다.' 등 퇴사 이유를 '조직문화'로 꼽고 있다[19]. MZ세대가 머물고 싶은 조직문화를 갖춘 회사로 제일기획에서는 다음 5개 기업을 선정했다. 젠틀몬스터의 'Agile Culture', 파타고니아의 'Activist Culture', 넷플릭스의 'High Commitment Culture', 구찌의 'Cool Culture', 스포티파이의 'Cross-over Culture'이다[20]. 각기 다른 조직문화를 가진 이 기업 중 어떤 것이 더 좋은 조직문화라 말할 수 있을까?

오늘보다 나은 내 '일'을 만들기 위해 필요한 업무몰입

왜 '이 일'을 하세요?

조직에 입사했을 때를 떠올려 보자. 위와 같이 왜 일을 하는지 질문을

받았을 것이다. 어떤 대답을 했는지 기억나는가? 분명 입사를 위해 어떤 회사인지, 직무는 어떤지 많은 시간을 들여 공부하고 본인의 역량이 얼마나 회사에 기여하고 발전할 수 있는지 강력하게 어필했을 것이다. 하지만 직장인들에게 질문하면 "먹고살려고"라고 말하는 경우가 가장 많다. 실제 한 리서치에서 직장인 500명에게 이 질문으로 설문조사를 했다. 그 결과 응답자의 74%가 보수를 받기 위한 수단으로 일한다고 응답했다. 일을 경력을 쌓아가는 수단으로 본다는 응답이 71%로 꼽혔고 '일하는 자체가 좋다'는 응답은 18%에 그쳤다. 복수 응답임을 감안했을 때도 일 자체가 좋다는 사람의 비율은 적은 편이라 말할 수 있다[17].

우리가 내 일에 만족하기 어려운 이유는 무엇일까? 많은 이유가 있겠지만 대표적으로 꿈꿔왔던 일에 대한 현실과 이상의 괴리, 내 일과 타인의 일 비교(보수, 근무 환경, 업무 난이도 등), 너무 많은 채용 시장 등이 있지 않을까 싶다. 또 회사와 일을 바라보는 생각의 차이, 만족감 차이 등이 있을 것이다. 그렇다면 오늘보다 나은 내 '일'을 만들기 위해 필요한 것은 무엇일까? 업무몰입도를 높이기 위한 방법을 알아보자.

변화관리 촉진자 밀레니얼 워커를 위한 P.O.S

직장인이 정말 원하는 조직문화는 기업의 브랜드 아이덴티티와 그 내부 조직에 맞는 문화가 함께 상응할 때 완성된다. 그렇다면 일하고 싶은 GWP 조직문화는 어떻게 만들어갈 수 있을까? GWP의 구성요소인 첫 번째 경영진, 상사와의 '신뢰'는 4장에서 소개한 파트너십을 통해 만들어갈 수 있을 것이다. 세 번째 요소인 동료, 고객과 신나게 일하는 '재미'는 5장에서 말하는 펠로우십을 통해 경험할 수 있다. 그렇다면 두 번째 요소인 '자부심', 일에 대한 자부심은 어디서부터 비롯되는 것일까? 스스로의 성장, 발전을 통해 자부심을 가지고 일할 수 있도록 밀레니얼 워커에게 'P.O.S'를 제안하고 싶다.

첫째, 일의 의미를 재정의하는 긍정성(Positive Mind)
둘째, 도전적이고 가슴 뛰는 목표설정(OKR: Objective, Key Results)
셋째, 성장을 위한 셀프 체크(Self Feedback)

일의 의미를 재정의하는 긍정성(Positive Mind)

같은 일이라도 누군가에게는 생계를 책임져야 하는 수단이 될 수 있고, 누군가에게는 자신의 유능감, 업무 성과를 통한 만족을 느끼는 경력 수단이 될 수 있으며, 또 누군가에게는 의미 있는 일을 통해 영향력을 발휘하고 사회에 기여하고 있다고 느끼는 소명이 될 수 있다. 학자들 또한 일에 대한 관점을 생계 수단, 경력 과정, 소명 세 가지로 나눈다[17].

생계의 관점에서 봤을 때 조직에서 성과에 대한 보상으로 충분한 '금전적인 보상'을 지급한다면 회사 직원들의 업무 의욕은 즉각적으로 고양될 것이다. 하지만 장기적으로는 어떨까? 미국의 경영학자 프레드릭 허즈버그는 업무 의욕을 불러일으키는 요인으로 돈 보다는 '느낌'이 중요하다고 했다[21]. 즉 일을 통해 많은 것을 배우고 성장했다는 느낌이 중요하고 가치 있는 성과를 이뤄냄으로써 인정받고 다른 사람에게도 기여했다는 느낌이 중요하다는 것이다. 외적 동기부여 요소인 물질적인 보상도 중요하지만, 개인이 자기 일에 자부심을 느끼는 성취 요인인 내적 동기부여도 필요하다는 것이다. 지금부터 내적 동기부여 요인인 일의 의미를 부여하기 위한 방법을 알아보자.

1) 일의 의미부여를 위한 연결(Connection)
일의 가치를 재정의한다. 그리고 삶의 가치와 일의 가치를 연결한다.

2) 일의 의미부여를 위한 기여(Contribute)
맡은 업무에 가치를 부여한다. 그리고 업무에 기여하고 싶다는 마음을 갖는다.

3) 일의 의미부여를 위한 도전(Challenge)
일의 본질을 파악하고 직접 도전하여 일의 성취감과 즐거움을 느낀다.

매슬로의 5단계 욕구 이론에서 인간의 욕구는 중요도에 따라 단계를 형성한다고 했던 것처럼 일을 바라보는 관점도 바뀔 수 있어야 한다. 무슨 일을 하는가보다 어떻게 바라보느냐가 중요하다. 같은 일을 하더라도 보는 관점에 따라 달라질 수 있다. 내가 하는 일이 생계뿐만 아니라 그 이상의 의미(가치)가 있다는 것은 내 일의 만족도와 행복지수를 높여준다.

도전적이고 가슴 뛰는 목표설정(OKR: Objective, Key Results)

많은 기업에서 새로운 성과평가로 OKR 제도를 도입하고 있다. OKR은 인텔에서 시작되어 구글을 거쳐 실리콘밸리 전체로 확대되면서 성과관리 도구로 자리 잡았고, 국내 기업에서도 도입하여 활용하고 있다. OKR이란 도전 의식을 담은 목표(Objective)를 세우고 그 목표를 달성하기 위해 중간중간 제대로 결과가 나고 있는지(Key Results) 판단하고, 시시각각 변화하는 환경에 맞춰 성과를 지속해 관리하는 성과관리체계이다.

* Objective: 어떤 방향으로 갈 것인가? 도전적이고 이상적인 목표, 성취 대상
* Key Results: 목표를 향해가고 있다는 것을 어떻게 알 수 있는가? 결과물

OBJECTIVE(목표)	KEY RESULT(결과)	완성도(%)	개인의 성장(100)

[표 6-5] OKR 설정 템플릿

OKR은 주로 조직 내 성과관리에서 사용하지만, 6장에서는 개인의 업무몰입을 위한 '개인의 OKR' 설정에 관해 이야기하고자 한다. 2장에서 다루었던 것처럼 진정한 워커라면 목표경영에 대한 이야기를 빼놓을 수

없다. 조금 전까지 업무몰입을 위해 일의 긍정성에 관해 이야기했다면, 조직 내 주도적이고 능동적인 업무몰입을 위해 목표를 수립하고 결과를 관리하는 목표설정에 대해 한번 더 다루고자 한다.

중견기업에 재직하고 있는 한 프로의 목표는 작년 수준에 맞춰 일하자는 것이다. 그도 그럴 것이 성과 목표를 높이 설정하면 후년에 힘들고 성과 달성을 하지 못하면 꾸짖음을 들을 게 뻔하니 너무 열심히 하지 말자 주의였다. 이렇게 일하다 보니 업무를 대하는 마인드는 항상 '적당히'였다. KPI지표에서 OKR지표로 성과관리체계가 바뀐 조직을 보며 '이게 뭐지?' 했으나 전년도 성과표를 펼쳐놓고 새롭게 작성하는 템플릿에 작년과 비슷한 수준으로 숫자를 입력하고 있었다.

옆 팀에서 일하는 나 프로는 업무에서의 성과 달성이 재미있고 성취감을 많이 느끼는 편이다. 전년도에는 비록 설정했던 것에 비해 결과가 좋지 못했고 만족스럽지 못했지만 그 경험을 통해 '이번엔 이렇게 해봐야지?' 하는 호기심과 문제해결을 위한 방법을 찾고 있었다. 그런데 이번에 성과지표가 OKR이라는 체계로 바뀌었다는 공지를 보았다. 당장 인터넷에서 OKR 성과관리에 대한 책을 한 권 주문했고, 대충 알아보니 '어? 이거 나랑 잘 맞는 것 같다'고 생각했다.

구글의 자율성과 조직의 생산성 관계 조사에 따르면[22] 자신의 업무를 스스로 설계하고 자신의 관심사나 가치가 업무와 부합되도록 개인 맞춤형으로 조정한 사람들은 행복도와 업무 수행 능력 모두 상승했고 자율성을 느낀 직원들은 그렇지 않은 직원보다 승진할 확률이 70%나 높았다. 자율성은 스스로 의사결정이 가능하므로 주도성을 갖게 하고 책임감을 느끼게 하며 스스로 통제할 수 있다는 마음을 갖게 한다. 주도성, 책임감, 통제감은 강한 내적동기를 일으킨다.

사람들은 이렇게 말한다. '그건 구글이니까 가능한 것'이라고, 실리콘밸리 기업이고 조직문화에 자율성이 들어가 있는 IT기업이니 가능하다고 말한다. 그러나 영국 셰필드 대학의 카말 버디 교수와 그의 연구진이 22년에 걸쳐 308개 회사의 생산성을 연구한 결과[23] 회사가 직원들에게 더 큰 권한과 재량을 부여한 경우 압도적으로 높은 생산성을 기록했다고 말한다. 이 연구진이 조사한 308개 회사는 대부분 제조업 분야였다. 조직문화에 따라 자율성을 갖기 어렵다면, 상황적으로 힘든 환경이라면 개인의 삶에서라도 방법을 찾아야 한다. 그러지 않으면 앞 사례의 한 프로처럼 하는 업무에 흥미를 잃고 회의감을 느끼게 된다. 내가 하는 업무에 적극적으로 참여하고자 하는 행동과 마인드는 업무의 몰입도와 만족도를 높일 수 있다.

성장을 위한 셀프 체크(Self Feedback)

업무몰입을 위한 긍정성과 목표설정에 대한 방법들을 찾아보았다면 성과와 성장을 위해 가장 중요한 한 가지가 남았다. 바로 경험을 돌아보는 것이다. 우리는 조직에서 한 걸음 더 앞으로 나아가기 위한 피드백을 주고받는다. 당사자 간 커뮤니케이션을 통한 피드백을 주고받아 한 뼘 더 성장했다면 개인을 위해 셀프 피드백을 해볼 것을 추천한다.

'가장 의미 있었던 업무는 어떤 업무였는가?'
'그 일을 통해 무엇을 배웠는가?'
'그때의 감정은 어떠했는가?'
'아쉬운 부분과 발전시켜야 할 점은 무엇인가?'

스스로에 대한 회고와 성찰을 통해 한 발짝 더 앞으로 나아가는 진정한 밀레니얼 워커가 될 수 있을 것임을 확신한다.

4

워커의 성장을 위한 '경험관리'

과거의 경험이 미래의 워커를 만든다.
최고의 자산은 경험을 통한 성장이다.

과거의 내가 있어 지금의 내가 있다

가수 '소녀시대'가 tvN방송 프로그램인 '유 퀴즈 온 더 블럭'에 출연했다. MC가 소녀시대 멤버들에게 장기간 흥행할 수 있던 비결과 과거로 돌아간다면 어떤 삶을 살 것인지 질문했다. 소녀시대 서현 씨는 이런 말을 했다. "너 자신에게 좀 관대해져라. 근데 또 한편으로 생각해 보면 그때의 노력이 나를 만든 것이기에 미안하지만 그대로 열심히 살아라. 그래야 지금의 내가 있다."

이 책을 읽고 있는 밀레니얼 워커에게 묻고 싶다.

Q. 과거의 나로 돌아간다면 어떤 삶을 살 것인가?
Q. 과거의 나에게 해주고 싶은 말은 무엇이 있는가?

지난 과거가 후회된다면 지금도 늦지 않았다. 오늘은 내일의 과거이니까 과거의 시간을 되돌릴 수는 없지만 미래는 준비할 수 있다. 그럼 질문을 바꿔보자. '몇 년 뒤 본인이 어떤 모습일지 상상해 본 적이 있는가?' 내가 앞으로 하고 싶은 경험, 성장 등 미래의 본인 모습을 상상해 보자. 누군가는 몸담은 조직에서 승진한 본인 모습을 상상해 볼 것이고, 또 다른 누군가는 성장을 통해 완전히 다른 일을 하고 있는 본인을 상상할 것이다. 요즘 직장인들의 관심사는 '개인의 성장'과 '발전'이다. 이 책에서는 이렇게 말하고 있다. 성장은 개인이 하기 나름이라고.

성장을 위한 '조직몰입'과 '개인의 성과관리'

월급 받는 만큼만, 회사를 단순히 생계의 수단으로 여기며 일에 몰입하지 않고 딱 주어진 일만 최소한으로 하는 사람들이 늘고 있다. 조용한 사직이라는 단어가 생길 정도로 최근 기업 인사관리(HR)에서 화두라 할 수 있다. '이만큼만 하지 뭐, 저건 시키면 그때 하면 되지' 이런 직장인의 태도가 기업에만 피해를 끼칠까? 단언컨대 그렇지 않다. 가장 큰 피해자는 바로 개인 본인이다. 하루의 절반 이상을 보내는 회사 속에서의 수동적이고, 무기력한 삶은 개인의 성장과 발전에 아무런 도움이 되지 않는다. 내가 있는 곳에서 누구에게나, 어디서든 배울 점은 있는 법이다. 조직몰입은 개인이 특정 조직에 대하여 애착을 가짐으로써 그 조직에 남아있고 싶어 하고, 조직을 위해 더 노력하려 하며 조직의 가치와 목표를 기꺼이 수용하게 되는 심리적 조정 상태라고 했다. 조직에 애착을 가지고 업무에 몰입한다면, 더 큰 개인의 성장과 발전을 경험할 수 있을 것이다. 조직은 성과를 통한 향상, 개인은 능력 개발을 통한 성장 'WIN-WIN 상생'이 필요하다.

밀레니얼 워커에게 필요한 주인의식(Ownership Spirit)

직무 몰입은 해야 할 일에 집중해 성과를 만드는 것을 말한다. 동아 비즈니스리뷰 149호에서는 개인은 스스로 선택, 통제하려는 인간의 욕망인 자율성이 주어질 때 몰입이 된다는 걸 확인했다고 했다[24]. 자율성을 가졌을 때 사람들은 일할 '맛'을 느끼기 때문이다. 기업의 리더들은 현 세대들에게 '주인의식'에 대해 말한다. 하지만 현 세대들은 '주인의식'은 솔직히 어렵다고 말한다. '회사는 월급 받는 곳'이라고 생각하는 직원들에게 자율성과 주인의식은 동상이몽이기 때문이다. 그렇다면 개인의 성장을 추구하는 현 직장인들이 주인의식을 갖는 방법은 무엇이 있을까? 바로 '경력을 위한 경험'으로 생각해 보는 것이다. 나의 성장을 위한 작은 물방울이 바위를 뚫고 더 큰 꿈을 향해 흐르게 할 것이다.

조직이 잘되면 결국 개인도 잘된다. 개인이 몸담았던 조직의 성장은 결국 개인의 이력서에 당당한 한 줄이 되어줄 것이다. 개인의 역량을 발휘해 팀 성과를 창출했던 주인공이라면 어떨 것 같은가? 자신의 가치를 증명한 가장 큰 자산이 될 것이며, 어디서든 당당한 자랑거리가 될 것이다. 회사를 위한 '주인의식'이 아닌 나의 성장을 위한 '성장의식'으로 생각해 보자.

> 영업을 하는 영업사원이, 마케팅을 담당하는 마케터가
> 자신의 브랜드와 제품에 애정이 없으면,
> 고객을 만나 '진정성'을 전달할 수 없다[25].

조직에 몸담는 동안에는 나를 성장시켜 나갈 수 있다는 마음으로 스스

로를 업무의 주인이라고 생각하자.

'경험관리'를 통해 조직과 함께 성장하라

개인의 성장과 몰입은 조직의 성과를 만든다. 결국 개인의 목표가 있는 '경험관리'는 조직과 함께 성장할 수 있는 상생의 관계가 될 수 있게 해준다.

상생적인 관계를 위한 3가지 경험관리

1) **애사심**: '진정성' 있는 조직몰입과 성장을 위한 '경험관리'를 위해서는 자기 조직과 브랜드에 대한 애정이 있어야 한다.

2) **목표일치**: 조직과의 비전 일치와 상생 관계를 형성하기 위해서는 조직의 경영이념을 이해하고 조직의 핵심 가치가 개인의 가치와 일치되어야 한다.

3) **조직몰입**: 조직몰입을 통한 업무 퍼포먼스는 개인에게 잊지 못할 경험을 선사할 것이고, 이 성취감은 개인의 업무 라이프 스토리에 충분한 동기부여와 자신감을 줄 것이다.

결국, 일과 조직에서 행복감을 느끼기 위해서는 직장생활에 대한 만족감이 높아야 한다. 또 직장에서 긍정적인 경험으로 인한 즐거움을 느낄 수 있어야 하고, 일의 의미를 통해 직장생활이 가치 있다고 느끼는 상태가 되어야 한다. 조직몰입을 통한 성과창출과 성장은 개인에게 큰 도움이 될 것이다. 밀레니얼 워커십을 갖추기를 희망하는 직장인이라면 조직몰입을 통해 새로운 경험을 해보기를 바란다.

MILLENNIAL 워커십

7장

지속 가능한 성장을 위한 Right Worker

밀레니얼 시대에 인정받는 워커란 높은 성과뿐만 아니라 자신이 속한 조직에 선한 영향력을 미치는 사람이다.

1
Right Worker의 시대

Right Worker란 업무에 대한 헌신을 바탕으로 타인을 존중하며 직업윤리를 실천하는 사람이다.

썩은 사과 이론

과일 상자에 썩은 사과를 두면 어떻게 될까? 상한 사과 주변의 과일들이 빠른 속도로 상하는 것을 보게 될 것이다. 과일을 싱싱하게 오래 보관하고 싶다면 '에틸렌'을 주의해야 한다. 에틸렌은 과일을 저장할 때 나오는 식물 노화 호르몬이다. 사과는 특히 에틸렌을 많이 생성하기 때문에 다른 과일들과 함께 두면 안 된다. 사과만을 보관하더라도 흠집이 있거나 상한 사과는 제거해야 신선도를 오래 유지할 수 있다[1].

회사에도 에틸렌 호르몬을 전파하는 썩은 사과와 같은 사람들이 있다. '썩은 사과 이론'은 회사에서 한 사람의 태도나 성격 때문에 팀의 다른 사람들에게까지 부정적인 영향을 미치는 것을 말한다[2]. 이런 사람들을 비꼬는 신조어로 회사 사무실을 의미하는 오피스(Office)와 악당(Villain)의 합성어인 '오피스 빌런'이라는 표현이 등장했다. 썩은 사과와 같은 오피스 빌런에게는 세 가지 특징이 있다. 첫째, 팀에서 하는 프로젝트나 자신의 업무에 최선을 다하지 않는다. 둘째, 부정적인 표현을 입에 달고 살면서 전파한다. 셋째, 사람들 사이에서 지켜야 할 기본적인 예의와 중요한 규범을 지키지 않는 것을 일삼는다[3]. 이런 행동을 하나도 습관처럼 하고 있다면 그 사람은 팀의 썩은 사과라고 할 수 있다.

2023년 4월, 서울시는 최하위 등급의 근무 평가 기준을 발표했다. 합리적인 사유 없이 무단으로 결근·지각·조퇴를 반복하거나 전화를 여러 번 받지 않는 직원은 '성실성 부족', 합리적인 업무분장을 거부하거나 휴직 전에 업무 파일을 의도적으로 삭제하면 '책임성 부족', 동료 직원에 대해 모욕적인 말이나 욕설을 하면 '협조성·소통 능력 부족'으로 최하위 등급인 '가' 등급을 주기로 했다. 최하위 등급 한 번은 인사 불이익, 같은 등급을 두 번을 받고도 개선이 되지 않으면 직권면직으로 퇴출당할 수 있다[3]. '철밥통 직장'이라고 하던 공공기관마저 업무에 태만한 썩은 사과를 두고 보지 않기로 한 흥미로운 사례다. 효과적인 팀과 조직을 만들기 위해서는 부정적인 것을 제거하는 것이 최우선이다[4]. 이 글을 읽는 당신의 업무 태도는 어떠한지 한번 되돌아봐야 할 시점이다. 혹시, 우리 조직의 썩은 사과가 내가 되어서는 안 되니 말이다.

채용의 생존부등식, 당신의 가치는 안전한가?

2022년 10월, 아이폰14가 국내 출시되는 날이었다. 명동에 자리한 애플스토어 앞에는 입장을 기다리는 사람들이 새벽부터 줄을 서 있었다. 오전 8시, 오픈런을 한 손님들은 직원들의 박수 환호를 받으며 매장으로 입장했다[5]. 왜 사람들은 더 싸고 손쉽게 구매할 수 있는 다른 회사 제품을 두고 아이폰에 열광할까? 브랜드, 가격, 디자인 등 여러 조건 중에서 가장 자신에게 가치 있다고 여기는 '무언가'가 있기 때문이다. 고객들이 느끼는 가치는 제품의 가격보다 커야 한다. 휴대전화를 만든 회사는 가격이 제품을 만든 원가보다 커야 한다. 이렇게 해야 제품을 구매한 당신도 회사도 모두 WIN-WIN 할 수 있다. 이것을 경제학자 윤석철 교수는 '생존부등식'이라고 정의했다. 생존부등식을 만족시키지 못하면 기업은 망한다. 생존부등식은 유통되는 제품이나 서비스에만 해당하는 것이 아니다. 인간 개개인과 사회 속의 모든 조직에도 성립하는 보편타당한 진리다[6].

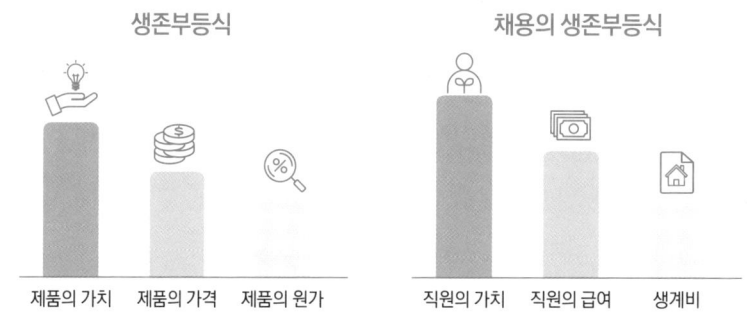

제품의 가치(Value) → 제품의 가격(Price) → 제품의 원가(Cost)
직원의 가치(Value) → 직원의 급여(Price) → 생계비(Cost)

[그림 7-1] 생존부등식과 채용의 생존부등식
출처: 윤석철(2011). 삶의 정도. 고양: 위즈덤하우스

과학 기술의 발달이 불러온 자동화와 더불어 전문직의 일자리까지 위협할 수 있는 AI가 등장하는 시대다. 이런 급변하는 시대에 조직은 어떤 사람이 조직에 계속 머무르기를 바랄까? 미래학자 손턴 메이는 '출근한다'라는 사실만으로 보수를 지급하던 시대가 끝나가고 있다고 말했다[7]. 요즘과 같은 예측불허의 경영환경 속에서 기업은 출근해서 자리만 지키는 사람이 아니라 보통 사람들과는 다른 생각을 하며, 차이를 만드는 사람에게 돈을 주고 싶어 한다.

직장은 당신이 한 일의 성과와 경제적, 비경제적 대가가 거래되는 시장이다. 직장에서 인정받기를 바라는 사람이라면 자신이 속한 회사가 원하는 인재상을 내재화하고 회사의 핵심 가치를 실현해야 한다. 또 자기 능력을 발휘해서 조직의 성과를 만들어야 회사에서 제공하는 다양한 혜택들을 누릴 수 있다. 회사 역시 당신의 가치가 마음에 들면 연봉 인상, 승진, 직무 확대 등을 제안하게 된다[8]. 이것을 '채용의 생존부등식'이라고 할 수 있다. 반대로 채용의 생존부등식을 만족시키지 못하면 결국 존재 가치를 인정받지 못하는 처지가 되고 만다[6].

나의 커리어를 잘 관리하고 싶다면

리서치 전문업체 엠브레인이 발표한 2023년 '이직의향 및 조용한 사직'에 대한 인식 조사에 따르면 직장인의 55.2%가 이직 의향이 있다고 응답했다. 특히, 78.7%가 똑똑한 이직이 커리어를 잘 쌓는 방법이라고 생각했다[9]. 6장에서 언급되었듯, 이직의 사유로는 현재보다 더 나은 처우나 자신의 성장을 위한 것이 많았다. 현재의 직장에서 성장할 기회를 찾고 발전할 수 있다면 어떨까? 이제 직장은 개인의 성장을 돕는 수단이 되었다고 해도 과언이 아닐 것이다. 그 수단을 잘 관리하는 것 역시 개인의 몫이다. 좋든 싫든 회사에 다니면서 자신이 한 일이 나의 프로필이 될 것이기 때문에 지금 다니고 있는 직장에서부터 일을 잘하는 사람으로 인정받아야 한다. 그리고 내가 지금 다니고 있는 회사가 좋은 평판을 받을 수 있도록 자신부터 노력해야 한다. 당장 더 좋은 조건의 직장으로 옮길 수 없는가? 그렇다면 지금 머문 그곳에서 내가 할 수 있는 일에 집중해야 한다. 그리고 회사가 당신을 놓치고 싶지 않은 인재라고 생각하도록 만들어야 한다. 그래야 다른 회사도 당신을 탐낼 것이다.

밀레니얼 시대의 인정받는 프로 일잘러는 맡은 일에서 높은 성과를 거두는 것에 머물러서는 안 된다. 자신이 속한 팀에서 높은 성과를 만들어 낼 수 있도록 선한 영향을 주는 사람을 지향해야 한다. 선한 영향은 직업윤리를 실천할 때 가능해진다. 그들은 남이 하지 않으려는 일과 간과하는 일까지 척척 해내는 '틈새를 채워주는 역할'을 하며 영향력을 확장해 나간다.

"직업윤리란 어떤 직업을 수행하는 사람들에게 요구되는 행동규범이다."

직업윤리를 실천하는 Right Worker

참나무 열매인 도토리는 땅속에 묻혀서 수분을 충분히 흡수해야 다음해에 싹을 틔울 수 있다. 도토리를 그대로 땅 위에 두면 말라 죽게 된다. 다람쥐는 나무 밑에 떨어진 열매를 먹기도 하지만 물고 다니면서 부지런히 땅에 묻는다. 그리고 겨울 동안 저장한 식량을 다 먹지 않는다. 그렇게 이듬해에 새로운 싹을 틔워서 나무의 번식을 돕는다[6]. 그 덕에 번식한 나무에서 새로운 열매를 맺어 다람쥐들이 식량을 확보하는 셈이다. 직업윤리도 이런 자연법칙과 같다. 조직의 목표나 가치를 받아들인 행동규범의 실천이 나의 이익이 되고 조직이라는 생태계 발전에도 도움이 된다.

미국 버지니아주 조지메이슨대학 연구에 따르면 구성원들이 직업윤리를 실천하는 팀은 경제적 효율성이 높아진다고 한다. 이처럼 직업윤리의 실천은 자신과 조직 전체에 더 큰 경제적 발전을 가져오는 중요한 요소가 된다[10]. 위기경영의 대가 에드워즈 데밍은 조직에서의 탁월함이란 복잡한 프로세스를 생동감 있게 거치면서 꾸준히 개선하는 것이라고 말했다[11]. 자신이 속한 회사의 직업윤리를 체화하고 습관화하여 평범한 일을 특별하게 해내는 사람들을 우리는 Right Worker라고 부른다. 그들은 업무 성과뿐만 아니라 팀에 긍정적인 영향력을 미치며 자신의 가치를 높인다.

"Right Worker란 업무에 대한 헌신을 바탕으로 타인을 존중하며 직업윤리를 실천하는 사람이다."

원하는 결과를 빠르게 달성하기 위한 가장 좋은 방법은 적절한 생각을 통해 적절한 일을 하는 것이다. 직장인이라면 남들과 차별화되는 Right Worker가 되는 것이다. 그 '변화'의 씨앗이 되는 다섯 가지 실천 행동을 알아보자.

2
Right Worker에게 필요한 RIGHT

남들과 차별화된 브랜드 가치를 가진
워커가 되기 위해서는 다섯 가지 실천행동이 필요하다.

정직한 Right Worker

김태형 프로은 '내일의 나님, 파이팅!'이라고 적고 회의하느라 읽지 못한 메일 리스트 사진을 SNS에 올리며 퇴근했다. 출근과 동시에 밤사이 해외 지사에서 보내온 메일에 회신하고 관련 업무 사항을 보고하기 위한 회의자료를 작성했다. 그리고 오후 내내 회의에서 회의록을 작성했다. 그런데 회의하는 사이 잔뜩 쌓여있는 메일을 보며 잠시 생각했다. '오늘 쉴 틈 없이 바빴는데 또? 일이 끝나지 않고 반복되는 것 같은 느낌은 내 착각인가?'

김 프로와 같은 생각이 드는 것은 성과와 기여에 대해 우리가 알지 못하기 때문이다. 피터 드러커는 〈경영의 실제〉에서 단순히 일만 많이 하는 것이 아니라 성과와 기여(공헌)의 차이를 구별하라고 했다. 성과는 업무 도중에 해야 할 과업 목록이다. 이메일에 답하거나 회의에 참석하거나 보고서 분석을 끝내는 것은 성과의 하나다[12]. 회사에서 성과를 내는 것은 지극히 당연한 일이다. 6장에서 언급했던 '조용한 사직'은 정해진 시간과 업무 범위 내에서의 일만 하며 성과를 내는 사람을 의미한다고 할 수 있다.

직장인의 윤리적 행동

업에서의 기여란 중요한 상위 목표로서 지난 일을 뒤돌아볼 때 그 성취를 자랑스럽게 여기는 일이다[12]. 회사생활의 하루를 성취로 가득 채우고, 의미 있게 끝내려면 개인의 기여라고 할 수 있는 윤리적 행동이 필요하다. 윤리적 행동을 우리는 '삶에서의 정직성'과 연결해 볼 수 있다. 인지심리학자 김경일 교수는 심리학에서 말하는 정직한 사람들과 반대되는 사람들의 특징을 다음과 같이 정리했다[13].

삶의 정직성을 가진 사람	삶의 정직성을 가지지 않은 사람
• 타인을 조종하지 않고 가식적인 것을 싫어한다. • 공정하고 준법적이며, 부와 사치를 중요하게 생각하지 않고 청렴하다. • 자신이 특별히 우월하다고 생각하지 않으며, 따라서 상대가 약자라 하더라도 하대하지 않는다.	• 목적을 위해 사람을 사귀며, 언제든지 필요할 때는 아부하는 것도 가능하다. • 자신의 이익을 위해서는 규정과 규칙의 위반을 마다하지 않으며, 부와 지위를 추구하는 경향이 강하다. • 타인과의 관계에서 자신에게 어떤 이득이 있는가를 늘 생각한다. • 얻을 것이 없는 관계는 관계를 갑작스럽게 단절하기도 한다. • 타인의 위에 군림하려 하며 특권의식도 매우 강하다.

[표 7-1] 정직한 사람들과 반대되는 사람들의 특징
출처: 김경일, 김태훈, 이윤형(2022). 인지심리학은 처음이지?. 서울: 북멘토.

누구나 정직성을 가진 사람과 일하고 싶을 것이다. 우리는 의식하지 못하지만, 정직성을 가진 사람에게 마음이 간다. Right Worker는 바로 정직성을 갖추고 조직에 기여하는 사람이다. 지금부터 Right Worker가 갖추어야 할 실천 행동인 R.I.G.H.T에 대해 알아보자.

Right Worker의 R.I.G.H.T	
Responsibility for Company Engagement (회사 활동의 참여에 대한 책임)	구성원으로서 책임 의식을 가지고 있는 사람
Information Sharing (정보공유)	갈등이 발생하지 않도록 정보를 교환하고 조직 공정성을 가진 사람
Good Influencer (선한 영향력)	불평불만이 아닌 참여와 개선하기 위해 노력하는 사람
Helper (도움 주는 사람)	업무와 관련하여 동료를 도와주는 행동을 하는 사람
Trustworthy Worker (신뢰할 수 있는 워커)	비공식적 규칙도 잘 지키고 윤리적 민감성이 높은 사람

[표 7-2] Right Worker의 R.I.G.H.T

밀레니얼 워커의 회사 활동의 참여에 대한 책임
(Responsibility for Company Engagement)

'일을 잘한다는 것'은 과연 무엇일까? 회사에서 사람들에게 인정받는 사람을 떠올려 보자. 공통으로 도출되는 특징이 있다. 그것은 바로 '함께 일하고 싶은 사람'이라는 것이다. '실력'과 '관계'라는 두 마리 토끼를 잡은 사람이다. 실력을 인정받는다는 것은 맡은 업무를 잘 해내는 것은 물론 태도가 다른 사람들에게 친밀감을 느끼게 하는 사람이라는 것이다. 회사에서 좋은 평판을 받고 싶다면 사람들에게 호감 가는 사람이 되는 것이 먼저다[14].

조직 구성원으로서 의무를 실천하며 나를 알리는 방법

미국 피츠버그대학의 리처드 모어랜드와 스콧 비치 교수는 함께 수업을 듣는 학생의 수업 출석 횟수에 따라 그 학생에 대한 호감도가 어떻게 달라지는지를 실험했다. 실험에 참여한 4명의 학생은 출석만 하고 다른 학생들과 교류를 전혀 하지 않았다. 학기가 종료된 후 학생들에게 4명의 학생 사진을 보여주며 누가 얼마나 매력적이고, 지적이고, 진실해 보이는지 평가하게 했다. 학생들은 수업에 더 많이 출석한 학생에게 높은 점수를 주었다. 특정 대상에 대해 무관심하거나 중립적인 감정을 품고 있을 때 단순히 자주 보는 것만으로도 상대방에 대한 호감도가 높아지는 현상을 '단순 노출 효과' 또는 '에펠탑 효과'라고 한다. 사람들은 낯선 대상을 만나면 경계심을 갖거나 불편함을 느끼게 마련인데, 특별한 교감이 없더라도 자주 보면 상대방에게 익숙해지고 호감을 느끼게 된다는 것이다[15].

회사에서 나의 능력을 인정받으려면 먼저 내가 누구인지 사람들에게 알려야 한다. 사회 초년생이라면 업무로 평가받기는 쉽지 않다. 팀의 리더나 동료들에게 함께 일하고 싶은 괜찮은 사람으로 각인되는 것이 필요하다. 가장 쉬운 방법은 회사의 다양한 활동에 자주 참여함으로써 사람들에게 나를 알리는 것이다. '친숙'하다는 것은 대상의 특징에 관한 정보가 당사자의 인지 체계 안에서 익숙해졌다는 뜻이다. 익숙한 정보는 굳이 정보 처리를 새롭게 하지 않아도 되기 때문에 세세한 특징을 더 쉽게 알아차릴 수 있게 한다[16].

인정받는 조력자

회사의 여러 활동에 자주 모습을 드러내는 것은 조직 구성원으로서 자신의 책임 의식을 표현하는 또 하나의 방식이다. 그리고 자주 모습을 드러냄으로써 호감 가는 사람으로 인식될 수 있다. 회의나 교육 등이 원활하도록 진행을 돕는 역할을 하는 사람을 퍼실리테이터, 즉 조력자라고 한다. 회의, 워크숍, 심포지엄, 교육, 회식, 야유회 등 업무와 관계가 있는 것이든 없는 것이든 상관없다. 주도적으로 행사를 이끌지 않더라도 적극적인 참가자가 되어 진행자를 돕는 것도 좋은 조력이다.

당신의 직장 생활 경력이 몇 년 되지 않았다면 오히려 이런 일들을 반기는 것이 좋다. 이런 일은 어찌 보면 귀찮고, 힘든 것일 수 있다. 그런데 이런 일 하나 잘 처리하고 나면, 평소 업무 성과가 뛰어났음에도 듣기 어려웠던 말들을 들을 수 있다. "그 친구, 신입사원 환영회에서 사회 잘 보던데? 회식 자리에서 보니 사교성이 무척 좋아, 인간관계도 잘할 것 같아!", "팀 체육대회 계획을 하는 거 보니까 철두철미하더라고! 아주 주도면밀해. 무슨 일을 맡겨도 다 잘 해낼 사람이야.", "세세한 부분까지 잘 챙기고 사람도 잘 챙기고… 그 친구, 열정적이야." 당신이 생각할 때 그리 중요하지 않은 일을 대하는 태도를 보면서 회사는 당신을 평가하기도 한다[17].

나를 보호하는 정보공유(Information Sharing)

원활한 업무를 위한 배려

정호석 프로는 주말을 끼고 친구와 대만 여행을 가기 위해 금요일 오후 반차를 냈다. 들뜬 마음으로 출근한 정 프로는 그날 업무를 부지런히 마쳤다. 점심시간이 다가오자 정 프로는 이지은 팀장에게 오후 반차 사실을 보고하고 퇴근 준비를 했다. 그러자 이 팀장은 "오후 반차면 미리 보고를 했어야지, 왜 닥쳐서 하는 거죠?"라며 핀잔을 줬다. 예전 김남준 팀장은 이런 경우 '쿨하게' 보내줬던 것 같은데, 정 프로는 어쩐지 여행 기분을 망친 것 같았다[18].

직장인 정 프로의 마음에 공감하는 사람이 많을 것이다. 물론 정 프로가 시스템에 연차 결재를 올렸는데 이 팀장이 확인하지 않았거나 승인한 사실을 잊은 것일 수도 있다. 이런 경우엔 원활한 업무를 위해 결재를 올리고 나서 결재 올린 사실을 팀장에게 보고하고 당일 오전 일정을 재확인하면 좋을 것이다.

서로를 존중하는 공유

정해진 시간에 일하는 이유는 업무 효율을 높이기 위함이다. 그 시간을 잘 활용해 주어진 업무를 완수함은 물론 동료들이 일할 수 있는 여건을 만들어주는 것 역시 동료로서 갖추어야 할 예의이다. 개인의 행동이 다른 직원들에게 줄 영향을 고려해서 어떤 결정을 내리기 전에 상의해야 한다. 시스템에 휴가 결재를 올렸다는 것만으로 끝나지 않는다. 혼자 하는 일이 아니기 때문이다. 나의 업무 진행 정도가 어떻게 되고 있는지, 휴가 일정을 어떻게 계획하고 있는지 공유하는 것이 직장 생활의 예의이다. 그래야 다른 사람들이 업무 일정을 조정할 수 있고, 때로는 당신에게 도움을 줄 수도 있기 때문이다.

2020년부터 선택적 재택근무를 하는 아마존은 팀원과 소통을 위해 스케줄을 자세히 공유한다. 또 평상시 생활하는 공간과 일하는 장소를 분리하고 원활한 화상회의를 위해 헤드셋을 마련하고 소음과 조명 등을 조절하는 노력을 기울인다[19]. 이러한 노력을 하는 이유는 간단하다. 부당한 간섭을 하거나 받지 않기 위해서다. 나의 사생활을 보호하고 동료들의 권리를 지켜주기 위한 실천이다. 누군가에게 존중받기 위해서는 자기 자신부터 타인을 존중하려고 노력해야 한다. 정보공유는 그 실천의 중요한 열쇠가 되니 잘 활용하자.

긍정적 변화를 만들어내는 선한 영향력(Good Influencer)

역할과 책임의 자세

김석진 프로는 회사에서 할 말 다 하는 성격으로 유명하다. 모두가 무서워하는 홍보팀의 안유진 팀장의 프로젝트가 감성적이라며 "저는 좋아하지 않습니다."라고 당당하게 말했었다. 그러나 프로젝트 제안이 성사되었고 안 팀장은 자신의 의지대로 감성적으로 홍보를 진행했다. 김 프로는 본인 스타일과 다른데도 불구하고 적극적으로 아이디어까지 내면서 프로모션이 성공할 수 있도록 했다. 어느 날 김 프로에게 안 팀장이 말했다. "생각보다 우리 업무 합이 잘 맞네요. 프로젝트 방향에 부정적이었는데 막상 해보니 마음에 들었죠?" 김 프로는 당연하다는 듯이 말했다. "제가 선호하는 방향은 아니지만 팀에서 결정한 사항이잖아요. 그럼 당연히 일이 성공할 수 있도록 협조해야죠!

직장에서 팔로워라면 리더의 업무 지시나 조직에서 내린 결정 사항을 잘 따르는 것이 중요하다. 그러나 따르는 일에도 주도성이 필요하다. 냉소나 방관 혹은 무관심이 아니라 건전한 비판과 의견 개진을 통해 주도적으로 임해야 한다. 역할과 책임에 최선을 다한다는 것은 내 일이라고 하더라도 결정권이 없다면 설득하거나 따라야 한다는 것이다. 불평 대신 요구, 평가 대신 제안, 방관 대신 설득만이 변화를 이끌 수 있다. 이끌거나 따르지도 못하면서 평가하고 평론하고 원망한다고 바뀌는 것은 없다. 이끄는 동료의 열정을 비웃고 회사 일이 원래 다 그런 거지라고 생각하고 있다면 냉정하게 자신을 돌아보자. 그 상태가 지속된다면 더는 성장할 수 없을지도 모른다[20].

위기를 극복하는 습관

배달의 민족 신입사원 채용 최종 면접장의 일화다. 최종 면접에서 김봉진 대표가 지원자에게 다른 회사 면접도 많이 봤냐고 질문했다. 지원자는 여러 곳에 지원했고, 최근 유명 포털사이트의 마지막 면접까지 올라갔지만 떨어졌다고 답했다. 김 대표는 다시 물었다. "불합격 소식 듣고 뭐 하셨어요?" 지원자는 웃으며 답했다. "힘내려고 맛있는 거 먹으러 갔어요." "떨어질 때마다 그렇게 하나요?" " 네, 제 습관입니다." 그 대답으로 그는 최종 합격자 명단에 이름을 올렸다. 그가 합격할 수 있었던 이유에 대해 김 대표는 긍정적 에너지를 스스로 만들어내는 좋은 습관을 지니고 있었기 때문이라고 말했다[21].

직장 생활은 생각보다 위기의 순간이 많다. 긴 시간 준비하고 있던 팀 프로젝트가 하루아침에 수포가 되기도 하고, 새로운 정책으로 업무 환경에 변화가 생기기도 한다. 그래서 위기의 상황을 극복해 나가는 긍정적 습관이 중요하다. 심리학자 로버트 치알디니는 좋은 습관을 만들고 싶다면 다음의 세 가지 요소를 갖추라고 했다. If(만약), Then(그러면) 그리고 When(언제)의 공식이다.

If, Then, When의 공식
"만약 ~하면, ~에 ~한다!" / "~시 정각에 ~하면 ~한다!"

위의 사례 속 합격자 역시 이 공식을 잘 적용한 사람이다. '만약 면접에 떨어지면 저녁에 맛있는 것을 먹는다[21].' 당신도 당신만의 긍정회로 공식이 있는가? 예를 들어 '만약 주말에 출근해야 한다면, 퇴근길에 코인 노래방에서 한 시간 노래를 부른다'처럼 말이다.

낙천적인 사람은 타고난다. 그러나 삶을 살아가는 마음가짐과 태도인 낙관성은 후천적으로 만들어진다. 긍정적인 사람들은 현실을 직시하고 미래를 긍정적으로 확신한다. 동시에 그들은 작지만 좋은 행동을 반복함으로써 자신과 주변을 변화시킨다.

성공을 불러들이는 도움 주는 사람(Helper)

도움을 주고받는 이웃 같은 관계, 동료

사회학자 앨런 피스크는 주요 인간관계 유형을 가족, 이웃, 이방인이라고 분석했다. 가족은 인생에서 가장 가까운 사람들이다. 이 관계는 친밀하므로 가족은 힘든 시기에 서로 도울 방법을 찾는다. 이방인은 잘 모르거나 전혀 모르는 사람들이다. 간단한 대화는 할 수 있지만 신뢰하지는 않는다. 이웃은 자주 말을 걸고 사적인 대화도 나누고 집안의 경조사에 참여할 수도 있다. 회사 동료들은 이웃의 역할을 한다. 필요할 때 동료의 도움을 기대하고 당신도 동료들을 도와줄 수 있다[12].

2023년 시작한 직장 생활을 소재로 한 예능 〈오피스 빌런〉에 '전화를 잘 받지 못하는 신입사원이 오피스 빌런'인지 묻는 사연이 소개되었다. 패널로 나온 10년 차 이상 직장인들의 반응이 흥미로웠다. 모 대기업 김 팀장은 회사에서 온 전화도 못 받는 사람은 빌런이 맞다고 말했다. 또 다른 기업의 이 프로는 빌런이 아니라고 응수했다. Z세대는 텍스트에 익숙한 세대라서 전화가 낯설다고 말했다. 어떻게 전화를 받아야 하는지 몰라서 더 두려운 것일 수 있다며 전화 응대법을 가르치는 것이 먼저라고 주장했다. 당신은 어떻게 생각하는가?[22]

도움과 업무 성과의 상관관계

업무가 미숙한 동료에게 적절한 도움을 주는 것은 당연하다. 도움을 주고받는 관계는 팀의 생산성을 향상한다. 하버드대학교의 리차드 헤크먼 교수팀의 연구에 따르면 팀의 구성원들이 서로 주고받는 '도움'의 양이

성공의 가장 중요한 선행요인이 된다고 한다. 높은 성과를 내는 조직은 자기 동료를 위해 코칭을 하거나 자문하는 데에 많은 시간과 에너지를 쏟았다. 또, 애리조나대학 나산 팟사코프 교수팀은 베푸는 행동이 기업의 수익성이나 생산성, 고객 만족과 비용경쟁력에도 긍정적이라고 밝혔다[23].

누군가가 미숙한 동료의 업무를 도와주면 도움받은 동료 또한 다른 누군가를 도와주게 되고, 이는 팀의 목표 달성에 도움이 된다. 직장 생활에서 '좋은 이웃'이 된다는 것은 당신의 긍정적 기여와 잠재적 리더십을 인정받는 계기가 될 수 있다. 남에게 베푼다는 것은 나에게 실력이 있다는 의미다. 조직에서의 실력자란 지속적인 성장을 통해 발전하는 사람이라는 것을 잊지 말자.

회사의 성장을 돕는 신뢰할 수 있는 워커(Trustworthy Worker)

2주 뒤 다른 회사로 이직하는 조인경 프로는 퇴사를 앞두고 그간 사용했던 회사 PC 정리와 인수인계 작업에 한창이다. 경영지원 업무를 맡아온 조 프로의 PC에는 회사와 관련한 각종 문서는 물론 매출 관리, 급여 정산 등을 위한 프로그램이 가득하다. 이 중에는 실적 분석과 업무 보고를 위해 조 프로가 직접 만든 엑셀 파일도 있다. 조 프로는 자신이 만든 것이기도 하고, 어쩐지 그냥 주기도 아까운데 PC에서 삭제하고 퇴사하고 싶다는 생각이 들었다[24].

이런 생각을 하는 직장인이 꽤 될 것이다. 그러나 회사에서 월급을 받으며 업무상 만든 자료이기 때문에 그 소유권은 회사에 있다. 따라서 퇴사

시에는 자신이 관리하고 있던 업무 관련 자료를 온전한 상태로 회사에 반납해야 한다[24]. 이것은 사소한 행동이지만 회사와 맺은 계약관계에서 신뢰를 지키는 것이다. Right Worker라면 자료를 만드는 과정에 자신이 배운 것이 무엇인지 기억하고 자신만의 노하우를 더하여 나만의 실력으로 만드는 것이 중요하다.

상생을 위한 배려

2023년 초 온라인에서 웃지 못할 직장인 배틀이 벌어졌다. 이른바 '직장인 거지 배틀'. 커피 믹스를 타 마실 때마다 이름을 적어야 한다거나 각자 돈을 내서 물을 사 먹는다는 등의 사연을 통해 서로 자신의 회사가 더 궁상맞다고 경쟁했다. 회사 정책의 과도한 부분을 지적한 사례라고 볼 수 있다. 반면 다른 각도에서 이것은 경기 성장의 둔화와 코로나19 이후 경기 침체와 관련이 있다고 봤다.

중소기업중앙회가 발표한 2023년 중소기업 핵심 경영전략 1위는 원가절감과 긴축재정이었다. 국내뿐만 아니라 해외도 사정은 마찬가지다. 페이스북의 모회사인 메타는 저녁 식사를 주지 않기 위해 마지막 통근 버스의 출발시간을 저녁 시간 이전으로 조정했다. 트위터는 직원들이 직접 화장실의 화장지를 사 들고 다닌다고 한다[25]. 어려운 시기일수록 회사가 직원에게 바라는 것은 별것 아닌 것처럼 보이지만 회사를 유지하고 발전할 수 있도록 협조하는 구성원의 사려깊은 공동체 의식이다. 이것이 회사와 상생하는 구성원의 자세일 것이다.

주도적으로 일한다는 것

우리는 직장 생활이 다른 사람에 의해 좌지우지되지 않도록 스스로가 맡은 일에 통제권을 가지는 것이 중요하다. 워커에게는 일자리를 지키기 위해 꼭 해내야 하는 업무 외에 재량에 따라 추가로 처리할 수 있는 업무가 있다[26]. 그것이 바로 Right Worker의 다섯 가지 R.I.G.H.T이다.

회사는 별것 아닌 사소한 일들을 중요하게 평가한다. 사소한 것을 중요하게 여기는 마음에 차별성까지 갖춘다면 회사는 그 사람을 신뢰할 수 있는 사람으로 평가한다. 작은 실천을 통해 조직에서 성공하는 승자가 되기를 바란다.

3
Right Worker의
팀

조직에서 지속적인 영향력을 확보하기 위해서는
팀워크를 잘하는 것이 관건이다.

함께 일하고 싶은 사람의 실천법

2023년 잡코리아에서 직장인을 대상으로 한 설문에서 함께 일하고 싶은 동료 유형으로 '사람들과 두루두루 잘 지내면서 분위기를 좋게 만드는 핵인싸 워킹 메이트(45.7%)'를 가장 선호하는 것으로 나타났다[27]. 같은 해 인사 담당자들을 대상으로 한 설문에서 신입사원 채용 시 중요하게 평가하는 역량으로 성실성(75.7%), 적응력(58.3%), 팀워크(43.7%), 전문성(35.9%) 순으로 조사되었다. 반면 경력직은 전문성(68.9%), 팀워크(55.3%), 적응력(45.6%), 성실성(36.4%) 순으로 나타났다[28]. 이는 조직의 차원과 동료의 관점에서 함께 일하고 싶은 사람에 대한 기준이 대동소이하다는 점을 알려준다. 즉, 동료들과 조화를 이루며 팀워크를 할 수 있는 능력을 높은 덕목으로 본다는 것이다.

직장인의 성공이란 지속적인 영향력을 확보해 나가는 것이다. 영향력이 커지면 할 수 있는 일이 많아지고 큰 성공을 거둘 가능성도 커진다. 개인의 브랜드 가치는 그러한 영향력을 유지하고 확대해 갈 때 커진다. 조직 생활을 하면서 이러한 브랜드 가치를 높이는 방법은 바로 평소에 진실하고 원칙 있는 언행을 하는 것에서부터 시작된다[29]. 그것이 앞에서 설명한 Right Worker의 R.I.G.H.T이었다.

오늘날 지식과 혁신은 기업의 성공과 실패를 좌우한다. 기업은 단순히 스펙이 뛰어난 인재를 영입하는 것만으로는 장기적인 기업 이윤을 창출하기가 어렵다는 것을 알게 되었다. 아무리 풍부한 지식과 넘치는 열정을 가지고 있는 인재라 하더라고 매번 자기 능력을 적재적소에 발휘하기란 어렵다[30]. 기업을 둘러싼 환경이 더욱 복잡해지고 글로벌화되면서 개인이 아닌 팀 단위의 업무 비중은 더욱 늘어날 전망이다. 따라서 다양한 동료들과 협업하며 시너지를 낼 수 있는 인재가 중요하게 되었다.

2021년 취업포털 사람인이 직장인을 대상으로 일을 잘하는 동료와 함께 일할 때 받는 영향에 대해 설문을 실시했다. 응답자들은 '업무능력과 성과가 높아진다(63.9%)'를 가장 많이 선택했다. 이어 자극을 받아 자기계발을 하게 된다(46.6%), 부서 사기가 올라간다(24.4%), 동료들과 사이가 돈독해진다(22.1%)고 응답했다[31].

개인이 여럿 모였다고 해서 팀이 되는 것은 아니다. 같은 팀으로서 손발을 맞추고 심리적 안전감을 주면서 업무의 성과를 만들어야 진정한 팀이라고 할 수 있다. 좋은 동료는 좋은 영향력을 미친다. 앞에서 Right Worker는 업무에 대한 헌신을 바탕으로 타인을 존중하면서 직업윤리를 실천하는 사람이라고 정의했다. 타인을 존중한다는 것은 함께 일하는 사람들의 강점을 살리고 약점을 보완해 주는 사람으로서 함께 일하고 싶은 조직 내 인플루언서이기도 하다는 의미다. 동료로서 함께 일하고 싶은 사람으로 인정받고자 하는 Right Worker라면 시너지를 극대화하기 위한 네 가지 실천 마인드가 중요하다.

Right Worker의 네 가지 실천 마인드 T.E.A.M	
Team First (팀 우선 사고)	일과 삶의 조화를 위한 팀 중심 마인드
Encouragement (격려와 지지)	업무 동기를 일깨우는 협력 마인드
Altruist (이타주의자)	현명한 상부상조 마인드
Mega Success (대성공)	높이 날기 위한 협력 마인드

[표 7-3] Right Worker의 네 가지 실천 마인드 T.E.A.M

첫째, 일과 삶의 조화를 위한 팀 중심 마인드

혼자가 아닌 함께 하는 일

퇴근 시간쯤 G 전자의 품질경영팀은 고객사의 긴급 요청으로 최근 3개월의 품질평가 보고서를 작성해야 했다. 박지민 팀장은 부서원들에게 각각 업무를 나누어 주었다. 그리고 민윤기 프로에게는 지난달 평가 보고서를 요약하라고 요청했다. 그러자 민 프로는 PT 예약이 있다며 퇴근을 해버렸다. 그때문에 그 업무를 동료 전정국 프로가 맡게 되었다. 민 프로의 비협조적인 모습에 실망한 전 프로는 민 프로의 퇴근을 눈감아 준 박 팀장이 야속했다. 그리고 야근하는 자신이 한심하다는 생각과 함께 앞으로 자신도 민 프로처럼 하겠다고 다짐했다.

민 프로의 행동을 어떻게 생각하는가? 민 프로의 행동으로 팀을 위해 돌발 업무를 수행하던 동료 전 프로는 동료에 대한 신뢰가 무너졌다. 이런 일들이 반복된다면 과중한 업무에 시달리던 누군가는 번 아웃으로 인해 일에 대한 의욕과 팀에 대한 소속감마저 없어질지 모른다[32].

워라밸이 강조되면서 자신의 삶을 중시하는 문화가 자리 잡고 있다. 일과 삶의 균형을 잡는다는 것은 일과 개인의 삶을 양팔 저울처럼 균형을 맞추는 것이 아니다. 바로 일과 삶의 조화를 이루는 것이다. 팀에 긴급한 업무는 개인의 일이 아니라 팀 전체의 일이다. 그 일이 완벽하게 처리될 수 있도록 하는 것은 팀원 모두에게 주어진 책임이 아닐까. 내 삶이 소중한 것처럼 함께 일하는 동료들의 삶도 소중하다는 것을 잊어서는 안 될 것이다.

일과 삶의 조화를 위한 존중

하버드 경영대학원의 레슬리 펄로 교수는 미국에서 가장 바쁜 회사 중 하나인 보스턴컨설팅그룹을 대상으로 생산성을 향상하는 연구를 했다. 실험에 참여한 직원들은 각자 일주일에 한 번씩 야근을 피하고 쉬기로 했다. 그날만큼은 퇴근 후 절대로 이메일을 확인하지 않기로 했다. 쉬기로 한 날에 한 사람이라도 이메일을 확인하면 실험 전체가 수포가 되기 때문에 팀원들의 협조가 중요한 실험이었다. 야근하지 않기로 한 날 비상사태가 발생하지 않은 것은 아니지만 실험에 참여한 직원들은 약속을 지켰다. 그들은 "오늘은 쉬기로 한 날이잖아. 신경 쓰지 마. 알아서 할게!"라며 서로를 안심시켰다.

변화는 일상에서 일어났다. 저녁에 중요한 일이 있는 날이면 직원들끼리 서로 쉬는 것에 대해 양해를 구했고 동료들은 쉴 수 있도록 양보했다. 그리고 사생활에 관해서도 많은 대화를 나누기 시작했다. 펄로 교수는 번갈아 가며 휴식을 취한 팀은 업무 만족도가 올라가고, 장기근속 의지가 높아졌다고 보고했다. 또한 실험에 참여한 사람들은 일과 삶의 균형이 개선됐다고 응답했다[26].

일과 삶의 조화를 이루기 위해서는 나의 휴식만큼 동료의 휴식도 중요하다. 서로의 Work-Life Harmony를 지키기 위해 일을 함께할 때는 도와가며 일하고 휴식이 필요한 동료를 위해서는 적극적으로 지지해 주는 사람이 동료에게 안전감을 줄 것이다. 또 그런 사람이 신뢰를 바탕으로 함께 일하고 싶은 사람이 된다는 것을 기억하자.

둘째, 업무 동기를 일깨우는 협력 마인드

조직의 분위기와 성과

모든 구성원이 잘 뭉치는, 분위기 좋은 팀이라고 하더라도 함께 일하기는 쉽지 않을 수도 있다. 존 힐드레스와 캐머런 앤더슨의 연구에 의하면 리더 역할을 하는 사람들로 구성된 조직보다 다양한 구성원들이 모인 조직이 더 높은 문제해결 능력을 보여준다고 한다. 마치 농구팀이 코트에서 다양한 기술을 보유한 선수들이 필요하듯이 조직에서의 팀은 서로 다른 능력 보유자들이 섞여 있어야 한다[12].

영화 〈어벤져스: 엔드게임〉의 영웅들이 모두 아이언맨이었다면 지구를 구할 수 있었을까? 아마 지구를 구하기도 전에 서로 자신이 잘났다고 과시하다가 뿔뿔이 흩어지고 말았을 것이다. 영화의 내용은 타노스를 물리치기 위해 지구뿐만 아니라 다른 세계의 종족까지 다양한 존재들이 함께 한다. 그들은 갈등을 거치며 서로를 이해하고 하나의 목표를 달성하기 위해 합을 맞춰간다. 각자 내가 아닌 우리를 위해 자기 능력을 최고치로 끌어올려 시너지를 만들고 지구를 구한다. 오늘날처럼 당장 내일을 예측하기 어려운 시대에 창의적이고 새로운 가치를 창출하려면 이처럼 다양한 역량을 가진 사람들의 협업이 필요하다[33].

직장에서 다른 사람들과 함께 일을 할 때, 나 혼자 일을 잘한다고 해서 반드시 성과가 창출되는 것은 아니다. 일을 되게 해야 산출물이 만들어진다. 일을 되게 한다는 것은 '사람의 마음을 움직여서 원하는 행동을 끌어내는 것'이다. 그러려면 사람들이 무엇을 원하고, 무엇에 반응하고 행동하는지 알아야 한다. 직장에서 상대를 배려한다는 것은 일방적인 도움을 의미하지 않는다. 팀의 높은 성과를 위해 상황을 빠르고 정확하게 판단하며 동료가 일할 수 있도록 센스를 발휘하는 것이 직장 생활의 배려다.

동료를 이해하기 위한 노력

일터의 배려를 실천하기 위해서는 동료의 업무 행동 특성을 파악하는 것이 도움이 된다. 컬럼비아대학교의 하이디 그랜트 할버슨과 토리 히긴스는 저서 〈어떻게 의욕을 끌어낼 것인가〉에서 개인이 목표를 설정하고 동기를 부여하는 방식에 대해 성취지향과 안정지향이 있다고 했다. 성취지향의 사람은 일하면서 긍정적인 결과에 민감하며 변화에 개방적이다. 또 자신의 성장에 관심이 높다. 그들은 성과를 내었을 때의 즐거움과 만족을 중시하는 사람들이다. 반면 안정지향의 사람들은 일할 때 자신이 맡은 일에 대한 의무와 책임을 중요하게 여긴다. 그들은 일하면서 위험을 회피하고 가능한 검증된 안전한 방법을 우선시한다[34].

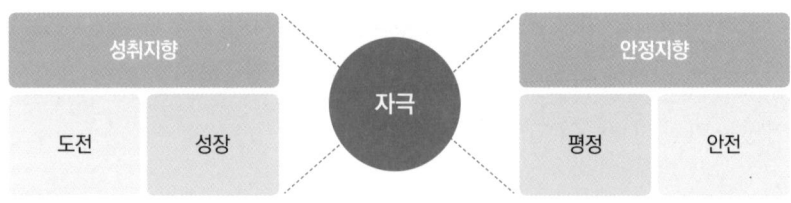

[그림 7-2] 개인의 목표와 동기부여에 따른 행동 방식

성취지향의 사람에게는 주도적으로 업무를 추진하게 도와주면서 그의 아이디어에 대해 긍정적 피드백을 주는 것이 도움이 된다. 반면 안정지향의 사람에게는 업무의 프로세스에 따라서 업무가 진행될 수 있도록 협조하면서 면밀하고 정확한 자세로 함께 일하고 있음을 알리는 것이 도움이 된다[32]. 이처럼 동료의 일에 대한 동기를 자극함으로써 일에 대한 즐거움

을 찾도록 도와주는 동료가 의지가 되는 동료라 할 수 있다. 그리고 나와 서로 다른 성향인 동료의 의견이나 업무 추진 방식에 대해서도 고려하며 맞추어 가려고 노력하는 사람이 Right Worker이다.

셋째, 현명한 상부상조 마인드

이익을 포기해도 지키고픈 공정성

 심리학과 경제학, 사회학 등 사회과학 분야에서 자주 사용하는 최후통첩 게임이란 것이 있다[13]. 게임의 플레이어는 두 명이다. A에게 먼저 10만 원을 준다. A는 자신이 받은 돈 일부를 B에게 나누어 주어야 한다. 얼마를 줄지는 A의 자유다. 그리고 B는 A가 주는 돈을 받거나 거부할 수 있다. B가 A의 제안을 수용하면 그 제안대로 각자 돈을 나누어 가질 수 있다. 반대로 거부하면 A와 B는 둘 다 돈을 받을 수 없다. 당신이 A라면 어떤 선택을 할 것인가?

 A가 돈을 5 대 5로 나누자고 제안한다면 B는 이것이 공정하다고 생각할 것이다. 그래서 두 사람이 모두 돈을 받을 수 있는 '수용'을 선택할 가능성이 크다. 반면 A가 자신은 8만 원을 가지고 B는 2만 원만 가지라는 제안을 한다면 어떻게 될까? B가 된 사람 중 대부분은 이것이 불공정한 제안이라며 거부할 것이다. 이는 어찌 보면 어리석은 선택이다. A의 제안을 수용하면 B는 2만 원이라는 공돈을 가지게 되는데 이 기회를 포기한 것이기 때문이다. 사람들은 불공정이나 불평등을 싫어한다. 그래서 자신의 이익이 돌아오지 못하더라도 불공정한 안이나 지시를 내리는 사람이 큰 이

익을 가지는 것을 막으려는 마음이 있다[13]. 회사에서의 일도 마찬가지다. 업무와 성과 분배가 공정해야 일에 대한 의욕을 높이고 그것이 성과로 이어지게 된다.

공생을 위한 나누기

침팬지 무리의 우두머리는 아무리 힘이 세더라도 다른 부하들의 먹이를 빼앗지 않는다고 한다. 스스로 노력해서 바나나 하나를 얻었을 때 그 공을 인정하고 지켜주는 것이 무리의 질서를 유지하는 데 더 큰 도움이 되기 때문이다. 또 침팬지 우두머리는 각자의 것을 인정하는 동시에 나눠주는 것에도 인색하지 않다. 사냥에 참여하지 않았더라도 고기의 작은 부위 한쪽 정도를 다른 수컷들에게 나누어 준다. 동물행동학자들에 의하면 이것은 단순한 너그러움이 아니라 일종의 보험이라고 한다. 배분을 통해 자신에게 위협이 될 수도 있는 이들의 지지를 얻을 뿐만 아니라 상대방이 고기를 가졌을 때 자신 또한 나누어 받을 정당성이 생기기 때문이다[20]. 동물뿐만 아니라 직장이라는 생태계도 마찬가지다.

직장 생활은 팀워크로 이뤄진다. 그 과정에서 때로는 나의 노력과 성과를 눈에 띄게 하고 싶을 때가 있다. 프로젝트의 실마리가 나의 아이디어로 시작되었고 팀원들보다 더 많은 일을 했다면 자신의 성과를 다른 사람들과 나누는 것이 억울한 마음이 들기도 한다. 하지만 반대로 생각해 보면, 나의 아이디어를 인정하고 받아준 것이 우리 팀원들이다. 아이디어의 원천이 나였기 때문에 더 의욕을 가지고 일할 수 있었던 것 아닐까? 그렇다면 우리 팀이 이루어낸 성과가 꼭 나만의 성과라고 할 수 있을지 고민해

보아야 한다.

넷째, 높이 날기 위한 협력 마인드

미캐니컬 터크(Mechanical Turk)

미캐니컬 터크란 1770년 만들어진 체스를 두는 '컴퓨터'의 이름이다. 볼프강 폰 켐펠렌이 발명한 미캐니컬 터크는 사실 체스를 아주 잘 두는 사람이 작은 통에 숨어서 마치 컴퓨터인 것처럼 행세한 가짜 컴퓨터였다. 컴퓨터 속에서 사람이 일을 대신하는 것처럼 온라인이라는 매개체를 통해 일을 최소 단위로 나누어 수많은 사람이 작업하는 것을 미캐니컬 터크 법칙이라고 한다. 이러한 일하기 방식의 속도와 완성도는 전문가 한 명이 하는 것보다 더 효과적이다.

1954년 노벨 화학상과 1962년 노벨 평화상을 수상한 라이너스 폴링은 좋은 아이디어를 내는 최고의 방법은 많은 아이디어를 얻는 것이라고 말했다[17]. 우리는 정보과잉의 시대에 살고 있다. '누가 더 다양한 지식을 갖고 있는가?'가 중요하다기보다 '나의 정보와 내 주위의 그것들을 어떻게 결합해 제대로 된 성과를 만들어내는가?'가 조직과 개인의 주요 과제가 되었다[17]. 집단지성에 의한 문제해결의 시대에는 개인 간 상호작용과 조화, 자발적 동기부여가 가치 창출에 중요하다.

공생을 통한 상생

지미 웨일즈는 주변 사람들의 도움을 받아 위키피디아를 만들었다. 참여자들은 대부분 아무 대가 없이 자신이 알고 있는 정보를 공유했다. 위키피디아는 하나의 글을 완성하는 것을 한 문장 또는 한 문단 쓰기 프로젝트로 나누어 여럿이 일하는 미캐니컬 터크 법칙을 활용했다. 이렇게 만들어진 위키피디아는 역사상 가장 위대한 백과사전이라 불렸던 〈브리태니커〉를 무너뜨렸다. 공생을 통한 상생의 좋은 예이다.

식물은 홀로 성장할 때는 왜소하고 단조로운 형태를 띠지만 많은 동종 식물과 함께 성장하면 뿌리도 깊어지고 잎도 무성해진다. 공생은 모든 구성원이 상호 이익이라는 목적을 가지고 유기적으로 결합하고 함께 생존하는 것이다. 공생의 환경에 있는 구성원 누구나 이 시스템을 통해 혼자일 때보다 더 많은 이익을 얻을 수 있다는 것은 시사하는 바가 크다[35].

나를 위해 집단지성을 이용하는 지혜

카네기 멜론 대학, MIT, 유니온 대학의 연구자들로 구성된 연구팀은 집단지성의 힘을 알아보기 위한 연구를 했다. 그들은 팀원들이 서로를 대하는 태도가 집단지성을 통한 성공 요인의 중요한 요인이라는 것을 밝혔다. 특히 뛰어나게 성과가 좋은 팀은 '사회적 민감성'이 높게 나타났다. 사회적 민감성은 대인관계에서 경험하는 다양한 감정들을 민감하게 알아채고 반응하는 것을 의미한다. 사회적 민감성이 높은 사람들은 끊임없이 의견을 교환하며 서로의 비언어적 반응을 읽고 상대방의 생각을 짐작해 그것에 맞게 행동하는 데 능숙했다. 연구책임자인 아니타 윌리엄스 울리는 이런 상태를 '창조적 기여의 폭발'이라고 불렀다[36].

정말로 성장하고 싶은 사람이라면 '개인이 집단을 이길 수 없다'는 사실을 깨달아야 한다. 그들은 혼자의 힘으로는 한계가 있다는 것을 알기에 타인의 말을 더 경청한다. 경청하다 보니 겸손해진다. 그리고 겸손했기 때문에 배울 기회를 더 많이 얻을 수 있다. 그 결과 좋은 성과를 얻는 선순환이 이루어지는 것이다[33].

'덕분입니다'라는 표현이 있다. 서로의 노력을 치하하고 함께할 수 있어 감사하다는 의미이다. 이 말을 많이 할수록 공을 같이 나누는 함께 일하고 싶은 사람이 될 것이다.

4

Right Worker는
조직의 산소

이타적 관점에서 스스로 판단하고 행동하는 것이
곧 나와 조직의 성장으로 이어진다.

Right Worker는 '최.복.동'

초사회성 시대의 진정한 팀 플레이어

개인과 개인이 경쟁할 때는 보상이 개인에게 돌아간다. 따라서 경쟁력이 있는 개인은 이기적으로 다른 사람들을 모두 이겨 보상을 독식할 수 있다. 그리고 집단과 집단 사이에도 경쟁은 이루어진다. 이런 경쟁에서는 진정한 팀 플레이어가 있는 집단이 유리하다. 진정한 팀 플레이어는 집단을 떠나는 것이 자신에게 더 유리한 일임에도, 집단을 위해 기꺼이 협동하며 일하는 사람들을 일컫는다[37].

벌은 궁극의 팀 플레이어라고 할 수 있다. 벌들은 언제나 하나는 전체를 위해, 전체는 하나를 위해 살아간다. 1억 년 전에 말벌은 여왕벌과 여러 종류의 일벌들을 구분했다. 일벌들에게는 벌집을 유지 관리하고 먹이를 구해다 나눠 먹도록 하는 일을 주었다. 이 과정에서 무임승차자를 배제하였다. 이를 통해 이타적인 집단 구성원들을 만들었다. 그리고 이들이 하나로

뭉쳐 구성원들의 생존을 위한 이기적인 집단을 구성하도록 하였다. 이 세상에 사회성을 보이는 동물은 많다. 그러나 특정 수준의 사회성 문턱을 넘어 초사회성 단계까지 진입하는 동물은 얼마 되지 않는다. 초사회성이란 매우 커다란 규모로 집단을 이루고 살면서 그 안에 어느 정도 내부 구조를 갖추어 노동 본업의 이득을 얻을 줄 아는 것을 의미한다. 병정, 정찰병, 유모의 계급이 다 따로 나뉘어 있는 벌집이 초사회성 동물의 예이다. 그리고 우리가 사는 인간 사회 역시 그러하다[37].

나보다 우리

사람들은 나쁜 짓을 하고도 부끄러운 줄 모르거나 무임승차를 일삼는 사람을 호감 가는 사람이라고 여기지 않는다. 기업과 같은 초사회성의 사회에서 함께 일하고 싶은 사람은 어떤 사람일까? 우리 조직은 나와 유사한 스펙을 가진 사람들이 모여 성과를 만들어가는 곳이다. 그곳에서 능력을 인정받고 영향력을 가진 사람이 되기 위해서는 내가 윤리적 사고를 하는 유능한 동료 '최복동(최고의 복지는 좋은 동료)'이 되어야 한다. 그들은 사람들 사이에서 자부심과 열정을 북돋울 줄 아는 사람이다. 그들은 스스로가 '나'보다 '우리'라는 말을 주로 사용한다. 그리고 조직을 위해 헌신하는 모습을 보여줌으로써 구성원들 사이 동질감을 강화한다. 또한 조직의 목표와 공통된 가치, 그리고 공동의 이익을 더욱 강화해 나간다. 이를 통해 다른 사람들이 어느 사이에 일과 자기 자신에 대한 인식을 바꾸도록 만든다[38]. 그 사람과 함께 일하는 사람들은 일을 즐기면서 하고, 더 열심히 일하면서 더 많은 일을 해낸다. 진정한 팀플레이를 해내는 것이다. 그렇게 Right Worker는 워커십을 발휘해 리더가 된다.

Right Worker의 Core

운동에 관심이 있는 사람이라면 한 번쯤 '코어 근육'을 들어본 적이 있을 것이다. 코어 근육은 인체의 중심인 척추, 골반, 복부를 지탱하는 조직이다. 이 근육이 강화되어야 나이가 들어도 등이 휘지 않고 곧은 자세를 유지할 수 있다. 또 신체의 균형 감각과 유연성을 키우는 데에도 코어 근육은 중요한 역할을 한다. 그래서 전문가들은 근육을 단련할 때 코어 근육이 가장 중요하다고 말한다[33].

우리가 지속 가능한 성장을 하는 데 코어 역할을 하는 첫 번째는 자신의 핵심역량이다. 어떤 일을 하든 자신의 업에 있어서 확실한 실력을 갖추는 것이 우선이다. 조용민의 〈언바운드〉에 따르면 확실한 실력이란 '해당 분야의 직무교육을 기획하고 진행할 수 있고, 어떤 질문이라도 대응할 수 있으며, 지속적으로 공부하면서 꾸준히 실력을 업그레이드할 수 있는' 정도의 능력이다. 이렇게 핵심역량을 탄탄하고 깊이 있게 다져놓은 사람은 어떤 곳에서 어떤 사람과 일하든 성과를 창출하고 가치를 만들 수 있다[33].

두 번째는 5장에서 언급한 심리적 안전감을 주는 것이다. 팀이 개인의 집합이 아닌 서로 신뢰하고 원활하게 소통하며 손발이 맞는 상태로 일하는 '하나'가 되기 위해서는 팀의 '케미'를 만들어야 한다. 자신이 다른 팀원을 도우면 다른 팀원도 자신을 도울 것이라는 믿음이 필요하다. 그리고 개인이 아이디어나 우려 등을 표현하면 혼자서 그 일을 감당하는 것이 아니라 다른 동료들과 함께 감당할 것이라는 공동체 의식이 필요하다[32].

사람들은 자기만의 안전지대를 벗어날 때 누군가의 도움이 필요하다. 발달심리학의 대가인 레프 비고츠키 박사는 이런 식의 도움을 '발판(Scaffolding)'이라고 불렀다. Scaffolding이라는 말은 원래 고층 건물같이 높은 곳에서 작업할 때 안전하게 일할 수 있도록 설치하는 지지대를 가리킨다[39]. 이를 조직에 적용해 보면, 곤경에 처한 동료를 외면하지 않는 것이다. 재니스 어빙 레스터의 연구 결과, 괴롭힘과 같은 상황에 놓인 동료를 방관하지 않고 개입하는 것이 괴롭힘을 반으로 줄어들게 했다[40]. Right Worker는 동료 사이에서 자신의 책임을 인지하고 조직 내 갈등을 중재하는 역할을 한다. 그들은 자신의 리더십 스킬을 발휘하여 그 책임을 공유한다. 이때 사람들은 모두가 보호받고 있다는 생각을 가지게 된다.

마지막으로 진정성이다. 진정성이 있는 사람은 정확하게 자기를 인식하며 윤리적으로 행동한다. 자신의 약점을 드러내고 실수를 인정하려는 의지를 통해 다른 사람들의 협조를 끌어낸다. 더불어 의사결정을 위한 정보와 자료 수집의 균형을 맞추는 사람이다[40]. Right Worker는 이런 진정성에서 다른 사람들보다 앞서가는 사람이다.

차별성으로 성공하는 Right Worker

조직 생활에서 중요한 것은 강한 연대가 아닌 느슨한 연대를 형성하는 것이다. 억지로 무언가를 해야 한다는 강박이 아니라 그저 물 흐르는 대로 소소하게 일상의 업무를 하면서 상대의 모습을 발견하고, 대화를 통해 공감대를 만드는 것이다. 이 과정을 통해 '나'를 넘어 '우리'를 생각하는 이타적인 마음으로 확장된다. 이타적인 관점으로 세상을 바라보면, 아주 가까운 곳에서부터 나의 성장에 도움이 되는 자양분을 만들 수 있다. 이타적인 관점을 갖는다는 것은 상대를 이해하고 배려하고자 노력하는 것이다. 그렇게 노력하다 보면 어느덧 문제해결에서도 상대의 처지에서 한번 더 고민하게 된다. 이타적인 사람은 그렇지 않은 사람에 비해 훨씬 더 넓은 시각으로 현명해질 수 있게 된다.

'최·복·동'인 Right Worker는 다른 사람들이 간과하는 것으로부터 차별성을 갖춘다는 것을 기억하면 좋겠다. 차별성은 일상의 사소한 업무 태도에서 시작되는 것이다. 누가 시키지 않아도 스스로 판단해서 행동했을 때 성과뿐만 아니라 나의 보람과 즐거움도 커진다. 다른 사람들보다 먼저 Yes라고 말하고, 다른 사람들도 Yes라고 말하게 만드는 존경받는 긍정의 Right Worker가 되자!

MILLENNIAL 워커십

8장
밀레니얼 워커의 나비효과

밀레니얼 워커의 모든 행동이 메시지다. 밀레니얼 워커의 작은 행동이 주변 동료, 조직을 넘어 사회에까지 영향을 미친다.

1

홀로 성장보다
함께 상생

연결된 사회에서 이젠 홀로 성장이 아닌
함께 성장할 때이다.

혼자 가면 빨리 가고, 함께 가면 멀리 간다

'전 인류가 멸망하고 홀로 살아남았다면?'

의문의 바이러스로 인해 세상은 멸망하고 나 말고 다른 사람은 찾을 수가 없다. 많은 사람들로 가득했던 도시에는 무성한 풀만 있을 뿐이다. 영화 〈나는 전설이다〉의 이야기다. 인상적이었던 장면은 주인공이 레코드 가게에 들어가 마네킹에게 인사를 건네는 부분이었다. 주인공의 외로움과 고독함이 여실히 드러난 장면이다. 이 영화처럼 바이러스로 인해 전 인류가 멸망하고 혼자 살아남았다고 상상해 보자. 평소와 같이 일어나 씻고 옷을 갖춰 입고 출근하려고 할까? 아마 그러지 않을 것이다.

인간은 사회적 동물이고, 힘이 강한 것도 아니고 아주 빠른 것도 아니다. 홀로 있기 불안한 동물인 인간은 생존전략으로 집단 이루기를 선택했다.

우리는 누군가의 도움으로 더 멀리 가고 더 크게 성장한다. 구마히라 미카의 〈일 잘하는 팀을 만드는 리플렉션의 힘〉에 따르면 능력이 뛰어난 사람도 성장하기 위해서는 다른 사람의 도움이 필요하다고 한다. 능력이 뛰어난 사람은 스스로 성장할 수 있으니 다른 사람의 도움이 필요 없지 않냐고 질문할지도 모른다. 물론 세상의 모든 사람이 타인과 연대해야 한다는 말에 동의하지 않을 수 있다. 하지만 더 큰 성장을 원한다면 다른 사람의 도움이 있어야 한다. 예를 들어 애플 하면 스티브 잡스를 떠올리지만 그 역시 조너선 아이브라는 디자이너가 없었다면 아이폰과 맥북을 만들어내지 못했을 것이다. 다른 배경과 경험을 가진 사람들이 함께 생각하고 일할수록 새로운 아이디어와 창의적인 해결책이 나온다. 상생적인 관계에서는 서로의 장점을 살리고 보완하면서 더 큰 가치를 창출할 수 있다.

하버드대 교육대학원 교수 커트 피셔가 주장한 다이내믹 기술 이론에 따르면 인간의 성장은 두 가지 측면으로 나뉜다. 하나는 잠재적 발달 수준이고, 하나는 실제적 발달 수준이다. 잠재적 발달 수준이란 다른 사람의 도움을 얻어서 성장할 수 있는 단계를 말한다. 잠재적 발달 수준의 사람은 상사, 동료를 비롯한 다른 사람의 지원을 받으면 잠재력까지 끌어내어 성장의 폭이 훨씬 커진다[1]. 실제적 발달 수준은 잠재적 발달 수준과는 달리 다른 사람의 도움 없이 혼자서 해낼 수 있는 성장 수준을 말한다.

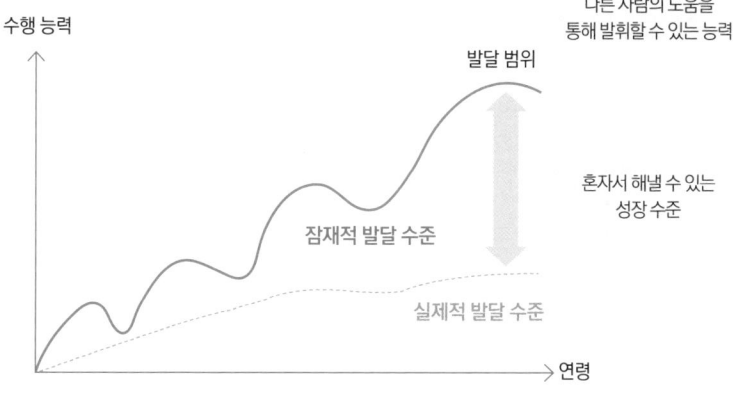

[그림 8-1] 커트 피셔의 다이내믹 기술 이론
* 출처: 구마히라 미카(2020). 일 잘하는 팀을 만드는 리플렉션의 힘. 서울: 시프.

그럼 우리는 왜 성장하려고 할까? 그 이유는 성장을 통해 더 나은 삶을 원하기 때문이다. 미국의 심리학자 매슬로가 말한 욕구 5단계처럼 인간은 현재 위치에서 더 나은 단계로 오르고 싶은 욕구를 가지고 있다. 더 나은 나로 성장하기 위해서는 실력이 필요한데 클라우드 슈밥의 〈제 4차 산업혁명〉에서 성공을 위해 필요한 역량 4가지를 소개한다. 맥락지능(Contextual), 정서지능(Emotional), 영감지능(Inspired), 신체지능(Physical)이다[2].

맥락지능	정서지능	영감지능	신체지능
〈정신〉	〈마음〉	〈영혼〉	〈몸〉
Contextual	Emotional	Inspired	Physical
· 인지한 것을 잘 이해하고 적용 · 다양한 네트워크 가치 · 경계를 넘는 연결성	· 두뇌와 마음의 교차지점 · 자신 및 타인과 관계를 맺는 능력 · 자기인식, 자기조절, 동기부여 등	· 의미와 목적을 끊임없이 탐구 · 변화를 이끌고 공동의 이익 추구 · 신뢰와 협력	· 세 가지 필수적인 것을 뒷받침

[그림 8-2] 성공을 위해 필요한 4가지 역량

* 출처: 클라우드 슈밥(2016). 제4차 산업혁명(송경진 역). 서울: 메가스터디북스.

4차 산업혁명에 두드러지는 역량은 바로 영감지능이다. 이는 의미와 목적을 끊임없이 탐구하고 변화를 이끌며 공동의 이익을 추구하는 것을 말한다. 자신의 성장을 도모하는 워커도 홀로 성과를 이루거나 지속하기 어렵다. 따라서 우리는 공동의 목적과 의미를 통해 상호 간의 신뢰와 협력을 이끌어냄으로써 더 크게 성장할 수 있다.

감수성 시대

2014년 세계적인 열풍이 불었던 '아이스버킷 챌린지'를 기억하는가? 희소질환인 루게릭병 환자들을 돕기 위한 기부 캠페인으로 2014년 미국에서 시작한 이 운동은 SNS를 타고 전 세계로 확산되었다. 참가자는 세 명을 지목해 '24시간 안에 이 도전을 받아들여 얼음물을 뒤집어쓰든지 100달러를 ALS(루게릭병) 단체에 기부하라'고 요구한다. 지목받은 사람은 얼음물을 뒤집어쓰는 장면을 동영상으로 찍어서 SNS에 올린 뒤 다음 도전자 3명을 지목해 릴레이로 선한 행동을 계속 이어나간다. 그 결과는 성공적이었다. 참여자들에게 의미와 재미가 있는 행동이라고 느껴졌기 때문이다.

최근에는 플로깅(Plogging)을 통한 선한 행동이 일상화되고 서로에게 권유되고 있다. 플로깅은 스웨덴어의 플로카 업(Plocka Upp: 줍다)과 조가(Jogga: 조깅하다)를 합성하여 만든 플로가(Plogga)의 명사형으로 뛰면서 쓰레기를 줍는 행동이다. 2016년 스웨덴에서 시작돼 북유럽을 중심으로 확산되었고 우리나라에서는 플로깅의 심화 버전인 부산의 바다쓰레기 줍기 운동이 있다. 사람들은 플로깅을 하기 위해 돈을 내고 참여하는데 이 운동이 10년 넘게 이어지고 있다. 심지어 하루 만에 매진된다. 이것은 하나의 놀이이자 일상을 충실하게 사는 사회로 변화하고 있는 모습을 나타낸다. 송길영의 〈그냥 하지 말라, 당신의 모든 것이 메시지다〉에서는 개개인의 선한 행동이 공공선을 만들기도 하고 무엇보다 착한 일이 독려받을 만큼 사회가 선을 추구하고 고양하는 시스템으로 가고 있는 것이라고 말한다[3].

물론 과거에도 친환경에 대해 생각하는 인식이 있었다. 그러나 사람들이 환경에 대해 지금과 같이 실천하지 않았기 때문에 관행과 규칙 중 관행이 더 우선이었다. 지금은 쓰레기를 함부로 버리면 사람들이 지적한다. 환경의 중요성이 높아지고 규칙 준수도 올라가면서 사회적 감시가 세진 것이다.

이렇게 높아진 환경 감수성을 주도하고 있는 것이 바로 MZ세대이다. 그들은 전 세계적으로 이상기후 현상이 나타나고, 쓰레기 문제가 심각해지면서 환경보호를 필수라고 인식한다. 다양성을 존중하는 목소리를 불편해하지 않고, 공존을 위해서라면 꼭 필요한 일이라고 여긴다. 또한 사회, 지배구조에서 소외당하거나 상처받는 사람들이 생겨나지 않기를 바라는 감수성을 가진다. MZ세대의 이러한 특성을 한마디로 말하면 'ESG 감수성'으로 정의할 수 있다[4].

생존을 위한 선택 ESG

기업은 생존을 위해 ESG가 필수인 상황이다. ESG가 시대정신으로 불리는 만큼 이러한 흐름이 지속적으로 전개될 가능성이 높다. 그럼, ESG는 무엇일까? ESG란 기업이나 비즈니스에 대한 투자의 지속 가능성과 사회에 미치는 영향을 측정하는 3가지 핵심 요소를 말한다. 생존을 위해 고려하는 환경 E(Environment), 다양성을 존중하는 사회 S(Social), 공정하고 정직한 지배구조 G(Governance)로 비재무적인 요소이다.

구분	특징	체크(√)
환경(E)	전 세계적으로 이상기후 현상이 나타나고, 쓰레기 문제가 떠오르면서 환경보호를 필수라고 인식한다.	
사회(S)	다양성을 존중하는 목소리를 불편해하지 않고, 공존을 위해서라면 꼭 필요한 일이라고 여긴다.	
지배구조(G)	사회, 지배구조에서 소외당하거나 상처받는 사람들이 생겨나지 않기를 바란다.	

[표 8-1] ESG 감수성 체크리스트(3개 모두 체크되어야 ESG 감수성)
* 출처: 대학내일20대연구소(2021). 밀레니얼-Z세대 트렌드 2022. 서울: 위즈덤하우스.

ESG 감수성을 가진 이들은 기업에게 사회적 책임과 선한 활동을 요구하고 있다. 중앙일보의 'MZ세대가 생각하는 기업의 바람직한 역할'에 대한 설문조사(2022.03.01.~03.15.)에서 투명 윤리경영을 잘하는 기업이라는 의견이 51.3%, 일자리를 많이 만드는 기업이라는 의견이 28.9%, 환경보호에 앞장서는 기업이라는 의견이 13.2%였다[5]. 대한상공회의소 설문조사에 따르면 10명 중 6명은 ESG를 실천하는 기업의 제품이 더 비싸더라도 구매할 의사가 있다고 답했다. ESG 우수기업의 상품 구매 시 경쟁사 동일 제품 대비 얼마나 더 지불할 의향이 있냐는 질문엔 70%가 2.5~7.5%를 추가로 지불하겠다고 했다[6].

과거에도 기업들의 선한 활동은 존재했었다. 사회공헌활동인 CSR(Corporate Social Responsibility)이 그 예이다. CSR은 수입을 창출한 이후에 이윤을 사회에 환원하는 활동을 말한다. 물품기부, 현금기부, 직접참여를 통해 이루어졌다. 이보다 더 진화한 개념인 공유가치창출 CSV(Creating Shared Value)도 있다. 이윤창출과 사회공헌을 동시에 할 수 있는 모델이다.

ESG와 CSR, CSV의 큰 차이점은 ESG는 돈의 순환 구조 안에 편입되었다는 점이다. 사회공헌을 함으로써 이윤창출을 하는 것이기 때문에 기업은 생존을 위해서 ESG를 꼭 관리해야 한다. 이제 효율만을 추구하는 기업은 존재 의미를 증명할 수 없게 될 것이다. 효율을 넘어 의미의 시대인 것이다.[7]

홀로 성장보다 함께 상생

만약 우리 스스로 ESG 감수성이 없다고 생각된다면 워커로서 시대적 흐름에 부합하는 가치를 받아들여야 한다. 그리고 행동하려는 노력이 필요하다. 워커의 행동이 조직을 넘어 사회에까지 영향을 미치기 때문이다. 최근 S은행에서 사회 공헌사업의 일환으로 문을 연 카페의 관리자가 장애인 직원에게 폭언과 갑질을 하였다는 기사가 단독으로 보도되었다. 관리자 A씨는 청각장애인 직원 B씨가 택배를 수령하기 위해 20분가량 자리를 비우자 "왜 안 와? 죽을래?"라고 폭언했다고 한다. 또한 나이가 많은 직원들에게 반말로 업무를 지시하거나 손님들 앞에서 질책하는 등 부적절한 태도를 보였다. 직원 교육을 하며 신체를 때린 의혹도 있었다. 해당 카페는 직원 상당수가 청각장애인이기 때문에 매장 앞에 마련된 보드를 통해 음료를 주문하는데, 실수로 직원이 이 보드를 가리자, 질책하듯 손을 때렸다는 것이다. 비언어적 소통에 주로 의존하는 청각장애인의 몸을 동의 없이 치는 행동은 대표적인 결례에 해당한다. 심지어 이 카페는 장애인 지원을 목적으로 연 카페였다.

또한 직원의 전문성 악용으로 인한 횡령 사건이 늘어가고 있다. 통계청에서 발표한 횡령 범죄 발생 건수를 보면 2012년 2만 7,882건에서 2020년 6만 539건으로 8년 사이 2배 이상 늘어났다.[8] 과거에는 기업체 사장이나 임원들이 회삿돈을 배임, 횡령하는 사건이 주를 이루었다면 최근에는 횡령 주체가 일반 직원으로 바뀌고 있다. 횡령 금액 또한 수십억 원에서 수천억 원까지 급증하고 있다. 직원 횡령 사고는 자신만의 이익을 추구하는 탐욕으로 인해 동료와 조직, 고객의 피해는 아랑곳하지 않는 탈법 행위이다. 횡령 사고로 조직 신뢰성 및 사회적 신뢰도를 떨어뜨릴 수 있고, 조직 내부 갈등으로 인한 불신을 야기시킬 수 있다. 한 예로 가구회사 H그룹 임직원들이 2018년 페이퍼컴퍼니인 광고대행사를 통해 약 44억 원의 회삿돈을 횡령한 사건이 일어났다. 그 결과 2년 연속 실적이 하락하며 기업 이미지가 훼손되었고 창사 이래 최대 위기를 맞았다. 워커의 행동이 근무하는 기업의 이미지를 실추시키고 더 나아가 사회에 부정적인 파급효과를 일으켰다.

러시아 출신 지리학자이자 철학자인 크로포트킨은 "자연의 거친 생존 투쟁에서 살아남은 종은 가장 강한 부류가 아니라, 오히려 서로 돕고 힘을 합칠 줄 아는 종들이었다."라고 말했다. 연결된 사회에서 이제는 '홀로 성장보다는 함께 상생'이 필요한 때이다. 상생의 의미는 나 혼자 잘 사는 것이 아닌 함께 더불어 사는 것을 말한다. 이는 상호협력적 상황을 만들어내는 것이기 때문에 경제, 사회, 환경적 측면에서 매우 중요한 역할을 한다.

이번 장에서는 워커의 행동이 조직을 넘어 사회에 어떤 영향을 미치는지 살펴보고, 워커가 갖추어야 하는 태도에 대해 자세히 알아보자.

2

함께 상생을 이끄는 '진정성'

밀레니얼 워커의 오리지널리티를 만드는 것은 '진정성' 있는 태도이다.

그래도 되는 줄 알았던 조직 문화의 반감기

"저한테 왜 그러셨습니까?"

군대를 소재로 삼은 넷플릭스 콘텐츠 'D.P'를 본 이들이 몇 번씩 곱씹을 만한 대사이다. 극 중에서 워낙 착한 성품 때문에 간디라고 불리던 조석봉 일병은 자신에게 가혹행위를 거듭하던 황장수 병장에게 이같이 물었다. 조 일병은 마지막 순간까지 이성의 끈을 놓지 않으려 노력하던 인물이다.

전역식을 치르고 위병소를 빠져나가는 황 병장에게 "사과하십시오."라고 말했지만, 황 병장은 "미안하다, 미안해."라고 건성으로 답한다. "그래도 되는 줄 알았어."라고 말하는 황 병장에게 사실상 죄의식은 없었다. 그렇기에 진정한 사과 역시 나올 수 없었다.

황 병장은 왜 조석봉을 괴롭혔을까? 그 이유는 죄의식 없는 폭력의 대물림 때문이었다.

과거에는 그래도 되는 줄 알았던 일들이 절대 그래서는 안 되는 일들이 돼가고 있다. 예를 들어 예전에는 조직 내 임원이나 상사들이 부하 직원을 함부로 대해도 큰 문제로 불거지지 않았지만, 이제는 갑질로 낙인찍힌다. 그 시절에는 식사 자리에서 성적 농담이 스스럼없이 오가곤 했다. 그러나 지금은 성희롱으로 여겨진다. 또한 과거에는 초과근무를 하지 않아도 동료가 카드를 찍어주거나 승진을 위해서 로비하는 관행이 공공연하게 일어났고 당연하고 자연스러웠다. 지금 그렇게 하는 사람은 부정수급, 금품수수 등으로 처벌받는다. 과거에는 가능했던 관행이 이제는 하면 안 되는 성숙한 사회로 변화하고 있다[9].

가짜 친환경 '그린워싱' 논란

소비자들은 진짜인 척하는 가짜 기업들을 빠르게 분별해 낸다. 빠르게 변화하는 사회 속에서 더 이상 가짜는 통하지 않는다. 그중 하나가 그린워싱이다. 환경보호에 도움이 안 되면서 친환경인 척하는 활동을 그린워싱이라고 한다. 최근 커피 글로벌기업의 그린워싱 논란은 글로벌 기업의 50주년 행사에서 일어났다. 고객이 매장에서 음료를 주문하면 특별 제작된 다회용 컵에 담아주는 이벤트를 한 것이다. 당일 행사에 사용된 다회용 컵은 PP(폴리프로필렌)소재로 약 20번 정도 재사용이 가능한 컵이었다. 그러나 행사에 사람들이 갑자기 몰리면서 플라스틱 컵을 엄청나게 뿌리는 꼴이 되었다. 결국 20번 정도만 재사용할 수 있었을 뿐 제작 과정에 필요한 제품의 원재료는 오히려 환경에 해를 끼칠 수 있는 것이었다. 심지어 환경보호를 위해 진행한 이벤트에서 제공한 굿즈를 고객들이 중고 거래

플랫폼에서 거래하기도 하였다. 그로 인해 오히려 소비심리를 자극한 마케팅 전략이었다는 비판이 일어났다[10].

그린워싱 논란은 화장품 기업에서도 발생하였다. 2021년 페이스북 '플라스틱 없이도 잘 산다' 페이지에 올라온 게시물이 120회 이상 공유되면서 뜨거운 감자로 화제가 되었다. 소비자가 화장품을 다 쓰고 난 뒤 페이퍼로 만든 용기의 가운데를 잘라보니 속은 플라스틱이었다. 심지어 해당 화장품의 이름이 'HELLO, I'M PAPER BOTTLE'이었기 때문에 소비자의 실망은 더 커졌다. 이름만 페이퍼이고 알고 보니 플라스틱이었다는 것이다. 화장품 회사는 용기의 플라스틱 함량을 약 52% 감량했으며 캡과 숄더 부분에 재생 플라스틱 10%를 사용해 새로운 플라스틱 포장재 감축에 동참했다고 밝혔다. 더불어 분리배출이 가능하다고 설명하며 판매하였다고 이야기하였다. 그러나 소비자 반응은 페이퍼보틀이라고 하기에는 무리가 있음을 지적하였다. '결국 플라스틱에 두꺼운 종이를 감싸고 페이퍼보틀이라는 이름을 붙인 셈', '충분히 오해의 소지가 있는 문구' 등의 댓글이 달렸다[11]. 이렇듯 무늬만 친환경이라고 흉내 내려다가는 혼쭐나는 시대이다. 소비자들은 진짜 환경을 생각하고 선도적 역할을 하고자 생산한 제품인지, 재미로 기획한 이벤트인지 틀림없이 분별해 낼 것이다.

시대가 바라는 가치 '진정성'

"정하나 프로는 요즘 환경에 대한 관심이 부쩍 많아졌다. 예전에는 브랜드와 가격이 제품 선택의 기준이었지만 최근에는 환경을 생각하는 브랜드라면 망설임 없이 선택한다. 최근 갑질 논란으로 사회적 물의를 일으킨 기업엔 '불매운동', 착한 기업에는 '돈쭐'이라는 방식으로 메시지를 전달한다."

소비자가 제품을 선택하는 기준이 높아졌다. 환경, 인권 등 공익적 의미를 담은 제품에 높은 가치를 부여하고 적극적으로 구매한다. 특히 MZ세대는 SNS에 가심비(가격 대비 심리적 만족 추구), 미닝아웃(Meaning-out, 개인 신념 표출), 돈쭐내기(돈으로 혼내주는 구매 운동) 등 가치소비 키워드를 적극적으로 사용하며 선한 영향력을 인증한다. 소비행위를 통해서 기업의 철학에 동의하고 응원하는 것이다. 이제는 가짜 아닌 진짜! '진정성'이 중요한 시대다.

진정성의 의미를 국어사전에서 찾아보면 '진실하고 참된 성질, 스스로 무엇인가를 성취하는 것'이라고 나와 있다. 업의 관점에서 진정성을 풀어보면 주체성, 전문성, 투명성의 특징이 있다. 첫째, 주체성은 내가 한다는 것으로 의지의 문제로 볼 수 있다. 둘째, 전문성은 내가 직접 할 수 있는 것이다. 마지막은 단계별 충실함을 거쳤는지 말하는 투명성이다. 이 3가지 특징을 갖추었을 때 진정성이 있는 행동이라고 말할 수 있다.

진정성 = 주체성 + 전문성 + 투명성

앤드류 포터의 〈진정성이라는 거짓말〉에서는 "진정성의 정확한 실체는 모르지만 진정성이 없는 것이 무엇인지는 직관적으로 알고 있으며, 진정성이 뭐든 간에 사람들은 그것을 원한다." "사람들은 진정성을 찾고 있지만, 그게 뭔지는 잘 모르는데, 그 와중에 이 사람이 진짜인지는 안다."라고 했다[12].

진정성의 끝판왕, 파타고니아

티셔츠 하나에 8만 원, 반바지는 10만 원, 유행하는 플리스라도 집으면 30만 원 가격이지만 소비자가 열광하는 브랜드가 있다. 바로 친환경 아웃도어 기업, 파타고니아다. 파타고니아는 1973년 설립 후 지난 50년간 상식에 반하는 일들을 숱하게 해왔다. 환경에 해를 끼친다고 판단되면 잘 팔리는 제품이라도 생산을 중단했다. 유기농·재활용 원료 사용으로 인해 단가가 몇 배 높아지는 것도 개의치 않았다. 심지어 "파타고니아의 새 옷을 사지 말아 달라"라는 광고를 내기도 했다. 특히 파타고니아의 캠페인 중 가장 많이 알려진 "이 재킷을 사지 마세요."가 그 예이다[13].

[그림 8-3] 블랙 프라이데이 '이 재킷을 사지 마세요' 뉴욕타임즈 광고(2011)
* 출처: 파타고니아 홈페이지

환경을 위해 새 옷을 사지 말라고 했음에도 이 캠페인으로 매출 40%가 급등했다. 파타고니아는 아웃도어 시장이 정체되었음에도 불구하고 연평균 10% 이상 성장하고 있다. 이제 상품이 아닌 철학을 파는 시대인 것이다. 환경에 진심인 이 회사가 성장할 수 있었던 비결은 다음과 같다.

첫째, 주체성을 가진다.
ESG 개념조차 없었던 30년 전 파타고니아는 회사 정관에 "최고의 제품을 만들되 불필요한 환경 피해를 유발하지 않으며, 환경 위기에 대한 공감대를 형성하고 해결 방안을 실행하기 위해 사업을 이용한다."라고 못 박았다. 2018년에는 한발 더 나아가 "우리는 지구를 되살리기 위해 사업을 한다."로 바꿨다. 직원 모두가 회사의 가치와 미션을 이해하고 실천하며 목표를 적극적으로 달성하기 위해 노력한다. 직원들은 지구를 되살리기 위한 일을 하는 것이다. 옷을 사지 말라는 광고나 망가진 옷을 고쳐 입으라는 캠페인, 유행을 팔지 않는다는 슬로건은 회사의 가치와 일치하는 주체적인 행동이었다.

둘째, 전문성을 지닌다.
파타고니아의 핵심 경쟁력으로 우수한 품질을 꼽는다. 제아무리 좋은 뜻으로 만든 제품이라도 품질이 별로면 소비자의 외면을 받을 수 있다. 1980년엔 선박용 로프, 인조모피에 주로 사용한 폴리프로필렌(PP) 합성섬유가 신축성과 방수성에 좋다는 점을 착안해 파타고니아 아웃도어용 기능성 내의를 처음 개발했다. 또한 재활용 음료수병에서 획득한 폴리에스터로 만든 원단 '신칠라'를 사용해 업계 최초로 가볍고 따뜻한 플리스를 선보인 것도 품질에 대한 치열한 고민 끝에 탄생하였다.

셋째, 투명성이다.

단계별로 충실하게, 절차적으로 완벽하게 하려는 성실함을 가지고 있다. 예를 들어 다운재킷을 만들 때 의류 생산 공장부터 다운 처리 공장, 도축장, 동물을 기르는 사육자, 부화 농장, 알 생산 공장까지 환경, 사회, 동물복지 차원의 문제가 발생하는지 하나씩 점검한다. 또한 생산 및 수거 단계부터 문제 요소가 없었는지 일일이 확인한다.

파타고니아 직원의 진정성 있는 3가지 태도가 조직과 사회, 세계에까지 선한 영향과 함께 지속 성장을 할 수 있게 했다. 기업이 망하지 않고 지속 성장하기 위해서는 7장에서 언급했던 생존부등식을 따르면 된다[14]. 생산 원가보다 판매가격이 높으면 기업 생산의 조건이 된다. 고객이 느끼는 가치가 판매가격보다 커야 소비자가 구매를 한다. 결국 그 기업은 망하지 않는다.

가치가 판매가격보다 클수록 기업은 사랑받는 기업이 되고, 지속적인 성장과 성과를 거둘 수 있다. 파타고니아의 진정성의 가치가 시장의 가격보다 훨씬 크다고 생각하기 때문에 아웃도어 브랜드 중 20~30% 가격이 높게 형성되어 있음에도 소비자는 선택한다. 이러한 가치를 만들어내는 것은 바로 파타고니아의 워커들이었다.

워커가 갖추어야 하는 태도 '진정성'

　기업의 생존부등식을 워커 개인에게 접목해 보자. 인생을 길게 보면 우리는 모두 아이컴퍼니(I Company)의 사장이다. 나라는 회사의 오너로서 생계비인 원가보다 임금의 가격이 높아야 부가 축적된다. 그리고 서비스의 가치가 임금인 가격보다 높아야 고용조건이 된다. 아이컴퍼니의 생존 보장은 서비스 가치가 더 높아야 한다. 어떻게 하면 스스로 가치를 높일 수 있을까?

　워커의 가치를 높이기 위해 진정성 있는 태도를 갖추면 된다. 앞에서 설명한 주체성, 전문성, 투명성이다. 진정성 있는 태도를 갖추기 위한 세 가지는 다음과 같다.

- 주체성을 갖는 법: 2장에서 자기경영을 위한 관찰력, 성찰력, 통찰력을 배웠다. 관찰을 통해 문제를 정확하게 인식하고 성찰을 통해 해석함으로써 전체를 바라보고 주도적으로 통찰력 있는 생각과 행동을 해야 한다. 직장인이 아닌 직업인으로서 나의 의지로 일을 해야 자기 성장을 만들 수 있다. 나의 업적을 명확한 언어로 기술할 수 있는가? 그렇지 않다면 주체성을 갖추고 일해야 한다. 일하는 주체가 나여야 그 속에 의미가 있다.

- 전문성을 갖는 법: 3장에서 퍼스널 파워를 위한 3가지 무기인 워커의 학습 민첩성, 강점, 품성에 대해 살펴봤다. 지식은 유통기한을 가지고 있어 새로운 지식을 학습하는 능력이 중요하다. 따라서 학습 민첩성을 가지고 업무에 필요한 전문적 지식을 갖추자. 또한 자신만의 강점을 찾고 활용하여 성공 경험을 차곡차곡 쌓아 나가야 한다. 그래야 일을 통합적으로 바라보는 전체 시야를 갖출 수 있다. 마지

막으로 관계를 위한 품성인 중용의 덕으로 현명한 관계를 구축해야 한다. 전문성을 갖추기 위해서는 3가지 무기를 갖고 용역이나 대행이 아닌 직접 할 수 있어야 한다. 주도적으로 직접 일을 수행함으로써 성장한 결과는 워커의 경쟁력이 될 수 있다.

- **투명성을 갖는 법**: 7장에서 언급한 올바른 워커의 'RIGHT'인 회사 활동의 참여에 대한 책임(Responsibility for Company Engagement), 정보공유(Information Sharing), 선한 영향력(Good Influencer), 도움 주는 사람(Helper), 신뢰할 수 있는 워커(Trustworthy Worker)의 태도는 과정의 충실함을 쌓아가는 것이다. 이런 행동이 강력한 힘을 발휘하는 것은 단순히 도덕적이거나 관대한 행동을 해서가 아니다. '우리는 함께 이 일을 하고 있다'는 중요한 신호를 보내기 때문이다. 그 결과 동료에게 심리적인 안전감을 주고 팀의 케미를 만들어 성과를 창출하고 가치를 만들 수 있다. 일은 혼자 하는 것이 아니라 함께하는 것이기 때문에 워커의 투명성은 자기다움을 만든다.

진정성 있는 3가지 태도를 갖춘 워커는 임플로이에서 임플로이언서(Employeencer)로 변신한다[15]. 임플로이언서란 직원과 인플루언서의 합성어다. 임플로이언서의 정체성은 주체성, 전문성, 투명성으로 조직을 넘어 사회에 기여하고 공헌하는 것이다. 워커 하나하나 의미 있는 영향력의 주체가 되자. 존재에서 나오는 영향력이란 고민의 총량이다. 고민의 총량이란 고민과 실행의 합이며 워커의 전문성과 숙고의 결과이다. 이는 시간이 쌓여야 하는 것도 있지만 이해와 지식의 합이기 때문에 그만큼 나의 오리지널리티(Originality)를 어떻게 만들어가는지가 중요하다. 런던의 비즈니스 스쿨 경영학자 게리 하멜 교수는 "예산도 권위도 없을 때 무엇을 할 수 있는지 보여줘라. 그것이 바로 리더임을 보이는 방법이다."라고 말했다. 진정한 영향력은 돈과 지위가 아닌 존재 자체에서 나온다.

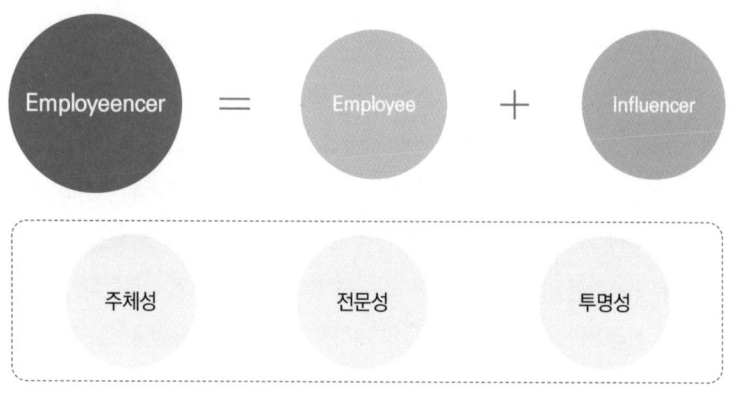

[그림 8-4] 임플로이언서의 3가지 태도
* 출처: 박정철(2022.03.17.). 임플로이언서의 리더십. DBR

3

함께 상생을 이끄는 '상호존중 태도'

'상호존중 태도'는 동료의 실행력을 높이는
동기와 에너지를 불러일으킨다.

누구나 골룸이 될 수 있다

"마이 프레셔스(My precious!)" 이 대사를 기억하는가? 영화 〈반지의 제왕〉의 유명한 대사이다. 골룸의 충격적인 비주얼과 인상적인 목소리 때문에 영화를 본 사람이라면 누구나 기억하고 있을 것이다. 처음부터 골룸은 흉측한 외모가 아니었다. 과거에는 호빗마을의 '스미골'이라는 이름을 가진 평범한 인물이었다. 어느 날 친구와 함께 강가에서 낚시를 하던 중 친구가 절대 반지를 발견하게 된다. 아름다운 반지에 욕심이 생긴 스미골은 친구에게서 절대반지를 빼앗기 위해 몸싸움을 하게 되고 친구의 목을 졸라 살인을 저지르게 된다. 죽은 친구 앞에서 그 유명한 대사 "마이 프레셔스!(나의 소중한!)"를 외친다.

절대 반지를 갖게 된 골룸은 마을로 돌아가게 되고 반지의 힘을 알게 된다. 그는 탐욕스러운 행동으로 마을에서 추방당하고 신들의 저주로 외모도 흉측하게 변해버린다. 반지를 쥐는 순간 그의 외모도 바뀌고 모든 것이 바뀌지만 골룸은 반지만을 바라본다.

평범했던 그는 왜 괴물로 변했을까? 골룸에게 절대반지는 그의 탐욕이었고 욕망이었다. 절대반지는 우리 모두가 하나씩 품고 있는데 누구에게는 권력, 누구에게는 돈, 누구에게는 아름다움일 것이다. 골룸이 원했던 힘은 바로 '권력'이었다. 브라이언 클라스의 〈권력의 심리학〉에서는 "자신이 강력한 사람이라는 기분이 들수록, 타인이 자신을 어떻게 생각하는지 신경을 덜 쓴다."라고 말한다[16]. 골룸이 절대반지의 힘을 가지기 위해 변한 것처럼 우리 사회에서 힘을 가진 이들의 부적절한 행동이 사회에 악영향을 미치고 있다.

우월한 자들의 갑질논란

최근 뉴스에 심심치 않게 등장하는 단골 주제가 있다. 바로 갑질이다. CNN과 뉴욕타임스조차 한국의 직장 문화를 소개하면서 'Gapjil'이라고 표기하고 자세하게 소개하였다. 사회적 지위가 직업, 부, 직함에 따라 결정되는 한국의 깊은 계급사회는 이 갑질의 발톱에서 벗어나지 못하고 있다고 보도했다. 그 예로 K항공의 땅콩 회항 사건, H그룹 회장의 폭행 사건 등을 들었다[17].

한 기업의 젊은 영업사원이 대리점주에게 욕설을 한 녹취록이 공개되어 공분을 불러일으켰다. 물품을 과도하게 납품받으라고 강매하는 내용이었다. 이른바 밀어내기였다. 이를 수용하지 않으면 영업상 불이익을 주겠다고 협박을 하였고 비인격적인 모독을 했다. 이로 인해 대규모 불매운동이 일어났고 해당 그룹은 갑질이라는 꼬리표가 붙게 되었다.

그뿐만 아니라 모 공무원 과장이 부하 직원에게 직장 갑질을 하는 기사가 단독으로 보도되었다. 인터넷 사이트에 올라온 글 제목은 '공무원들 좀 살려주세요'였다. 주말에 수시로 카카오톡으로 업무지시를 하고 직원의 동의가 없는 벌금을 강제로 부과한다는 내용이었다. 특히 카카오톡방 보고 내용을 상위 간부가 있는 텔레그램방에 1시간 이내로 올리지 않으면 벌금을 물렸다고 한다. 금액은 10만 원이며 처음에는 팀장급만 부과했다가 현재는 일반 직원으로까지 확대되었다고 한다[18].

갑질은 기업 총수나 오너 일가의 국한된 이야기가 아니다. 본사 직원이 협력 업체에게, 직장상사가 부하직원에게, 고객이 종업원에게 말과 행동을 함부로 대하는 것 역시 갑질이다. 우리는 때와 장소, 처한 입장에 따라 언제든 갑이 되고 을이 될 수 있다.

정준수 프로는 상무 앞에서는 을보다 저 아래 병, 정에 불과하지만 협력업체를 방문할 때면 콧대 높은 갑이 된다. 승진이 빠른 김진희 프로는 회사 동기들 앞에서는 갑이지만 상사 앞에서는 을이 된다. 사무실에서 힘을 과시하던 박현빈 프로는 또박또박 말대꾸하는 금수저 신참에게 갑자기 을로 변한다.

누가 갑이고 누가 을이고 따져봐야 소용없음에도 갑으로서의 권력중독에 취한 나머지 태도 논란으로 문제가 되는 경우가 있다. 왜 이들은 이런 행동을 하는 것일까? 그 이유는 권력중독 때문이다.

권력중독 사회

권력자가 될수록 더욱 태도에 신경 써야 한다. 권력을 가진 순간 친절하기 어려울 가능성이 커지기 때문이다. "전에는 참 좋은 사람이었는데 그 자리에 가더니 차가워지고 사람이 달라졌어."라는 말을 종종 듣게 되는 경우가 있다.

뇌신경 심리학자이자 아일랜드 더블린트리니티 대학 교수인 이안 로버트슨은 〈승자의 뇌〉에서 권력을 쥐면 사람의 뇌가 바뀐다고 주장했다. "성공을 경험하면 혈중에 신경전달물질인 도파민과 남성호르몬인 테스토스테론의 분비가 활성화돼 화학적 도취 상태가 된다."라고 언급했다. 더불어 박사는 권력이 지나치게 남용되면 도파민이 비정상적으로 활성화되면서 공감능력이 없어지고 실패에 대한 두려움이 상실되면서 오직 목표달성에만 몰두하는 부작용이 발생한다."라고 말했다[19].

그럼 갑질로 인해 상처받은 피해자의 뇌는 어떻게 반응할까? 크리스틴 포래스의 〈무례함의 비용〉에서는 한 번 경험한 무례함은 우리 뇌 속에 문신처럼 새겨져 오랫동안 잠복한다고 주장했다. 무례한 언행으로 난처하거나 불쾌한 상황을 경험하면, 심장이 쿵쾅거리거나 호흡이 가빠오는 등

생리적인 반응이 일어나고 격렬한 감정의 홍수가 발생한다. 뇌과학자이자 하버드 의대 교수인 할로웰 박사는 이런 현상을 뇌 화상(Brain Burn)이라고 말했다. 이렇게 분노와 두려움, 슬픔이 피해자에게 한꺼번에 밀려들면 몸과 마음에 모두 상처를 남기게 된다. 결국 지워지지 않는 문신을 새기는 셈이다[20].

갑질을 당한 피해자는 씻을 수 없는 상처가 생기게 된다. 따라서 권력중독에 빠지지 않으려면 더 적극적으로 상대방의 입장에 공감하려는 노력이 필요하다. 더 친절하고 더 정중하게 행동하려는 노력이 주변 사람들에게 공감을 불러일으킬 수 있다.

을이 빛나야 갑도 빛난다

착한 기업의 대명사로 불리는 대표적인 기업이 있다. 바로 오뚜기다. 많은 소비자들 사이에서 갓뚜기라 불리며 소비자들의 사랑을 받는 이유가 있다. 바로 약자를 살피는 '상호존중 태도' 때문이다.

오뚜기는 25년간 심장병 어린이 수술 비용을 후원하고 있으며, 98.84%의 높은 정규직 비율을 자랑한다. 무엇보다 협력업체들과 상생하는 것이 화제이다. 협력사들은 오뚜기에 충성도가 높은 편인데 아무리 회사가 어려워도 물품값을 제값으로 주기 때문이다. 이와 같은 선행이 알려진 뒤 소비자들은 "오뚜기 제품만 골라 사 먹겠다."라고 한다[21]. 이익이 적더라도 나누고, 직원들을 가족처럼 아끼며, 사회적 약자를 보호하는 착한 행동이 소비자의 신뢰를 얻게 된 것이다. 기업의 약자를 배려하는 행동과 결정이 소비자를 넘어 지역사회와 국가에 선한 영향력을 선사했다.

이처럼 사회적 동물인 워커의 행동 역시 동료, 가족, 조직을 넘어 사회에 영향을 미치기 때문에 신중해야 한다. 미국 방위사업체의 전 CEO인 윌리엄 빌 스완슨이 쓴 〈책에서는 찾을 수 없는 비즈니스 법칙 30가지〉에서는 웨이터 법칙(The Waiter Rule)을 소개한다. 이 법칙은 '당신에게는 친절하지만 다른 사람들에게 무례한 사람은 좋은 사람이 아니다'는 의미로 미국의 CEO들에게 불문율로 알려져 있다. 그 예로 레스토랑에서 서빙하던 웨이터가 실수로 손님의 옷에 와인을 쏟았다. 손님은 불같이 화를 내며 "지금 미쳤어? 내가 누군지 알아? 여기 지배인 나와!"라고 소리쳤다. 마침 그 자리에 브렌다 반스라는 의류기업 대표가 동석하고 있었는데 그 자리에서 즉각 계약을 취소하였다. 웨이터에게 그렇게 대하는 사람이라면 비즈니스 파트너로 부적합하다고 판단했기 때문이다.

또 하나의 사례는 웨이터의 실수에 정반대의 반응을 보인 손님의 이야기다. 그 손님은 "마침 아침에 샤워를 못 했는데 잘됐습니다. 사실 양복도 싸구려이니 너무 신경 쓰지 마세요."라고 했다. 그 자리에 함께했던 유명 IT기업 대표 데이브 굴드는 그 모습을 보고 계약을 제안했다. 웨이터를 대하는 태도를 보고 그 사람의 됨됨이를 알 수 있게 되었기 때문이다[22].

이런 일이 웨이터에게만 해당될까? 직장에서는 팀원의 법칙이, 비즈니스에서는 협력업체 직원의 법칙이 적용될 것이다. 자신보다 직급이 낮은 사람들과 맺는 인간관계에서 무례하지 않고 정중한 태도를 보여야 하는 이유이다.

김준호 프로는 면세점에 입점하는 브랜드를 관리하는 업무를 담당하고 있다. 본사 직원은 아니지만 담당하는 협력업체 매니저를 관리하는 일은 매우 중요하다. 김 프로는 브랜드 매니저님들 사이에서 평판이 좋다. 늘 브랜드 매장에 방문하기 전 전화로 안부 인사를 하고 방문한다. 그리고 브랜드 매장에 혜택이 될 만한 부분을 따로 챙겨 안내한다. 최근 김 프로는 승진을 하면서 담당하는 브랜드 매니저들에게 감사 문자를 보냈다. 본인이 승진을 할 수 있게끔 한 숨은 영웅이었다고 생각했기 때문이다. "최 매니저님, 이번에 제가 승진할 수 있었던 이유는 매니저님 덕분이에요.", "항상 애써주셔서 감사합니다."라는 문자에 최 매니저는 다른 직원보다 김 프로와 함께 일하고 싶어졌다.

김준호 프로의 감사 문자에 최 매니저는 '존중받고 있다', '자신이 가치 있다'고 느꼈다. 세계적 성품 교육 기관인 IBLP에서는 겸손을 '내가 성취한 것을 다른 사람 덕분임을 인정하는 것'이라 정의한다. 세상에 저절로 이루어진 것은 하나도 없다. 경영자의 성공은 직원들이 열심히 일을 해준 덕분이고, 영업실적이 좋은 것은 고객이 선택해 줬기 때문이다. 또한 회사가 잘 나가는 것은 협력업체가 좋은 제품을 만들어준 덕분임을 잊지 말자.

갑을 관계의 해빙, '상호존중 태도'

주위 사람들을 존중과 품위로 대하자. 풍요롭게 성장할 것이다.
무례하게 대하지 말자. 시들어 바스러질 것이다.

-리서드 브랜슨

크리스틴 포래스 조지타운대 교수는 무례함이 조직에 미치는 영향에 대해 연구한 결과, 구성원의 성과뿐 아니라 건강과 복지를 감소시키는 데 강한 영향을 미친다고 말한다. 무례함을 경험한 사람은 업무에 대한 노력을 66% 줄이고, 80%는 자신이 당한 일로 근심하면서 보냈으며 12%는 직장을 떠났다. 또한 문제해결능력을 50% 하락시키고, 창의력은 28% 저하시켰다. 직장 내 발생하는 전형적인 폭력성인 직장 내 갑질, 성적 괴롭힘, 인격 모독, 증오 및 혐오, 거짓 소문 퍼트리기, 비아냥거리는 행위 모두가 무례함이다.

이 무례함의 확산을 억제하기 위한 방법은 내가 먼저 상대방을 존중하는 것이다. 정중함은 주변사람에게 더 안전하고 행복한 느낌을 주기 때문에 심리적 안전감을 느끼게 한다. 구글이 사내에서 활력이 높은 팀 180여 개를 연구한 결과, 어떤 사람들로 팀을 구성하느냐보다 팀원들이 어떤 식으로 소통하고 업무 체계를 구성해서 각자의 성과를 평가하느냐가 생산성에 더 중요한 영향을 미치는 것으로 나타났다. 중요한 것은 어떤 방식으로 소통하느냐이다. 워커가 조직 내에서 원활한 소통을 위해 갖춰야 할 존중의 행동 3가지를 소개한다.

- 긍정피드백 공유: 4장 '성과를 만드는 관계의 힘, 파트너십'에서 감성전략 중 SOS 파트너 4가지 모드에 대해서 살펴봤다. 지지자 모드, 추종자 모드, 관찰자 모드, 정서환기 모드에 대해 기억이 나는가. 혹시 기억이 나지 않는다면 앞 페이지로 돌아가 한번 더 확인해 보자. 고마움을 표현할수록 사람들의 신뢰는 높아질 것이고 관계는 공고해진다. 고마움을 전할 때는 그 행동이 구체적으로 어떤 영향을 미쳤는지 공유하자. 단순히 "고맙다."가 아니라 "이소라 프로가 한 일 덕분에 고객과의 약속을 지킬 수 있었어요."라고 말이다.

- 자원 공유: 5장에서 일 잘하는 워커는 펠로우십을 통해 성장한다고 하였다. 강력한 신뢰를 쌓기 위해서는 히든 욕구를 먼저 파악해야 한다. 앞에서 동료 유형을 4가지로 구분하여 자세하게 설명하였다. 성장 동기가 무엇인지 파악한 후 동료들에게 전문지식, 정보 등을 나누자. 내어주는 사람은 오랜 시간이 흘러도 변치 않는 깊고 넓은 인간관계를 형성하는데 결국 높은 성과로 돌아온다. 또한 내어주는 사람에게 의미와 목적을 제공하기 때문에 더 열심히 일하도록 기운을 북돋고 자신의 기여가 중요하다고 느끼게 한다. 따라서 먼저 자원을 공유하자.

- 고민 공유: 6장에서 조직몰입을 위한 목표일치와 핵심가치에 대해 배웠다. 팀은 개인이 아닌 함께 움직여 성과를 만들어가는 것이기에 동료가 무슨 일을 하는지 알아야 한다. 서로 어떤 고민이 있는지 알아야 도움도 줄 수 있고 격려를 할 수도 있다. 혼자가 아닌 함께 문제를 해결하는 관계를 만들기 위해 먼저 나의 고민을 공유하자. 예를 들어 '원칙과 기준이 모호해요. 제 해석이 맞는지 같이 봐줄 수 있을까요?', '이해관계자가 많아서 우선순위 파악이 어려운데 혹시 어떻게 생각해요?'라고 말이다. 이후 서로 감정적 연결의 바탕이 되고 교류의 씨앗이 될 것이다. 또한 목표를 일치시키고 실행력을 높이는 에너지와 동기를 불러일으킬 것이다.

상호존중은 배우고 성장하는 마음이다. 자신의 분야에서 탁월함을 추구하는 태도와 맞닿아 있다. 훌륭한 동료는 존중할 수 있는 동료이고 그 맥락에는 '배움'과 '성장'의 의미가 담겨있다. 내가 먼저 동료의 배움과 성장에 도움을 줄 수 있도록 훈련된 마음으로 함께 성장하자. 그리고 긍정피드백 공유, 자원 공유, 고민 공유를 통해 정중함을 갖춘 워커가 되자.

4
더 나은 나를 위한 선택, 밀레니얼 워커십

훈련된 마음으로 배우고 함께 성장하려는 태도는
밀레니얼 워커에게 경쟁력이 될 것이다.

시대적 트렌드, 이기적 이타주의자

'착하게 살면 손해다!'라는 말이 있다. 실제 고민상담 커뮤니티에 '착하게 살면 인생의 손해라는데 어떻게 살아야 하나요?'라는 질문이 올라왔다. 추천을 많이 받은 답변은 '착하지만 자기 것은 챙길 줄 알아야 합니다.'였다. 여기서 착하다는 의미는 타인을 배려하는 이타심을 이야기하고 자신의 것을 챙길 줄 아는 것은 이기심을 말한다. 그렇다면, 이익을 추구하는 이기심은 나쁜 것이고, 타인을 존중하고 배려하는 이타심만이 좋은 것일까?

앨런 패닝턴은 〈이기적 이타주의자〉에서 이기심과 이타심은 배치되는 개념이 아니라 융합될 수 있는 개념이며, 사회가 이런 움직임을 더욱 가속화하고 있다고 말한다. 이기적 이타주의자란 나를 위해 물건을 사고 싶은 욕망, 나 자신에게 가장 좋은 것을 하는 것, 나에게 이익이 되는 것을 하고자 하는 욕망, 하지만 그것이 환경과 생태계 그리고 다른 사람들에게 어떤 피해도 입히지 않으며 동시에 다른 사람을 돕고자 하는 욕구가 결합된 사람이다. 자신이 원하는 것을 성취하려는 이기심을 충족하기 위해서 주변 동료의 성장을 돕는 이타심이 동력이 될 수도 있다는 것이다[23].

여기 3명의 사람이 있다. 동료 A는 자신에게 이익이 되는 일만 열심히 하고 손해가 되는 일은 절대 하지 않는다. 본인이 필요하다고 생각하는 사람에게만 선택적으로 친절하다. 동료 B는 받은 만큼만 돌려주는 성격이며 손해를 입으면 그에 상응하는 것을 전하는 사람이다. 마지막 동료 C는 받는 것은 생각하지 않고 주변 동료들에게 베풀기를 좋아한다. 간혹 손해가 되는 상황이 오더라도 타인을 배려하고 존중한다.

동료 A, B, C 중에서 가장 성과가 낮은 사람은 누구일까? 바로 퍼주기만 하는 동료 C이다. 그렇다면 성과가 가장 높은 사람은 누구일까? 놀랍게도 역시 C였다. 애덤 그랜트의 〈기브 앤 테이크〉에서 A는 테이커(Taker), B는 매처(Matcher), 마지막 동료 C는 기버(Giver)로 분류하였다. 그렇다면 성과가 가장 낮은 기버와 성과가 높은 기버의 차이는 무엇일까? 그것은 바로 생산성이다. 자신의 이익을 달성하기 위해서 상대를 파트너로 인식하고 지속적으로 베풀 수 있는 생산 능력을 갖추는 것에 차이가 있다[24].

1장에서 언급했듯이 주는 사람으로서 기버(Giver)는 이기적인 이타주의자라고 하였다. 우리는 나만 잘한다고 성취할 수 없는 사회에 살고 있다. 함께 만들어가야 한다. 집단지성을 발휘해야 하는데 상생할 수 있으려면 타인의 성장을 위해 줄 수 있는 무언가가 필요하다. 눈을 감고 생각해 보자. 워커로서 나는 주변 동료에게 줄 수 있는 지식과 기술이 있는지 말이다. 만약 있다면 시대의 변화에 맞는 지식인지 생각해 볼 필요가 있다.

업글인간을 위한 지식 업그레이드

세계경제포럼(2020) 보고서에 따르면 4차 산업혁명으로 2022년까지 현재 핵심 기술의 42%가 대체되고 2030년까지 전 세계 3분의 1가량의 직무가 변화할 것으로 예상하였다. 업무자동화와 디지털 트랜스포메이션(Digital Trans-formation, DX)이 가속화되면 사람이 하는 일이 대체되거나 일의 특성이 변화될 것이다[25]. 워커에게 디지털 트랜스포메이션이 반갑지는 않다. 자신이 보유한 역량과 앞으로 필요로 하는 기술 간의 차이가 벌어질수록 미래에 일자리를 잃게 될 가능성이 크기 때문이다. 이제 우리는 살아남기 위해서 어떤 노력을 기울여야 할까? 〈라이프 시프트〉의 저자 린다 크래튼 영국 런던비즈니스스쿨 교수는 무형자산의 중요성을 강조하며 이를 생산성 자산, 활력 자산, 변신 자산으로 구분하였다. 생산성 자산은 지식과 기술, 평판을 말한다. 활력 자산은 몸과 마음의 건강, 친구와 가족 등의 관계이다. 마지막으로 변신 자산은 미래의 변화를 감지하고 스스로 변화하기 위한 자산이다. VUCA시대에 변신 자산은 매우 중요해졌다[26].

워커는 3장에서 현시대의 필수전략으로 언급한 리스킬링(Reskilling)과 업스킬링(Upskilling)을 통해 커리어를 확장할 필요가 있다. 리스킬링(Reskilling)은 지금까지의 일과 별개로 전혀 다른 일을 잘하기 위해 새로운 기술을 배우는 것을 말하며, 업스킬링(Upskilling)은 같은 일을 더 잘하거나 복잡한 역할을 수행할 수 있도록 향상하는 것을 말한다.

김주영 프로는 퇴근 후나 주말을 이용해 학원을 다니고 있다. 수업은 프로그래밍과 홈페이지 제작 등 디지털과 관련한 내용이다. 지금 하고 있는 일이 단순해서 AI에 일을 빼앗겨버리는 것이 아닌가 항상 불안한 마음이 있었기 때문이다. 학원비가 예상보다 높아서 부담은 있었지만 큰 용기를 내어 본인에게 투자하고 공부를 이어나갔다. 그 결과, 희망하고 있었던 엔지니어 직종으로 변경할 수 있었다. 김 프로는 "일을 하면서 리스킬링(Reskilling)을 이어나가고 있기 때문에 몸은 힘들지만 성장하고 있다는 느낌에 성취감도 있고 자기만족을 느끼고 있어요."라고 말한다.

과거에는 수입을 늘리기 위해 배우는 사람이 많았다면 요즘은 현재 상황을 유지하기 위해서 배운다. 묵묵히 시키는 일만 열심히 하고 큰 실수 없이 업무를 수행하려는 자세로는 변화가 빠른 시대에 충분한 경험을 쌓을 수 없다. 또한 회사에 요구만 해서는 다소 타이밍이 늦을 수 있다. 김주영 프로처럼 학습을 통해 전문성을 쌓는 것은 본인의 노력과 의지에 달려있다. 눈을 감고 곰곰이 생각해 보자. 어떤 역량을 키우고 싶은지 말이다. 언제든 변화에 적응할 수 있게 지식과 기술, 경험을 쌓으려는 준비를 해야 한다.

워커의 모든 것이 메시지

빠르게 변화하는 시대. 준비된 자에게는 기회일 것이고, 준비되지 않은 자에게는 위기일 것이다. 이 변화에 적응을 유난히 어려워하는 사람은 누구일까? 첫째는 기존의 법칙이 계속될 것이라고 생각하는 사람, 둘째는 세상이 변화하는 동안 역량을 향상하지 않은 사람, 셋째는 현재 시스템이 유지되기를 바라는 사람이다[3]. 조직의 이런 사람을 우리는 무임승차자라고 부른다. 과거에는 일을 안 해도 '좋은 게 좋은 거지'라며 넘어갔다면 이제는 '무능하다'고 평가한다.

이번 8장에서는 워커의 행동이 조직을 넘어 사회에까지 미치는 영향력에 대해 살펴보고 우리가 갖추어야 하는 태도에 대해 알아봤다. 워커의 모든 것이 메시지다. 워커의 행동이 주변 동료를 넘어 조직, 사회에까지 영향을 미친다는 것을 앞에서 이야기하였다. 일은 하지 않으면서 월급루팡으로 하루하루 버티는 태도는 동료들에게 부정적인 영향을 미친다. 조직의 성과는 나지 않게 되고 그로 인해 회사가 성장하지 않는다. 회사는 성장이 멈춰서 더 이상 인력을 채용하지 않는다. 결국 청년실업이 발생하게 되고 사회에 부정적인 영향을 미친다. 직원을 뽑지 않으니 일의 업무강도는 더 힘들어진다. 일을 안 하는 워커의 존재감은 바닥을 치고 궁지로 내몰리게 된다. 이렇게 워커의 행동이 의도에서 벗어나 불리한 결과로 돌아오게 된다. 워커의 작은 태도가 불씨가 되어 오히려 부정적으로 다시 본인에게 돌아온다는 것을 기억하자.

이제 사회는 모두가 일하는 조직으로 변화하고 있다. 충실하게 내 일을 하자. 일을 통해 성장한 결과는 경쟁력으로 남게 될 것이다. 직장생활에서든 개인 생활에서든 인간은 상호작용 없이는 살아갈 수 없는 존재다. 내가 무언가 줄 수 있는 사람이 되기 위해서 나의 능력을 업데이트하는 커리어 관리가 필요하다. 더불어 함께 성장하려는 노력이 계속되어야 할 것이다.

MILLENNIAL 워커십

Epilogue
에필로그

Epilogue

환경이 빚어낸 불평등에 대해

인류의 모계 공통 조상인 '미토콘드리아 이브'에서 출발한 현생인류는 각 대륙으로 흩어진 뒤 어떤 민족은 지배를 하고 또 어떤 민족은 지배를 당하는 계층으로 구분되었다. 하나의 뿌리에서 시작한 인류는 어떻게 불평등한 환경 속에 놓이게 되었을까? 인류의 문명과 지배의 역사를 다룬 〈총, 균, 쇠〉의 저자 재레드 다이아몬드는 인간의 불평등에 대해 이렇게 말했다.

"문명의 불평등은 환경의 차이 때문이다."

예를 들면 농경 사회에서 쇠는 농사를 수월하게 만들어주는 혁신이었다. 총은 사냥을 업으로 하는 사람들에게 일의 효율과 효과라는 두 마리 토끼를 선물했고, 더불어 강력한 무기를 바탕으로 더 많은 땅과 자원을 얻을 수 있는 힘을 주었다. 일의 진화가 문명의 발달을 만들고 그 문명으로 사람들이 몰리는 선순환을 만든다. 재레드 다이아몬드는 이러한 배경을 근거로 환경의 차이가 힘의 불균형을 만들었다고 주장했다.

대한민국 직장엔 연령과 직급을 중심으로 한 위계질서가 있다. 이는 공동체 존속을 위해 모두가 암묵적으로 받아들인 약속이자 익숙하게 여긴 문화다. 하지만 누군가에는 속 시원히 드러내지 못한 '불평등'한 환경이기도 하다. 더 많은 경험을 한 사람이 그 경험에 비례하는 정보와 지식을 가질 수 있고 이것은 곧 권력이자 리더십으로 치환된다. 자연스럽게 그 리더십을 추종하며 조직 생태계를 유지하는 팔로워들이 한 축을 이루며 일하게 된다. 하나의 조직 안에 공존한다지만 보이지 않는 위계의 선으로 갈라져 다른 환경 속에 거주하는 계층이 있는 것이다.

일이 중심이 되는 평등의 시대

하지만 시대가 변하고 있다. 한 계층이 더 많은 정보와 경험을 쥐고 흔드는 시대도 저물고, 조직의 존속을 위해 수직적인 관계를 강요하던 시절도 막을 내리고 있다. 우린 지금 '개인'에게 주어진 '업무'와 그것을 해결하는 '역량'이 중심이 되는 수평적인 사회로 진화하는 터널을 지나고 있다.

〈밀레니얼 워커십〉에서 말하는 일의 형태는 업무의 유연함이다. 특정 계층을 묶어 '리더'나 '팔로워'라고 구분 짓기보다 현재 상황과 함께하는 사람에 따라 누군가는 이끌고 또 다른 누군가는 힘을 보태어 줄 수 있어야 좋은 성과를 만들 수 있다. 현시대에 필요한 워커십은 스스로를 가치 있게 키워나가는 자기경영자의 모습을 갖추는 것이다. 자신에게 주어진 업무를 누구보다 전문성 있게 처리할 수 있는 역량을 키울 수 있는 사람. 주변 환경과 시대 변화를 관찰하고 그 안의 자신을 돌아보며 문제를 해결해 나갈 수 있는 통찰력을 발휘할 수 있는 사람이 진정한 자기경영자다.

워커십을 갖춘 사람은 부족함을 채우기 위해 민첩하게 학습하며 지식과 경험이 고갈되지 않도록 애쓴다. 혼자 힘으로 한계가 있다면 주변 사람들의 도움을 받아 장애물을 뛰어넘는 관계의 힘을 믿는다. 그렇다고 오로지 '성과'에만 집착하지 않는다. 일의 동기와 과정, 자신의 행동이 사회에 긍정적인 영향력으로 번질 수 있도록 세심하게 살핀다. 조직 안에서 이뤄지고 있는 '구조적 평등'으로 인해 개인에게 부여된 권한의 무게만큼 동등하게 지워진 책임의 무게를 인식한다. 이제는 워커 개인의 워커십이 동료와 조직, 나아가 사회 전체에 미치는 영향력을 고려하는 시대로 전환되고 있다. 유발하라리는 인간사회가 동물집단과 다른 점에 대해 인간이 가진 연대와 협업 의식을 꼽았다. 워커십의 시작은 '자신에게 주어진 일을 어떻게 하면 잘 해낼 수 있을까?'였지만 그 성과의 종착역은 함께 하는 성장이란 점을 기억해야 한다.

대한민국 사회, 특히 직장 내 뿌리 깊게 자리 잡았던 불평등에 균열이 생겼다. 균열에 작은 틈을 낸 것은 주변 환경의 변화지만 그 틈을 메워 새로운 조직 문화를 만드는 것은 워커 개인의 노력에 달렸다. 〈밀레니얼 워커십〉은 새로운 일의 방식, 더 나은 일터를 만드는 방법을 제안한다. 하지만 워커십 연구팀은 책 한 권이 가진 무게를 넘어 현시대에 맞는 조직문화를 만들어가는 데 일조한다는 소명 의식을 품고 책을 썼다. 〈밀레니얼 워커십〉을 읽은 당신이 바람직한 워커십을 발휘하여 조직과 사회에 선한 영향력을 발휘할 수 있기를 기대한다.

MILLENNIAL 워커십

Reference
참고문헌

참고문헌

1장

1) 김난도 외(2022). 트렌드코리아 2023. 서울: 미래의창.

2) 성남주(2020). 호모워커스. 서울: 담아.

3) 최영호(2018). [트렌드모니터] 한국사회의 직장생활 및 직장문화가 변화의 길목에 놓여져. 매드타임스(MADTimes).

4) 장원섭(2015). 장인의 탄생. 서울: 학지사.

5) 사이먼 사이넥(2013). 나는 왜 이 일을 하는가(이영민 역). 서울: 타임비즈.

6) 박용호(2023). 역량, 할 수 있게 하는 힘. 서울: 학이시습.

7) 스펜서 & 스펜서(2008). Competence at Work: Models for superior performance.

8) 박정열(2020). 휴탈리티. 서울: 한국경제신문.

9) 류랑도(2023). 일하기 전, 일하는 중, 일하고 난 후. 파주: 샘앤파커스.

10) 민현기, 주충일 외(2021). 인간수업. 서울: 북인사이트.

11) 제현주(2018). 일하는 마음. 서울: 어크로스.

12) 팀 페리스(2017). 타이탄의 도구들(박선령, 정지현 역). 서울: 토네이도.

13) 유선영(2019). 결국 강점. 서울: 빌리버튼.

14) 피터 노스하우스(2018). 리더십 이론과 실제(김남현 역). 서울: 경문사.

15) 유경철(2017). 완벽한 소통법. 서울: 천그루숲.

16) 박효정(2019). 조직 갈등관리 트레이닝북. 서울: brain LEO.

17) 신수정(2021). 일의 격. 서울: 턴 어라운드.

18) 임명기(2014). 잡 크래프팅 하라. 파주: 김영사.

19) 애덤 그랜트(2013). 기브 앤 테이크. 서울: 생각연구소.

20) 벤자민 하디(2018). 최고의 변화는 환경이 만든다(김미정 역). 서울: 비즈니스 북스.

21) 조은영, 주충일 외(2021). 소통이 힘든 당신에게. 서울: 북인사이트.

22) 세스 고딘(2019). 린치핀(윤영삼 역). 서울: 라이스메이커.

23) 최지훈(2019). 그래서, 인터널브랜딩. 화성: 플랜비디자인.

24) 김성준(2022). 최고의 조직. 서울: 포르체.

25) 윤정구(2015). 진정리더십. 서울: 라온북스.

26) 프랜시스 헤셀바인 외(2019). 일은 사랑이다(이미숙 역). 서울: 스타리치.

27) 프리초프 카프라(2002). 히든 커넥션(강주현 역). 안양: 휘슬러.

28) 찰스 오레이리 & 제프리 페퍼(2002). 숨겨진 힘: 사람(김병두 역). 파주: 김영사.

29) 세이노(2023). 세이노의 가르침. 서울: 데이원.

2장

1) 가타오카 유우지 외 2명(2022). 뷰카(VUCA) 시대의 커리어 디자인(허제인 역). 서울: 북마크.

2) 윤정구(2022). 超뷰카 시대 지속가능성의 실험실. 경기: ㈜북이십일 21세기북스.

3) 박수호(2023.05.05). 추억의 에스콰이아 매출 1000억 재돌파... 역주행 비결은?[신기방기 사업모델]. 매일경제.

4) 김난도 외 9명(2022). 트렌드 코리아 2023. 서울: 미래의 창.

5) 대학내일20대연구소(2020). 밀레니얼-Z세대가 원하는 커리어라이프. 대학내일20대연구소.

6) 한승은(2021.06.01). 직장인이 꼽은 '일잘러 동료 vs 일못러 동료'. 에듀진.

7) 홍종윤(2020). 일 잘하는 사람의 업무 교과서. 서울: 씽크스마트.

8) 대니얼 카너먼(2012). 생각에 관한 생각(이창신 역). 파주: 김영사.

9) 이민규(2011). 실행이 답이다. 서울: ㈜더난콘텐츠그룹.

10) 강민호(2019). 브랜드가 되어 간다는 것. 서울: ㈜턴어라운드.

11) 박병태(2022). 통찰의 도구들: 일잘러의 6가지 통찰 습관. 경기: 리더북스.

12) 스티븐 코비(1994). 성공하는 사람들의 7가지 습관(김경섭 역). 경기: 김영사.

3장

1) 새뮤얼 아브스만(2014). 지식의 반감기(세상의 변화에는 공식이 존재한다)(이창희 역). 서울: 책읽는 수요일.

2) 최순원, 김다희(2022). 학습민첩성이 이러닝 학습만족도간의 미치는 영향: 학습몰입의 매개효과. 인문사회 21. 2(51). 965-980.

3) 앤드류 다이어 외(2022.01.10). [2022 성공전략] 지속적인 직원 '학습'이 기업의 '미래'를 만든다. BCG.

4) 윤민하(2021.08.07). "이왕이면 갓생"... MZ세대가 '일잘러'를 꿈꾸는 이유. 스냅타임.

5) 추가영(2023.01.10). 조직 구성원들의 성장을 돕는 학습 경험의 기회 제공해야. 한경경제.

6) 김영아, 이재은(2022). 기업 초기경력자의 조직적응과 강점인식, 강점활용, 대인관계능력의 관계. 농업교육과 인적자원개발. 54(1). 83-107.

7) 이세광(2022.08.10). [경제전망대] 강점에 기초한 인적자원관리. 경인일보.

8) 김호(2016.08). 누구나 강점은 있다. 문제해결? 강점찾기가 먼저다. DBR.

9) 남궁은정(2015). 조직의 변화를 위한 긍정 커뮤니케이션 연구: 긍정탐구(Appreciative Inquiry) 사례 연구. 박사학위논문. 경희대학교.

10) 장환영, 박경연(2012). 중소조직의 긍정적 탐구를 통한 조직개발 사례 연구. 상업교육연구. 26(2). 107-127.

11) 김성회(2020.02.10). [김성회의 '3개 소통병법'] 페르소나, 엑스세대엔 밀레니얼엔. 매일경제.

12) 김양현(2023.02.14). [김양현 교수 철학 세상] 중용에 대하여. 광주드림.

13) 박양주, 황지원, 남신동(2014). 평생학습 잠재수요집단의 유형 분류: 학습 참여동기에 대한 군집분석을 중심으로. 평생학습사회. 10(1). 33-58.

4장

1) 심지영(2020.04.21). "말 못할 퇴직사유 '직장 내 갈등'". 더스쿠프.

2) 권연수(2016.07.25). "직장인 80% '직장 내 기댈 곳 없어 외로워'. 가장 힘든 존재는 '직장상사'". 그래픽뉴스.

3) 신가희(2022.04.13). "'대퇴사시대' 직장내 행복도 높이는 건 워라벨 아닌 '이것'". 사례뉴스.

4) 마크 허윗·사만다 허윗(2019). 완벽한 팀(이종민 역). 경기: 플랜비디자인.

5) 이소영(2021). 당신은 다른 사람의 성공에 기여한 적 있는가?. 서울: 퍼블리온.

6) 뉴스탭취재팀(2014.11.10). 직장인, 커뮤니케이션 오류 해결에 50% 이상 시간 할애. 뉴스탭.

7) Buhler, P. M., & Worden, J. D. (2013). Up, Down, and Sideways: High Impact Verbal Communication for HR Professionals. Society for Human Resource Management.

8) 김호(2023). 그렇게 물어보면 원하는 답을 들을 수 없습니다. 서울: 위즈덤하우스.

9) 이재훈(2019.02.21). 직장인 94%, "직장생활에 처세술 필수". 이투데이.

10) 조안나 요크(2022.10.16). EQ: '감성지능이 리더들에게 각광받는 이유'. BBC뉴스 코리아.

11) Weick(1995). Sense making in Organization, Thousand Oaks, CA: Sage. 24-30.

12) 김양민(2023). 불확실을 이기는 전략: 센스메이킹. 서울: 박영사.

13) Cooper, R. K., & Sawaf, A. (1997). Executive EQ: Emotional Intelligence in Business. New York: Berkley Publishing Group.

14) 윤성두, 김문중(2017). 변혁적리더십과 부하의 감성지능이 직무성과에 미치는 영향; 감성지능의 매개효과 인적자원개발연구 20(4),109-135.

15) Lynn Banis(2010.09.28). The Five Levels of Listening. EzineArticles.

5장

1) 롭크로스, 렙리벨, 애덤그랜트(2016). 협업이 초래하는 과중한 짐. 하버드비즈니스리뷰.

2) 에이미 에드먼슨(2019). 두려움 없는 조직(최윤영 역). 파주: 다산북스.

3) 정광재, 명순영, 염지현, 김경민(2005.10.19). 성공한 CEO의 인맥 관리 노하우. 매일경제.

4) 김성회(2019.11.11). ['김성회의 3세대 소통병법'] 밀레니얼 "네트워킹보다 실력으로 승부". 매일경제.

5) 하미래(2022.12.22). 2030세대 사이 '소모임' 유행... 대학 미컴과 '미소팅' 직접 가봤다. 시빅뉴스.

6) 조유빈(2022.07.12). 취향 공동체가 뜬다...왜 '관심사 기반 커뮤니티'로 모일까. 시사저널.

7) 메러디스 벨빈(2012). 팀이란 무엇인가(김태훈 역). 서울: 라이프맵.

8) 박진형(2018.08.27). 100대 기업 인재상 '소통과 협력' 우선. 중소기업 투데이.

9) 시걸 바르세이드, 올리비아 A 오닐(2016). 이제 조직의 정서적 문화에 집중하라. 하버드비즈니스리뷰.

10) 에이미 에드먼슨(2019). 두려움 없는 조직(최윤영 역). 파주: 다산북스.

11) 대니얼 코일(2018). 최고의 팀은 무엇이 다른가(박지훈 역). 파주: 웅진지식하우스.

12) 서울경제(2005.12.20). 인맥관리는 필수?. 서울경제.

13) 조한진(2023.06.07). 이재용-정의선, 미래 모빌리티 협력 강화…시너지 확대 주목. 디지털조선TV.

14) 권성희(2020.01.04). 가장 많이 만나는 다섯 사람이 당신 인생을 결정한다. 머니투데이.

15) 이현(2020.09.08). [트렌드TALK] MZ세대가 이끄는 트렌드는 ○○○이다 [1편]. 시사캐스트.

16) 노승욱, 반진욱, 윤은별(2022.04.01). 길어진 비대면…MZ세대의 인맥 쌓기 '소셜 디스커버리'. 매일경제.

17) 만팅(2016). 당신의 부는 친구가 결정한다(고은나래 역). 서울: 올댓북스.

18) 윤형돈(2022.04.15). [마음을 여는 인맥관리 39] 사회지능이 결정한 피카소와 고흐의 삶. 한국금융신문.

19) 김채현(2023.03.02). [오경수의 목요담론] 굿바이 코로나, 어게인 순망치한. 한라일보.

20) 윤화정(2021.07.17). 직장인이 함께 일하고 싶은 동료유형 1위 '인성 좋고 협력 잘되는 동료'. 워크투데이.

6장

1) 강홍민(2023.01.18). '대퇴사의 시대' 떠나는 이들 잡기 위해 골머리 앓는 기업들. 매거진한경.

2) 김영헌(2019.04.05). 왜 직무만족과 조직몰입이 중요할까?. 한경 The Pen.

3) 최원진(2022.10.13). MZ세대가 주도하는 '대(大)퇴사 시대'. 뉴스핌.

4) 해미시디어리(2009.05). 몰입, '오합지졸'과 '정예군' 가른다. 동아비즈니스리뷰.

5) 유부혁(2023.01.03). CEO가 챙겨야 할 2023 글로벌 리더십 트렌드. 포춘코리아.

6) 황병성(2022.12.05). 황병성 칼럼 - 즐거운 직장 생활 만들기. 철강금속신문.

7) 백지영(2023.04.09). LGU+ 직원이 타사 고객에 달려간 이유는?. 디지털데일리.

8) 세아그룹(2022.11.02). 핵심가치 영상 '정직' 우리 아빠가 하는 일. 세아그룹 채널.

9) 서승호, 조대연(2020). 중학교 교사의 개인과 조직의 가치일치, 목표일치와 업무열의 간 관계에서 상사의 정보공유행동의 조절효과 분석. 2-3.

10) 곽건휘, 곽사사 외(2021). 개인-조직 가치일치가 조직몰입과 조직동일시에 미치는 영향. 2021년도 한국 전문경영인학회 춘계학술대회. 117-126.

11) 하동석(2010.03.25). 이해하기 쉽게 쓴 행정학용어사전. 네이버 지식백과. 새정보미디어.

12) 이성엽(2021). 인간개발 총서 시리즈 1편: NLP의 원리1. 서울: (주)피와이메이트.

13) 서영우(2008). 경영전략 수립 방법론. 181.

14) 추가영(2022.08.29). 기업의 지속적인 혁신과 성장의 관건은 '핵심가치 공유'.

15) 김은수, 김부길 외(2022). 조직의 학습문화, 리더의 변혁적 리더십, 핵심가치 인식. 4-21.

16) 박홍석(2019.04.29). 성과를 높이는 가치관 경영. 중국 알리바바를 통한 가치관 경영의 성공사례. 코리아비즈니스리뷰.

17) 임명기(2014). 일이 즐거워지는 기술. 잡 크래프팅 하라. 경기: 김영사.

18) 임동일. 한상훈(2017). GWP조직문화가 조직몰입에 미치는 영향: 고용불안정성과 조직신뢰의 조절효과. 4-17.

19) 김태훈(2023.01.24). 대퇴사의 시대, 시작된 '나에게 맞는 회사' 고르기. 아시아타임즈.

20) 강민정(2021). MZ세대가 머물고 싶은 조직문화. 제일매거진.

21) 이윤석(2021.06). HR의 새로운 패러다임: 존중과 보상의 균형을 맞춰라. 인살롱.

22) 고영성(2020.06). 구글이 직원들의 업무 능력을 상승시킨 비결. 체인지그라운드.

23) 홍춘욱(2016.12.26). 한국경제가 한 단계 더 도약하려면?. 비즈한국.

24) 한철환(2014.05). 주인의 권리를 누리게 하라! 자율적 성과몰입, 저절로 따라온다. 동아비즈니스리뷰.

25) 최지훈(2019.07) 그래서, 인터널 브랜딩. 경기도: 플랜비디자인.

7장

1) 박영주(2023.01.23). "배와 사과는 같이 두지 마세요"…설날 남은 과일 관리법은? 뉴시스.

2) Felps, W., Mitchell, T. R., & Byington, E. (2006). How, When, and Why Bad Apples Spoil the Barrel Negative Group Members and Dysfunctional Groups. Research in Organizational Behavior, 27, 175-222.

3) 사지원(2023.04.19). 서울시 "직장내 괴롭힘-무단결근 직원 퇴출". 동아일보.

4) 로버트 서튼(2007). 또라이 제로 조직(서영준 역). 서울: 이실MBA.

5) 오규진(2022.10.07). 애플, 아이폰14 국내 출시…'플래그십 명동점' 첫 오픈런. 연합뉴스.

6) 윤석철(2011). 삶의 정도 = 生의 正道: 윤석철 교수 제4의 10년 주기 작(作). 고양: 위즈덤하우스.

7) 세스 고딘(2019). 린치핀(윤영삼 역). 서울: 라이스메이커.

8) 류량도(2022). 일의 원칙. 서울: 트로이목마.

9) 엠브레인(2023.02.07). MZ세대의 '조용한 사직' 열풍. 트렌드모니터.

10) 발레리아 사바터(2022.12.27). 직업윤리: 직장에서의 정의와 평등. 원더풀마인드.

11) 보도 섀퍼(2022) (보도 섀퍼의) 이기는 습관: 불가능을 뛰어넘어 최후의 승자가 된 사람들(박성원 역). 서울: 토네이도.

12) 아트 마크먼(2020). 커리어 하이어(박상진 역). 서울: 진성북스.

13) 김경일, 김태훈, 이윤형(2022). 인지심리학은 처음이지?. 서울: 북멘토.

14) 슈뢰딩거의 나옹이(2021.08.23). 일 잘하는 사람들의 5가지 습관. ㅍㅍㅅㅅ.

15) 이혜운(2022). 당신만 모르는 일의 법칙 51. 서울: 메이븐.

16) 김효은(2021). 인지과학 실험실: 심리학, 철학, 신경과학으로 보는 마음의 과학. 서울: 휴머니스트.

17) 김범준(2022). 능력보다 더 인정받는 일잘러의 DNA, 일센스. 서울: ㈜대성KOREA.COM.

18) 강지은(2023.01.28). "오후 반차 냈는데…점심시간 때 퇴근하면 안 되나요?" [직장인 완생]. 뉴시스.

19) 양승희(2021.01.13). 비대면 시대에 일 잘하는 방법? "공유하고 또 공유하라". 이로운넷.

20) 최윤희(2020). 모든 것은 태도에서 결정된다. 서울: 클라우드나인.

21) 김경일(2021). 적정한 삶: 불안한 시대를 살아가는 우리에게 건네는 인지심리학의 위로와 통찰. 서울: 진성북스.

22) 김도곤(2023.03.28). 폰 포비아 신입사원은 오피스 빌런일까?(오피스 빌런). 스포츠경향.

23) 노용진(2016.02.04). 기업의 숨겨진 성공요소, 조직시민행동. 월간 인재경영.

24) 강지은(2023.04.01). "퇴사하면서 내가 만든 자료 삭제…문제 될까요?"[직장인 완생]. 뉴시스.

25) YTN(2023.03.22). [뉴스라이더] 직장인 '거지 배틀'…기업들의 '궁상'정책. YTN.

26) 브루스 데이즐리(2020). 조이 오브 워크: 최강의 기업들에서 발견한 일의 기쁨을 되찾는 30가지 방법 (김한슬기 역). 서울: ㈜인플루엔셜.

27) 잡코리아(2023.01.31). 함께 일하고 싶은 동료 유형 1위 '핵인싸 워킹 메이트'. 잡코리아 취업뉴스.

28) 이인준(2023.05.31). 기업 인사담당, "신입은 성실성, 경력은 전문성" 중시. 뉴시스.

29) 최용진(2019). 나는 열정보다 센스로 일한다: 일못러와 일잘러를 가르는 작지만 큰 차이. 서울: 이너북.

30) 에이미 에드먼슨(2019). 두려움 없는 조직: 심리적 안정감은 어떻게 조직의 학습, 혁신, 성장을 일으키는가(최윤영 역). 파주: 다산북스.

31) 이영진(2021.05.26). 직장인이 생각하는 '일잘러 동료' vs '일못러 동료'. 파이낸셜투데이.

32) 윤영철(2023). 팀플레이 법칙: 평범한 팀은 어떻게 탁월한 성과를 내는가?. 서울: 허들링북스.

33) 조용민(2021). 언바운드: 게임의 룰을 바꾸는 사람들의 성장 법칙. 서울: 인플루엔셜.

34) 하이디 그랜트 할버슨, 토리 히긴스(2014). 어떻게 의욕을 끌어낼 것인가: 컬럼비아대학교 인간성향 대탐구(강유리 역). 서울: 한국경제신문.

35) 완자오양(2021). 일잘러의 무기가 되는 심리학: 직장에서 바로 써먹는 72가지 심리 기술(이지은 역). 파주: 현대지성.

36) Woolley, A. W., Chabris, C. F., Pentland, A., Hashmi, N., & Malone, T. W. (2010). Evidence for a Collective Intelligence Factor in the Performance of Human Groups. Science, 330(6004), 686-688.

37) 조너선 하이트(2014). 바른 마음(왕수민 역). 서울: ㈜웅진씽크빅.

38) Kaiser, R. B., Hogan, R., & Craig, S. B.(2008). Leadership and the Fate of Organizations. American Psychologist, 63(2), 96-110.

39) 앤디 몰린스키(2018). 하버드 비즈니스스쿨 인간관계론 강의(임가영 역). 서울: ㈜홍익출판사.

40) 로널드 E 리지오, 이라 찰리프, 진 립만-블루멘(2014). 팔로워십론(강정애 외 역). 서울: 시그마프레스.

8장

1) 구마히라 미카(2020). 일 잘하는 팀을 만드는 리플렉션의 힘(이정미 역). 서울: 시프.

2) 클라우스 슈밥(2016). 제4차 산업혁명(송경진 역). 서울: 메가스터디북스.

3) 송길영(2021). 그냥 하지 말라 당신의 모든 것이 메시지다. 서울: 북스톤.

4) 대학내일20대연구소(2021). 밀레니얼-Z세대 트렌드 2022. 서울: 위즈덤하우스.

5) 백일현(2022.04.03). 비싸도 기꺼이 산다. 단 이 조건 필수. MZ가 지갑 여는 기준. 중앙일보.

6) 윤철민, 김현민(2022.04.04). MZ가 바라보는 ESG경영과 기업인식조사. 대한상공회의소.

7) 변영조, 우승한(2022). 기업의 ESG 경영에 대한 국내·외 연구동향. 청정기술. 28(2). 193-200.

8) 김성완(2022.09). 관리만으로 도덕적 해이 막는 데 한계…정직의 가치 구체화해야. DBR.

9) 권석천(2021.11). ESG, '과거에서 온 계산서'에 응답하라. DBR.

10) 이주현(2022.02.15). 일회용성 리유저블컵 이벤트. 그린워싱. 르몽드.

11) 김보현(2021.04.08). 종이인 척 플라스틱. 이니스프리 '그린워싱' 논란. 비즈한국.

12) 앤드류 포터(2017). 진정성이라는 거짓말(노시내 역). 서울: 마티.

13) 김지섭(2023.02.24). 어이없이 착한 기업 만들고, 4.2조 원 통째 기부한 창업자. 조선일보.

14) 박정부(2022). 천 원을 경영하라. 서울: 쌤앤파커스.

15) 박정철(2022.03.17). 임플루언서의 리더십. DBR.

16) 브라이언 클라스(2022.01.31). 권력의 심리학(서종민 역). 서울: 웅진지식하우스.

17) 강정미(2022.07.15). 두유 노 '갑질'? 해외서 주목한 한국의 직장 내 괴롭힘. 조선일보.

18) 윤광원(2023.05.16). "직원 '삥' 뜯는 과장"… '직장 내 갑질' 의혹 논란. 미디어펜.

19) 이안 로버트슨(2013.08.02). 승자의 뇌(이경식 역). 서울: 알에이치코리아.

20) 크리스틴 포래스(2018). 무례함의 비용(정태영 역). 서울: 흐름출판.

21) 강기봉(2020.04.17). 기업의 선행(CSR)이 불러오는 긍정적인 영향. TPI INSIGHT.

22) 김찬배(2022). 존중의 힘. 서울: 올림.

23) 앨런 패닝턴(2011). 이기적 이타주의자(김선아 역). 서울: 사람의무늬.

24) 애덤 그랜트(2013). 기브 앤 테이크(윤태준 역). 파주: 생각연구소.

25) 이찬(2021.11). '하드웨어'는 리스킬링, '소프트웨어'는 업스킬링. 경력 개발 기회 줘야. DBR.

26) 이형종(2021.11). 리더에게도 스킬 강화… 민첩성 탑재해야. DBR.

저자소개

주충일

워커(Worker)로서 약 30여 년간 다양한 일과 직장생활을 하였다. 현재는 GS칼텍스 책임으로 Sales Manager 일을 하고 있다. 영업교육 업무를 15년간 수행하였고 영업교육팀장을 역임하였다. 연세대학교 대학원에서 인적자원개발 석사과정을 전공하고 아주대학교에서 HRD와 평생교육전공 박사과정을 수료하였다. 평생교육사, KPC 인증코치, ESG경영전문가 등 다수의 자격을 갖추고 있다. 한국교육컨설팅코칭학회, 성인교육학회 등 기업교육/성인교육 관련 학회 이사와 다양한 학습공동체 고문 및 자문역할을 하고 있다. 공동 역서 〈NLP로 신념체계 바꾸기〉와 공동 저서로 〈언컨플릭〉, 〈소통이 힘든 당신에게〉, 〈인간수업〉이 있고 멘토링/코칭, 학습공동체와 관련된 논문을 썼다.

이미영

Do, Action! 디에이컴퍼니 대표로 개인 및 조직의 긍정적 변화를 위한 강의, 코칭, 퍼실리테이션을 진행하고 있다. 삼성전자서비스 CRM센터 상담사로 시작해 물류센터, 아웃소싱 등 기업 사내강사로 워커(Worker)의 길을 걸었다. 아주대학교 경영대학원에서 코칭과 인사조직 석사과정을 전공하고 현재 아주대학교 경영학 박사과정을 밟고 있다. (사)한국코치협회 KPC(Korea Professional Coach) 인증코치로 개인의 긍정적 변화를 위한 목표 수립과 실행을 돕는 라이프 & 비즈니스 코칭을 하고 있다. 한국퍼실리테이터협회 CF(Certified Facilitator) 인증퍼실리테이터로 기업의 긍정적 변화를 위한 문제해결 워크숍을 진행 중이다. 기업 강의를 시작한 후 20년 동안 변화 관리에 관심을 두며 잡크래프팅, 셀프리더십, 코칭리더십 등 변화 촉진자로 긍정적 영향력을 주기 위해 노력하고 있다. 저서 〈지속 성장의 힘, 셀프코칭〉과 공동 저서로 〈어쩌다 코칭〉이 있다.

김유리

기업교육연구소 '해피투게더컨설팅' 대표. (사)한국강사협회 임원으로 개인과 조직의 행복한 동반성장을 응원하는 기업교육 전문가이다. 중앙대학교 글로벌인적자원개발대학원에서 인적자원개발학을 전공하며 리더십, 성취 목표지향성을 연구했다. 대학교 교직원, 대기업 인재개발원 등에서 교육 분야 워커(Worker)로서 10년 이상 직장 생활을 하였다. 현재는 「리더십, 조직 커뮤니케이션」 분야 기업교육 명강사로 선정되어 기업과 공공기관에서 활발한 강의 및 컨설팅 활동을 이어나가고 있다. 주력 강의는 「리더십, 팔로우십, 펠로우십」이며, 특히 펠로우십 강의는 인재경영에서 주관한 2023년 주목할 만한 기업교육 콘텐츠로 선정되기도 하였다. 저서로는 〈개인과 조직의 성장을 이끄는 관계의 힘〉이 있다.

이진아

眞@Company 대표이자 (사)한국강사협회 이사로서 활동 중이며 다수의 조직에서 조직문화 발전을 위한 강의를 제공하고 있다. 중앙대학교 글로벌인적자원개발대학원에서 인적자원개발을 전공하였고 워커(Worker)로서의 경험을 살려 다양한 업종과 직군의 대상자들을 만나며 실질적인 도움이 될 수 있는 강의를 제공하고자 끊임없이 고민 중이다. 특히 리더십과 팔로워십, 소통, 비전설정 등 조직 내 워커들의 성장과 개발을 위해 연구하며 강의 현장에서 '움직임을 위한 성장지원'의 비전을 제시하고 있다. 저서 〈멀티잡 프로젝트〉가 있고, 조직시민행동 및 직무몰입과 관련된 논문을 썼다.

한유정

유브릿지에듀 대표. 국민대학교 경영대학원에서 리더십과 코칭을 전공하였고 기업과 공공기관에서 강사, 코치, 퍼실리테이터로 활발하게 활동하고 있다. 이전에는 CJ CGV와 에버랜드에서 직접 경험한 서비스 현장경험을 바탕으로 BMW 딜러사 그룹 전략실과 현대백화점에서 교육을 기획하고 강사로 활동했다. 10년간 경험한 이력으로 현재는 워커(Worker)로서 기업과 공공기관에서 연 200회 이상 강의하고 있으며, 주요 분야는 「리더십, 팔로워십, 조직커뮤니케이션」이다. '변화, 성장'을 교육 철학으로 삼고 있으며, 워커들의 무한한 성장을 위해 끊임없이 연구하고 콘텐츠를 개발하고 있다. 저서 〈나 지금 번아웃인가?〉와 공동 저서로 〈내 삶이 영화가 될 때〉가 있다.

유미선

MEYOU컴퍼니 대표. 숙명여자대학교 인적자원개발대학원에서 리더십교육을 전공하였고, 다양한 기업과 기관의 리더, 팔로워들의 성장과 화합을 위한 강의를 진행하고 있다. 리더의 진정성과 구성원의 몰입을 연구하였으며 내적동기부여요인과 성장마인드셋을 끌어올릴 수 있는 프로그램을 연구개발 하고 있다. Oakwood Premier Coex Center에서 호텔리어로 워커(Worker)의 경력을 쌓았으며 호텔리어양성과정을 통한 미래 호텔리어를 배출하고 현업 호텔리어에게는 일의 의미와 호텔서비스기술에 대한 교육을 진행하고 있다. 퍼실리테이터로서 평생학습기관리디자인, 토론 워크숍 등 갈등을 조정하고 비전을 설계하는 등 현장의 역동을 견인하는 역할을 하고 있다. 저서로는 〈팔로워십으로 관리하라〉가 있다.

정수경

와우스피치랩 대표. 대기업, 공공기관에서 교육 및 홍보 분야 워커로서 10년 이상 직장 생활을 하였다. 조직에서 성과를 인정받아 구청장 표창 2회, 한국소셜콘텐츠진흥협회가 주최하는 「2021 올해의 SNS」 유튜브 기초지자체 부문 대상을 수상하기도 하였다. 이전에는 탁구 장내아나운서, Olleh TV 상주방송 아나운서 등으로 활동하였고 고려대학교 미디어대학원에서 광고·PR 석사학위를 취득하였다. 현재 국내 유수의 기업과 공공기관에서 강의를 활발하게 하고 있으며 구청장, 시의원 등을 대상으로 1:1 스피치 코칭을 진행하고 있다. '실질적인 도움'을 가치로 두고 교육에 진정성 있게 임하고 있다. 주요 강의 분야는 프레젠테이션, 비즈니스 스피치, 셀프리더십 등으로 활동 중이다. 저서로는 〈일잘러 감수성〉이 있다.

최지혜

안드라고지랩 지안 대표. 시민 단체, 제조업, 해외 취업, 컨설팅 회사 등 워커(Worker)로서 다양한 경력을 쌓았다. 고려대학교 교육대학원에서 공유리더십과 조직시민행동의 관계를 주제로 석사학위를 취득하였다. 고려대학교 대학원에서 인적자원개발 및 성인계속교육 전공 박사과정을 수료하였다. 리더십을 중심으로 경력개발 및 업무몰입의 관계에 관심을 가지고 연구하고 있다. 기업과 공공기관에서 미술사를 접목한 인문학 강의와 다양한 조직 경험과 연구를 바탕으로 변화관리 리더십과 직무역량과 관련된 교육을 진행하고 있다. 저서로는 〈화가의 시선: 인상주의 화가들에게 배우는 변화관리 리더십〉이 있다. 변혁적 리더십과 멘토링기능, 프로티언 경력태도와 관련된 논문을 다수 게재하였다.

밀레니얼 워커십

1판 2쇄 인쇄   2023년 11월 10일
1판 2쇄 발행   2023년 11월 17일

지은이   주충일 · 이미영 · 김유리 · 이진아
        한유정 · 유미선 · 정수경 · 최지혜

편집   이다겸
디자인   박나경
마케팅   안용성, 이홍석
기획   민현기 (로젠탈 콘텐츠 랩)

펴낸이   하혜승
펴낸곳   ㈜열린길
출판등록   제2020-000047호
주소   서울특별시 성북구 보문로 37길 15, 201호
전화   02-929-5221
팩스   02-3443-5233
이메일   gil-design@hanmail.net

ISBN 979-11-977140-7-8   03190

* Book Insight는 ㈜열린길의 출판 브랜드입니다.

* 책값은 뒤표지에 있습니다.

* 이 도서의 국제표준 도서번호(ISBN)는 국립중앙도서관 서지정보유통지원시스템
  홈페이지(http://seoji.go.kr)에서 이용할 수 있습니다.

* 이 책은 저작권법에 따라 보호받는 저작물이므로 무단전재와 무단복제를 금지하며,
  이 책 내용의 전부 또는 일부를 이용하려면 반드시 저작권자의 동의를 받아야 합니다.

* 북 인사이트는 교육전문가들의 콘텐츠 개발과 출간을 지원합니다. 좋은 원고가
  있으면 언제든 inlab2020@gmail.com으로 보내 주세요.